Anand Giridharadas

贏家全拿

史上最划算的交易，以慈善奪取世界的假面菁英

WINNERS TAKE ALL

The Elite Charade of Changing the World

阿南德・葛德哈拉德斯

吳國卿——譯

獻給奧瑞恩（Orion）和佐拉（Zora）
以及今天出生的逾三十萬個小孩，
希望你們看透我們的幻相。

推薦序

贏家全拿，弱者無力反抗

「ＪＣ趨勢財經觀點」創辦人　王怡人

「有錢的話，我也會很善良」是電影《寄生上流》中的一句經典台詞，道出社會底層階級的無奈與悲哀。在資本主義的無限擴張下，資金氾濫造成實體資產的價格高漲，卻只有擁有更多資本的頂層階級可以享受到好處。電影的劇情反映出整個世界的縮影，有錢人愈來愈有錢、窮人愈來愈窮的結果不只是貧富差距的問題，更衍生出更多潛在的社會與經濟問題。

我並非認為資本主義的發展是一種罪惡，因為它是支持成長與創新的動機，當付出的人能夠有所獲得，才有辦法吸引更多人加入市場，打造良性循環機制。過去的市場機制由「看不見的手」來進行自動平衡，讓原本的大政府改為輔助的角色，制定規則讓市場中的參與者有所依循，並且藉由創新與行銷手段來爭取盈利來累積資本。直到現在，卻轉變為由資本家制定規則，影響力甚至可以超越政府。

這些大聲吶喊改革與創新重要性的資本家，沒有想過問題的根源其實出在自己，也或許是被刻意忽略，將改革作為掩蓋利益的最佳工具。擁有過多的資源持續創造額外的財富，並且將思想變成鞏固權力的商品與工具，支持特定的公共議題，讓社會導向於有利於他們的氛圍。掌權者可以定義何謂良善，有哪些事情對這個世界是有利的，我們的價值觀受到資本家的影響，逐漸改變信仰，堅信這些慈善行動創造的是全人類的雙贏局面，值得所有人跟著他們一起支付高昂的成本來交換。

舉例來說，美國科技巨頭亞馬遜、谷歌、臉書等企業一年花費在政府遊說的金額皆超過千萬美元，為的並不是創造更自由的競爭環境，而是有利於自身業務的擴展法案。美國財星五百大企業中，將近五分之一的公司稅率低於平均。在面對監管壓力下，多數企業並不是進行良性的溝通與配合，而是盡全力透過海外避稅、支付鉅額的遊說費用來避免承擔社會責任，將這些「省下來」的應盡義務再拿出來回饋社會，建立企業的良好形象。

矛盾的是，矽谷風險投資家彼得・提爾（Peter Thiel）認為成功的企業必須在市場上取得壟斷，並且持續地擴大壟斷規模，排除一切可能的阻礙，擊退競爭對手來極大化利潤。光是這點便和他們推崇的目標背道而馳，因為壟斷所帶來並不是更自由與平等的競爭，而是剝削與抑制創新。過去的創新是階層流動的重要因素，如今流動性卻被凍結了。要知道真正的平等並不是分配上的平等，而是機會上的平等，在機會一開始就被扼殺的情況下，這樣的目標又該如何實現？

即便知道了問題的核心，也只有極少數企業家會願意犧牲利益，在企業核心價值中納入「價值共享」的概念，不以壓縮成本與擴張利潤為主要目標，而是以資源的妥善分配與整個價值鏈的共榮為己任來進行規劃，才有辦法在過程中讓每個階段的參與者都可以享受到成長的果實，最後為整個社會帶來繁榮的力量。反過來說，完美的投資標的就是選擇擁有不可攻破護城河的公司，市場把焦點擺在盈餘成長，卻忽略了企業應具備的使命，創造額外的價值來追求成長，提升生產力與薪資所得，而非全球化與股東權益至上的理念。

《贏家全拿》這本書點醒了我們，許多華麗包裝下的真實故事並不如我們所想像的美好。不僅是商業世界與投資市場的扭曲，包括國際關係、種族與性別平等、疾病與貧窮等重要議題上，我們都可以看到一樣的情況，是哪些原因造成贏家全拿，弱者卻無力反抗的局面？藉由理解作者的主張獲得不同於主流的聲音，反思當前的資本主義與菁英主義盛行所產生的問題，也唯有去理解問題的本質、擺脫不切實際的迷思與拋棄虛偽的口號，才有辦法實事求是做出真正的改變，達成更美好世界的目標。

贏家全拿

Winners Take All

目次

前言

故障的國家機器

成功的社會就像一部進步的機器，納入創新的原料，
製造出廣泛的人類進步。美國的機器已經故障。

美國處處呈現各種創新的事物，在我們的企業和經濟、鄰區和學校、科技和社會結構，但是這些新事物未能轉變成普遍分享的進步與整體文明的改善。美國科學家在醫藥和遺傳學有最突破性的發現，發表的生物醫學研究超越其他國家，但一般美國人健康的改善仍比其他富裕國家的人民緩慢，有幾年的預期壽命實際上還下降。拜視訊和網際網路所賜，美國發明家創造出驚人的學習方法，其中有許多還無須花錢，但今日十二年級學生的閱讀測驗平均成績還不如一九九二年。美國已掀起一家刊物所稱的「烹飪復興」（culinary renaissance），既有蓬勃發展農夫市場，也有全食超市（Whole Foods Market），但大多數人的營養並未獲得改善，肥胖和相關病症的發生率持續提高。想當創業家可以利用的工具比以往更方便取得，特別是對在線上學習寫程式的學生或Uber司機來說，但擁有企業的年輕人比率從一九八〇年代以來卻已減少三分之二。美國誕生一家極為成功的線上超級書店，名為亞馬遜（Amazon），和另一家掃描超過兩千五百萬本書供大眾使用的公司Google，但識字率仍然停滯不前，每年閱讀至少一本文學作品的人數在幾十年來減少了近四分之一。政府可以運用的資料愈來愈多，與公民對話和傾聽民意的方法也日新月異，但只有四分之一的民眾覺得政府值得信任，比率和動盪的一九六〇年代一樣。

成功的社會就像一部進步的機器，納入創新的原料，製造出廣泛的人類進步。美國的機器已經故障。幾十年來，每當改變的果實掉落時，絕大多數會落入少數幸運者的籃子裡。例如，頂層十分之一美國人的平均稅前所得從一九八〇年以來加倍，頂層一%的所得則增至三倍多，頂層〇・〇〇一%的人所得更是增至七倍多，然而底層一半美國人的平均稅前所得幾乎完全原封不動。這些熟悉的數字表示，三十五年來神奇而令人目眩神迷的改變，對一億一千七百萬名美國人的平均所得毫無影響。另一方面，出人頭地的機會已從真正的共享轉變成已經領先者的額外津貼。一九四〇年出生的美國人裡，在上層中產階級頂層和下層中產階級底層環境裡成長的人，都有約九〇%的機會實現比父母輩生活得更好的美國夢。但對一九八四年出生到今日進入成人年齡的美國人來說，貧富對照已成為新現實。今日在接近所得階層頂端成長的人有七〇%的機會實現這種夢想，而在接近底層環境亟需出人頭地的人則只有三五%的機會攀升到高於父母的地位。較幸運者壟斷的不只是進步和金錢：富裕的美國男性除了活得比其他國家的一般人更久外，現在比貧窮的美國男性還更長壽十五年，而貧窮的美國男性壽命則與蘇丹和巴基斯坦的男性相當。

因此，數千萬名美國人，不管左派或右派，都有一個共同的感覺：遊戲規則對他們這種人不利。也許這是我們不斷聽到譴責「體制」的原因，因為人們期待體制把偶然的發展轉變為社會的進步。然而，體制（美國和世界各國皆然）的設計卻把創新的利益向上吸走，造成全世界億萬富豪的財富增加速度是一般人的兩倍多，讓頂層一〇％的人擁有地球上財富的九〇％。難怪美國的大眾選民——和世界各國的大眾一樣，近幾年來變得更加怨恨和多疑，紛紛擁抱不分左右派的民粹運動，以過去似乎無法想像的方式把社會主義和國家主義帶入政治生活的中心，屈服於各式各樣的陰謀論與假新聞。在分歧的意識形態兩邊都有一種正在擴散的認知，體制已經損壞，並且必須改變。

一些菁英面對這種聚積的憤怒，已躲到豪宅的圍牆與大門後，只有在嘗試奪取更大的政治權力，以保護自己免於暴民攻擊時才會現身。但在近幾年來，有許多幸運者也嘗試一些既值得稱許，也符合自己利益的做法：試圖藉由接管問題來協助解決問題。

在高度不平等現狀中的贏家，宣稱自己是變革的忠誠支持者，知道問題是什麼，而且想參與問題的解決。事實上，他們想領導尋找解決方法。他們相信，自己的解決方法應該成為社會改革的前鋒。他們可能會加入或支持一般人發起解決各類社會問題的運動，不過較常見的是這些菁英發起行動，帶頭推動社會改革，就好像這是他們投資組合的一支股票或等待重整的公司。由於他們掌管這些社會改革的嘗試，這些嘗試自然反映他們的偏見。

這些行動大多不是民主的，也並未反映集體的解決問題方式或全面性的解決對策，反而偏好運用私人部門和掠奪的金錢、以市場角度看待事物，以及繞過政府。它們反映一種極具影響力的觀點，也就是不正義現狀的贏家——以及協助他們出頭的工具與心態和價值——就是解決不正義的祕訣。那些在不平等時代最可能被憎惡的人，藉此化身為終結不平等時代的救星。高盛（Goldman Sachs）裡有社會意識的金融家致力提倡如「綠色債券」和「影響力投資」等「雙贏」行動來改變世界。Uber與Airbnb等科技公司宣稱，讓各地的窮人得以自己當司機或出租空房間而獲得力量。管理顧問和華爾街的謀士尋求說服社會部門，他們應藉由取得董事席次與領導職位來領導社會追求更平等。富豪統治階層和大企業贊助的會議與創意集會主持討論不正義的小組座談，並拔擢願意把思維限縮在有瑕疵的體制內改善生活，而不解決瑕疵的「思想領袖」。賺錢的企業在履行企業社會責任時，採用可疑的方法和不負責任的手段，一些富人藉由「回饋」而博取名聲，無視於他們建立財富時，可能已經製造出嚴重的社會問題。如阿斯彭研究所（Aspen Institute）和柯林頓全球行動計畫（Clinton Global Initiative, CGI）等菁英網路論壇，鼓勵富人自任為改變社會的領袖，解決一向由像他們這樣的人協助製造與延續的問題。一種被稱為B型企業（B Corporations）的新類型社群意識企業已經誕生，反映的信念是「較開明的企業自利，而非公共監督，是公共福祉萬無一失的保證」。兩位矽谷億萬富豪資助一項重新思考民主黨方針的行動計畫，其中一位以不帶反諷的語氣宣稱，他們的目標是放大弱勢者的聲音，削弱像他們這類富人的政治影響力。

這類努力幕後的菁英往往以「改變世界」和「讓世界變得更美好」的語言說話，而通常這類語言會讓人聯想到街頭抗爭，而非滑雪勝地。但是我們無可避免地終究要面對一個現實：不管這些菁英多麼努力地幫忙，他們仍繼續積聚高到令人難以接受的進步比率，而一般人的生活幾乎毫無改善，且除了軍隊外，幾乎所有美國的體制已經喪失大眾信任。

我們準備把前途透過一個又一個假設能改變世界的行動計畫，託付給這些菁英嗎？我們準備宣告參與式民主失敗，另一種私人形式的改革是未來的新方法？美國的自治政府頹敗的狀況是放棄、任由它進一步衰亡的藉口嗎？或是每個人都可能發聲、有意義的民主值得我們奮力爭取？

不可否認地，今日的菁英可能屬於歷史上較有社會意識的菁英，但是從數字無情的邏輯來看，他們也是歷史上最敢掠奪的一群。藉由拒絕危及他們的生活方式、拒絕接受擁有權力者可能必須為了公眾利益而犧牲的概念，這些菁英緊抱一套容許他們壟斷進步的社會體制，只施捨象徵性的殘屑給貧苦無依者，其中有許多人若在社會正確運作下將不需要這種殘屑。本書試著了解這些菁英對社會的關注和掠奪之間、特殊的協助與特殊的囤積之間，以及餵養，甚至是教唆不正義的現狀，與餵養者嘗試修補一小部分現狀之間的關係。本書也嘗試提供菁英如何看待世界的觀點，以便我們更能評估他們改變世界運動的益處和局限。

有許多方式理解菁英的關注與掠奪，其中之一是菁英正在想盡一切方法，這個世界就是如此，這個體制就是如此，時代的力量大過任何人的抗拒，最幸運的人正在盡力協助。這個觀點解釋為雖然協助只是杯水車薪，但他們已經盡力而為。略微批判性的看法則是，這種菁英領導的改變是出於善意卻不適當，治標而不治本，並不能改變讓我們處境艱難的根本病因。根據這種看法，菁英是在限縮更有意義的改革該做的事。

不過，對菁英自任社會改革的前鋒，還有另一個較黑暗的批判：它不但未能讓情況好轉，反而讓情況變得對他們有利。畢竟，這種做法平息大眾被排除在進步之外的一部分憤怒，改善贏家的形象。以私人和自願性的半吊子措施，排擠可以為所有人解決問題的公共對策，而且這些做法並非出自菁英的善意。不容否認的是，在我們這個時代裡，菁英領導眾多改變社會的計畫確實做了許多好事，並紓解痛苦和拯救人命。不過，我們也應該記得奧斯卡・王爾德（Oscar Wilde）說過，這種菁英的幫助「並非解決方法」，反而「讓困難更加惡化」。在一百多年前，類似今日的時代，他寫道：「正如最惡劣的蓄奴者仁慈對待他們的奴隸，以免體制的恐怖被身受其害者發現，並且被深思它的人了解。今日英國的情況也是如此，為害最大的人是那些為善最大的人。」

王爾德的想法聽在現代人耳裡可能很極端，嘗試為善怎麼可能不對？答案可能是：

當為善是更大、可能更隱祕傷害的幫凶時就有可能。在我們的時代，傷害是金錢和權力集中在少數人的手中，讓他們能從近乎壟斷變革的利益奪取好處。菁英追求為善往往不但未能碰觸這樣的集中，實際上往往形成支撐。因為當菁英帶頭推動社會改革時，能重新塑造社會改革的內容，尤其是讓它絕對不至於威脅贏家。在擁有權力者與不擁有權力者的差距如此大的時代，菁英已散布必須協助弱勢者的觀念，但是僅限於採用對市場友善而不動搖根本權力平衡的方式。社會改革應該採用不改變根本經濟體制的方法，容許贏家繼續贏，進而助長他們想要解決的許多問題。這個法則被普遍奉為圭臬，有助於我們了解在每個地方觀察到的現象：有權力者基本上以維持現狀的方法，致力於「改變世界」，並以維繫不合理的分配影響力、資源及工具的方法「回饋」社會。是否有更好的方法？

代表世界最富裕國家的研究與政策機構——經濟合作暨發展組織（Organisation for Economic Co-operation and Development, OECD）祕書長，不久前比喻今日的菁英姿態有如電影中的義大利貴族的唐克雷迪・法爾科內里（Tancredi Falconeri）表示：「如果我們希望事物保持原狀，就必須改變。」要是這個看法正確，我們四周大部分的慈善、社會創新和捐一得一（give-one-get-one）行銷，可能是保護菁英免於更險惡變革的保守自衛做法多於改革措施。經濟合作暨發展組織領袖安琪・葛利亞（Ángel Gurría）寫道，在被擱置的議題種類中，有許多是「所得、財富和機會的不平等升高；金融與現實經濟的脫鉤日增；勞工、企業及區域間的生產力差異擴大；市場贏家分食最大塊餅的現象；稅務體系的進步停滯；貪腐和政治與體制被既得利益者挾持；決策不透明和缺少一般民眾參與；教育並傳遞給未來世代的價值貧乏」。葛利亞寫道，菁英發現有無數種方法可以「表面上改變情況，好讓實際運作完全不改變」。可能從真正的社會變革損失最多的人卻讓自己掌管社會改革，而且往往獲得最需要社會改革者的默許。

一個具備這種傾向的時代，以唐納・川普（Donald Trump）當選總統達到最顛峰，應該是再合理不過了。川普既是揭發者、利用者，也是菁英領導社會改變邪教的體現。過去很少有人像他這麼成功地利用社會大眾普遍的直覺，這種直覺發現菁英虛偽地宣稱，他們做的是為大多數美國人好的事。他利用這種直覺方法煽動人們狂熱的憤怒，然後引導大部分憤怒轉向大多數邊緣化的無助美國人，而非菁英，而且川普還親自主導這種協助他崛起和被他善加利用的騙局。他變成自命為窮人與未受教育者強大保護者的富人和受教育者，並且違反所有證據，堅稱他的利益與自身追求的變革無關。他變成富豪統治階層變革理論的頭號推銷員，宣稱對最有權力的他最好的事，也是對最弱勢者最好的事。川普是一個歸謬論證，代表一個文化交付任務給菁英，以改革造就他們，並讓其他人承受苦難的體制。

投票給川普的人和對他的當選感到絕望的人有一個共同點，就是感覺這個國家需要徹底改革。我們面對的問題是，金權在握的菁英已經主宰經濟，並對政治權力殿堂發揮巨大的影響力，我們是否應該容許他們繼續進行社會變革與追求更大的平等？唯一比控制金錢和權力更好的是，控制對如何分配金錢和權力努力的質疑。唯一比當一隻狐狸更好的是，當一隻看管母雞的狐狸。

最重要的是，我們共同生活的改革是否應該由人民選出的政府領導，並向人民負責，或是由宣稱知道最符合我們利益的富裕菁英來領導。我們必須決定是否願意以效率和規模等新興起的價值之名，容許民主的目標被私人代理人篡奪，這些代理人雖然通常真的渴望改善情況，但他們的優先順序卻是尋求保護自己。是的，目前的政府功能失靈，但是這讓我們更有理由把修復它當成國家的最優先要務。企圖跨越失靈的民主只會讓民主問題更惡化。我們必須自問，為什麼自己會如此輕易就對造成今日現狀的進步引擎失去信心——儘管這部進步引擎曾促成廢除奴隸制、終結童工、限制工作日、提高藥物安全、保護集體談判、設立公共學校、對抗大蕭條（Great Depression）、農村電氣化、以道路連結全國各地、追求免於貧窮的大社會（Great Society）、擴大婦女和非裔美國人及其他少數民族的民權與參政權，並賦予全民在老年時仍能享有健康、安全和尊嚴的權利。

本書將描述一系列這種由菁英領導、對市場友善、讓贏家安全無虞的社會變革。在各章節中，你將認識一些衷心相信這種變革形式的人，以及開始質疑的人。你將遇見一位新創公司的員工，她相信自己服務的營利公司真的對解決貧困工人的痛苦有一套解決辦法，還有她公司裡的一位億萬富豪投資人相信，只有強力的公眾行動能阻止公眾憤怒的浪潮。你將遇見一位思想家陷入天人交戰，因為她想知道能挑戰有權勢者到何種程度，還能繼續獲得他們的邀請與眷顧。你將遇見一位經濟平等的倡議者，他的前雇主包括高盛和麥肯錫（McKinsey），而想知道自己是否共謀參與被他稱為「嘗試以造成問題的工具解決問題」這個議題。你將遇見一位慈善界最具影響力的人物，他因為拒絕遵守不談富人如何賺錢的禁忌，而讓仰慕他的富人大驚失色。你將遇見一位前美國總統，在他展開生涯之初曾懷抱著透過政治行動改變世界的信念，然而在卸任後卻開始與財閥巨富往來，並傾向支持私人改變方法，好讓他們受益，而非嚇跑他們。你將遇見一位備受愛戴的「社會改革者」，他對自己改變世界的商業方法是否像宣傳的那麼有效而暗自存疑。你將遇見一位義大利哲學家，他提醒我們當金錢接管變革後，有哪些事情將被迫靠邊站。

這些各式各樣的人物有一個共同點，就是他們正在與某些強而有力的迷思搏鬥，這是一些塑造極端權力集中時代的迷思；這些迷思容許菁英私人式、偏袒與自保的行動被當成真正的改變；讓許多正直的贏家說服自己和大部分世人，他們「藉由行善成功」的計畫是因應獨占利益時代的正確方法；它們為保護個人特權而戴上無私的光環；並且對更有意義的變革投以驚異、激進和曖昧的眼光。

我會寫作本書是希望揭露這些迷思真正的面貌，在我們的時代裡，有許多看似改變的改革實際上是為了保衛不改變。當我們看穿助長這種誤解的迷思時，通往真正改變的路途就會清楚呈現，我們就可能再度改善世界，而不需要徵求有權者的同意。

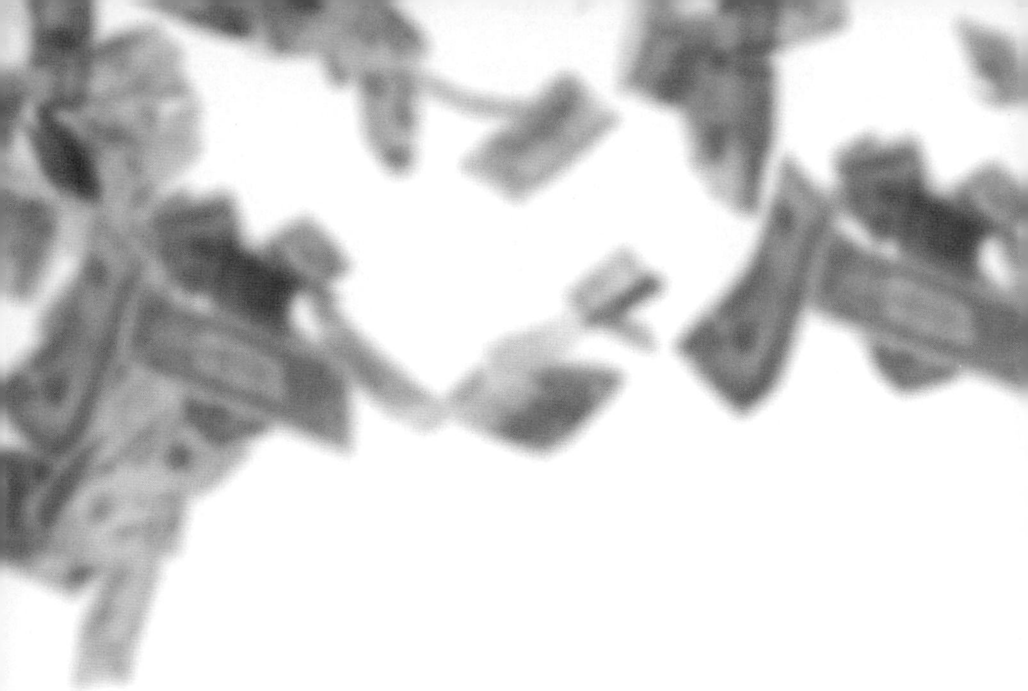

第一章

這個世界是如何改變的？

學生受到商業世界教條的影響，這些教條透過廣告與所謂思想領袖的TED談話和書籍來散播，以「大規模」方式做一切事情，這正是「去改變百萬人的生活」這些話語的由來。此外，這個時代不斷告訴年輕人，他們可以「藉由行善成功」。

希樂蕊・柯恩（Hilary Cohen）的學院派思想裡充滿亞里斯多德（Aristotle）和高盛的教導，她知道自己想改變世界，卻對一個困惑周遭許多人的問題陷入深思：世界應該如何改變？

當時是二〇一四年，柯恩還是喬治城大學（Georgetown University）四年級學生。她必須決定接下來的路該怎麼走，要擔任管理顧問嗎？該成為猶太拉比嗎？她該到一家非營利組織工作，直接服務人群？或是應該先接受企業工具的訓練？如同美國菁英大學的學生幾乎無可避免的，她已經吸收成功者的訊息，認為這些工具是服務他人的必要條件，要促成有意義改革的最佳方法，就是在既有的體制中實習。

柯恩對改變世界的興趣雖然在她的世代中很尋常，但是以她的背景來說卻並非一定如此。她在休士頓一個慈愛、關係密切的家庭中成長，是富裕的《華爾街日報》（*Wall Street Journal*）訂戶，母親是積極參與精神健康團體和猶太社群的志工，父親則在金融界（市政債券、房地產）工作。除了較傳統的父女活動，如擔任她的運動球隊教練外，父親還訓練她投資分析。小時候，父親會叫她到商場四處閒逛，注意哪些商店的人潮最多，有時候會根據她的觀察買股票，當股票上漲時就會稱讚她。父親的職業能支付柯恩從幼稚園到十二年級都就讀休士頓的金凱德學校（Kinkaid School），這所以教育「全人小孩」和「平衡成長——智識、體能、社會與道德」哲學建立的準備學校。父親早上送柯恩上學時，總會提醒她「學一點新東西」。和許多這類學校的學生一樣，柯恩可能沉浸在各種激勵的思想、履行被要求的社區服務，並像父親一樣找到薪水豐厚的白領工作。

但是柯恩從有記憶以來，也對政治和公共服務感興趣，她表示「從三年級開始擔任過你想得到的每種學生自治會職務」。她的童年夢想是「二〇三二年選希樂蕊・柯恩」當總統，而這個夢想獲得一個虛擬的臉書（Facebook）社團和幾件實體T恤支持。高中時，她服務於休士頓市長的青年議會，參加哈佛大學（Harvard University）的「國會：政策、政黨和體制」（Congress: Policy, Parties, and Institutions）暑期課程，並在國會山莊實習。最後，她進入位於華盛頓的喬治城大學就讀，似乎偏離父親的軌道，轉向不同的太陽系。

柯恩漸漸培養出對商業的興趣，和她原本就對政治抱持的熱情，以及隱約對數學、科學和其他嚴肅學問的喜好。但是她很快就發現自己的改變，她並不是第一個在古老石造建築和綠色方形庭園被理想主義感召的大學生，她上過一堂大一的教育課，閱讀亞里斯多德的《尼各馬科倫理學》（*Nicomachean Ethics*）。她說，那本書「影響我最深，可能改變了我在大學和以後人生的方向」。

柯恩讀到這本書挑戰許多人生意義的假設，特別是一個在休士頓富裕的鄰區長大、從小接受金融家的耳提面命，並進入準備學校和喬治城菁英大學的人可能深信不疑的假設。「賺錢的生活是被迫做出的選擇，」亞里斯多德說：「而且財富顯然不是我們追求的善；因為它只是有用處，而非目的本身。」她始終沒有忘記這些，而且這些學習感召她尋找一個超越物質的目的。「它超越所有你可能誤以為是人生目的的東西。」柯恩說，好比光榮、金錢、榮譽、名聲。「他基本上列出各種理由，證明那些東西終究永遠無法滿足你。」唯一真正終極的善是「人的自我實現」。

那堂課促使柯恩轉而主修哲學。她也修習心理學、神學和認知科學等課程，因為她想了解人們怎麼解決這些如何過最好生活的古老困境。隨著即將完成學業，她決定實現幫助他人達成自我實現的理想。和許多同學一樣，她想成為好的變革代理人。如果這種渴望在她的同輩間很普遍，也許是因為他們經常被提醒自己是社會裡幸運的一群，而且這是一個對不幸者愈來愈缺乏憐憫的社會。

柯恩於二〇一〇年開始的喬治城歲月裡，對不平等和美國夢似乎遙不可及的憤怒尚未達到高點，但是這股浪潮已無法避免。經濟大衰退（Great Recession）後的美國仍在休養生息，而在華盛頓喬治城大學的環境裡也可以清楚看到，柯恩出生以來的中產階級化已使附近Ward Two社區的黑人人口比率減少一半，只占社區人口的一小部分——這個事實透過大學報紙《霍亞報》（*The Hoya*）的報導，而讓學生印象深刻。柯恩入學後兩個月，茶黨用完全有別以往的方式在二〇一〇年期中國會選舉獲得大勝。「他們似乎已經不再關心一般上班族。」學者凡妮莎・威廉森（Vanessa Williamson）和西達・史柯克波（Theda Skocpol）在柯恩大一春季時刊登的報導中，引述一個名叫比佛利（Beverly）的茶黨黨員分析這個運動的話語，而這兩位學者後來都在喬治城大學任教。

占領運動（Occupy movement）在柯恩大二的前幾週啟動。一部分受到該運動的鼓動，美國人用Google搜尋「不平等」的次數在柯恩大學期間增至兩倍多，搜尋「百分之一」的次數則增至三倍以上。在她大三的春季，新教宗被選出，對方是一位像喬治城大學領導者的耶穌會會士。教宗方濟各（Pope Francis）很快就呼籲：「透過拒絕市場的完全自治和金融投機，並且藉由打擊不平等的結構性原因來徹底解決」貧窮問題。《霍亞報》評論，這些從羅馬傳出的訊息正在校園裡引發迴響。耶穌會教士暨政治學教授馬修・卡尼士（Matthew Carnes；柯恩不久後和他在一個慈善計畫共事）告訴《霍亞報》，校園裡長期批評不平等的人感受到教宗的「背書」。在柯恩大四前的夏季，「珍視黑人生命」（Black Lives Matter）運動誕生，吸引許多同班同學加入這個美國現代史上對不平等較尖銳的批判之一。隨著柯恩即將畢業，鮮為人知的法國經濟學家托瑪・皮凱提（Thomas Piketty）出版出乎意料的暢銷書《二十一世紀資本論》（*Capital in the Twenty-First Century*），這是一本二・五磅重、七百零四頁的批判不平等著作。

皮凱提和一些同事後來也發表一篇論文，寫到二〇一四年的一項驚人事實，那年也是柯恩畢業並開始賺錢獨立生活的一年。論文的研究顯示，像柯恩這樣的大學畢業生可以合理地假設最後將會是頂層一〇%的所得者，他們的稅前所得將是一九八〇年類似條件者的兩倍以上。如果柯恩攀升到頂層一%所得者，收入將會是父母那一輩頂層一%收入的三倍多，這個菁英階層今天平均一年所得為一百三十萬美元，相較於一九八〇年時為四十二萬八千美元（經過通貨膨脹調整後）。如果她很幸運地進入頂層〇・〇〇一%，收入將達到一億二千二百萬美元，是一九八〇年時的七倍以上。這項研究的另一個驚人之處則是，在同一期間，底層半數美國人的平均稅前所得從一萬六千美元增加為一萬六千二百美元；換句話說，一億一千七百萬人「從一九七〇年代以來完全被排除在經濟成長之外」。皮凱提、伊曼紐爾・謝茲（Emmanuel Saez）和嘉布理歐・祖克曼（Gabriel Zucman）寫道。一世代改變世界的創新，只為一半美國人帶來微薄的進步。

分歧的美國是柯恩正要決定未來時現實氛圍的一部分。柯恩表示，最能反映她願望的一句話是喬治城大學裡許多廳堂看得到的一句話：「去改變百萬人的生活」。它激發許多人渴望探究那個時代呈現的種種社會問題，而且暗示這種渴望受到體制和市場資本主義的道德觀扭曲。

柯恩解釋，當她和朋友思考要為他人而改變世界時，抱持的是他們成長時代的想法。那是一個資本主義沒有同等分量與影響力意識形態對手的時代，因此很難擺脫市場的語彙、價值及假設，甚至在思考像是社會改革這種主題時亦然。在美國校園裡，社會主義社團已經讓位給社會企業社團，學生也受到商業世界教條的影響，這些教條透過廣告與所謂思想領袖的TED談話和書籍來散播，以「大規模」方式做一切事情，這正是「去改變百萬人的生活」這些話語的由來。此外，這個時代不斷告訴年輕人，他們可以「藉由行善成功」。因此當柯恩和朋友尋求改變世界時，她表示，他們的方法是創立事業多過於推翻或挑戰現狀，大多相信建立行善的事業比挑戰壞事物更具力量。

一個世代前，他們的父母輩談到「改變世界」時，有許多人傾向於遵循推翻「體制」、「黨權派」、「高層」這類語言的思想。在一九六〇年代和一九七〇年代，喬治城大學是較保守的校園之一，原因是它的宗教基礎。但是其中仍有不少熱情的改變世界者，他們抗議越戰，並質疑體系，加入激進聯合會（Radical Union），這些團體曾在一九七〇年代發表公開信，呼籲支持者閱讀毛語錄。「校園裡只有四分之一的人覺醒——他們穿著破爛衣服。」一九七一年出版的《選擇大學的地下指南》（*The Underground Guide to the College of Your Choice*）一書作者蘇珊・博曼（Susan Berman）寫道：「不過情況已有進步，因為三年前有一些酷哥還穿運動外套、打領帶來上課。」

比爾・柯林頓（Bill Clinton）也是這些酷哥之一，他在一九六四年進入喬治城大學就讀，並在大二回到校園時，欣慰地發現穿襯衫、打領帶的規定已經取消了。這位未來的總統不認為自己激進，雖然當時他告訴採訪的莫里斯・摩爾（Maurice Moore），他有很多朋友「是我應該歸類為嬉皮或叛逆世代的分子」。柯林頓刻意遠離他描述為「相當不健康的消極主義」的嬉皮運動，但是他個人選擇的路顯示當時想改變世界的年輕人如何考慮他們的選項。他告訴摩爾，考慮就讀法學院取得博士學位，然後「參與國內政治——競選或這類事務」。他受到林登・詹森（Lyndon Johnson）總統大刀闊斧的民權和向貧窮宣戰所鼓舞，也認為當時相信「如果你誠心改變世界，就要從體制著手，解決社會問題根本」並不奇怪。

不過，從那個年代以後，喬治城大學和美國及整個世界逐漸被一種改變世界最好方法是成功的意識形態接管。這種意識形態往往被稱為新自由主義（neoliberalism），以人類學家大衛・哈維（David Harvey）的說法則是「一套政治經濟運作的理論，提倡提升人類福祉的最佳方法是，透過以強大的私人財產權、市場和自由貿易為特性的體制，解放個人的創業自由與技術」。哈維寫道，這套理論背後往往伴隨著「去除監管、私有化和國家退出社會供給的許多領域」。哈維寫道：「雖然個人可以確保在市場的自由，但是每個人必須為自己的行為與福祉負責，這個原則延伸到福利、教育、健保，甚至退休年金的領域。」政治哲學家亞恰・蒙克（Yascha Mounk）解釋這種意識形態的文化後果是，帶來新的「責任的時代」，在這個時代裡，「責任在過去意謂協助支持他人的道德責任，轉變成照顧自己的需求」。

這場革命的創始者是右派政治人物，像是藉由踐踏政府角色取得權力的隆納・雷根（Ronald Reagan）和瑪格麗特・柴契爾（Margaret Thatcher）。雷根宣稱：「政府不是我們問題的解決辦法；政府就是問題。」兩百年前，美國的立國者建立立憲政府，以「建立更完善的聯盟，樹立正義，保障國內安寧，提供共同防務，促進公共福利，並讓我們自己和後代享有自由的幸福」。現在他們創造一個協助美國成為史上最成功社會的工具，卻被宣告是這些目的的敵人。在大西洋對岸，柴契爾呼應雷根說：「沒有社會這種東西。只有個別的男人、女人和家庭，除非透過人民，否則沒有政府可以做任何事，而人民必須先照顧自己。」實務上，他們的革命在美國和其他國家演變成降稅、削弱監管，以及大幅降低學校、在職訓練、公園與整體公共事務的支出。

不過，右派政治勢力無法獨力發起革命，這時候需要的就是忠誠的反對勢力加入。因此，新自由主義者扶植美國政治光譜左翼一個可以合作的部族。這個自由派亞種將保留傳統的改善世界與照顧弱勢者的目標，但是將愈來愈以對市場友善的方式追求目標。柯林頓將成為這個部族的家長，主張他所謂的左派與右派之間的第三條路（Third Way），和他一九九六年被視為具有歷史里程碑意義的宣告：「大政府的時代已經結束了。」

柯林頓從一九六〇年代擁抱詹森的大政府行動主義，到一九九〇年代宣稱大政府終結的轉變，凸顯出一種文化轉向，而柯恩在二〇一〇年代初的喬治城大學裡可以明顯看到它的影響。當她和同儕受到改變世界的渴望驅動時，他們的想法與可得的資源，往往引導自己走向市場，而非政府，認為那是最能解決問題的地方。昔日那種重新想像世界的年輕人衝動，現在已被支配時代的觀念形塑和指導：如果你真的想改變世界，就必須仰賴資本主義的技術、資源及人才。例如，在二〇一一年，喬治城大學發現有一百五十萬美元可供學生活動的經費，而且學校行政當局不想繼續管理這筆錢，而允許學生投票決定如何使用這筆款項。他們從幾個提案中挑選一個用來成立「學生管理的捐贈基金，把款項投在學生與校友在世界行善的創新構想」。柯恩加入這個社會創新和公共服務基金（Social Innovation and Public Service Fund），成為創始信託董事會的兩名學生董事之一，其他董事則包括一名私募股權基金主管和其他企業家，以及喬治城大學的教授。這絕對是值得稱許與立意良善的創舉，而且反映在被市場共識支配時代裡，有多少年輕人被教導要如何思考變革：把它視為可透過投資委員會來追求的事，就像透過社會行動和政治行動一樣。

擁護企業的人近幾十年來在深入校園生活方面表現得可圈可點，並已設置專為勸誘學生追隨他們方法設計的計畫。例如，在一九七〇年代初，喬治城大學接受已故喬治・

貝克（George F. Baker）家族的一項贈禮；貝克就是後來花旗銀行（Citibank）創辦人與哈佛商學院主要創始捐款人。哈佛商學院接受協助它創立的捐款人，設置貝克學者計畫鼓勵最優秀的學生，這或許是很自然的事，但是在喬治城大學設置貝克學者計畫還有更巧妙的目的，該計畫專注在培育人文教育學生，提供他們「學習商業世界」的「獨特機會」。

柯恩申請這項計畫，主因並不是想要成為企業家，而是開始被商業世界可以提供有效的多元訓練說法說服。她爭取到面試的機會，回憶說，結果是由四名受託管理人審問她，「他們大多正任職或曾任職於金融／顧問業」。當柯恩被要求說明對商業的興趣時，提到曾為父親做的商場研究。她表示，面試的問題反映出喬治城大學耶穌會傳統的改變世界觀，和市場派成功價值觀之間的緊張。「我記得被要求當天就要評估，如果獲利與道德標準衝突時該如何取捨、我們如何實踐『服務他人』的耶穌會理念，以及如何用兩個句子清楚說明我的『個人品牌』。」她說。

柯恩的回答獲選成為貝克學者計畫的一員，進而得到一次罕見的參觀企業界內部運作的機會，那並不是像對法律援助有興趣的學生所能獲得的機會。這個計畫會定期在校園舉行會議，並派遣她到其他城市，訪問Kiva、DoSomething、Kind和美國職業賽車聯盟（NASCAR）等公司團體，以及顧問業、金融服務業和媒體與科技業公司。

雖然這個計畫向文科學生推銷企業，它的受託管理人之一卻默默宣揚一個相反的訊息。這位名叫凱文・歐布里安（Kevin O'Brien）的耶穌會神父在一九八〇年代曾是貝克學者，並藉由這個計畫的協助展開企業律師職涯。後來他為了神職而離開商業界。他負責舉辦與柯恩同批的九名貝克學者晚餐會。「他經歷過，並離開我們大部分人即將進入的商業界，所以經常委婉地提出一些實際上比其他較保守的受託管理人更刺激的問題。」她說：「他提醒我們要更常思考自己的天職，還有『賺靈魂錢』。」

歐布里安神父的勸誡，與校園裡從實習生招募者開始的企業招募者之間，產生強大的勢力衝突。在職涯至上文化已經接管許多主要大學的情況下，一個能接近潛在職涯的充實夏季是許多心懷大志的學生不可錯過的機會。柯恩全心投入。二〇一〇年，柯恩開始在國會山莊實習，這是她身邊許多人認為學習如何推動變革的老派方法。公司和較具社會意識的企業，如Toms Shoes，或是影響力投資基金，在她的圈子裡是較受推崇的。雖然柯恩並不認同這種看法，但是也並未真正反對。國會山莊之後，她進入一家教育科技公司實習。當時是大四前的夏季，珍視黑人生命運動正漸漸興起，她追隨許多其他渴望行善的人進入高盛，從事分析師工作。

對一個渴望協助人群的人來說，這似乎是不太可能的選擇。但是在她的圈子裡，這麼做一點也不奇怪。柯恩絕對不是第一個被像高盛這類公司擁護的觀點所吸引的人，這個處處聽得到的觀點，就是他們教導的技能對任何改變都是極重要的準備。管理顧問公司和華爾街金融業者近幾年來已說服許多年輕人，表示提供比人文教育更優越的教育：為你未來想從事的任何事業做準備的高度可攜式訓練。據柯恩表示，這類公司也說：「想要成為這個世界的領袖，你就需要這套技能。」

柯恩並沒有立刻全面接受這些觀念，她曾考慮在校園或網路上刊登廣告的非營利事業裡工作，不過她覺得比較冒險。當然，她希望馬上投入改變世界，但是為什麼不接受私人公司提供的磨練技能和自我修煉？她看到的一些非政府組織似乎沒有給年輕人需要的職涯規劃，也沒有承諾教人承擔更大責任與影響力的前景。許多這類組織每年只僱用一兩名畢業生，並期待他們在沒有指引下自尋出路，相對於大公司招募整群人擔任初階分析師職務，以「班級」稱呼他們，微妙地把他們帶入對學生宿舍時代的懷舊之情。

柯恩仍然相信亞里斯多德；她相信金錢本身不是像許多人認為的目的，而是一種手段，而且已經接受的信念告訴她，人必須學習如何運用金錢，才能讓世界變成更好的所在。

大公司不但竭盡所能地描繪自己是未來推動變革者的跳板，還是今日推動變革者的實驗室。例如，高盛設立一項稱為「一萬女力」（10,000 Women）的行動計畫，做法是投資女性企業主，並且加以指導。高盛的推廣資料上表示，這項計畫是「減少不平等與分享更多經濟成長最重要的手段之一」，這是一個高盛向來不重視的目標。柯恩在那裡擔任暑期分析師時，高盛也參與一項投資一千萬美元於紐約監獄計畫的實驗（最後無疾而終）。根據這項稱為「社會影響力債券」的金融工具，如果高盛投資的監獄教育計畫能大幅降低再犯率，將能從中獲利。

儘管用這類努力來贏得像柯恩這些人的好感，但在高盛工作一個夏天似乎不適合她。對她來說，這種「行善」有點太偏向「藉由行善成功」了，覺得較中庸的選擇是麥肯錫，她喜歡參加一個解決大規模問題訓練營的想法，因為校園裡的招募是如此描述的。麥肯錫絕大多數的客戶是企業，但是招募者知道像她這種年輕人的思維，因此特別強調社會和公共部門的計畫。柯恩半開玩笑地說，聽完簡報會的人不可能想不到，如果你被僱用，將來會花費大部分時間在協助海地的震災重建與提供梵蒂岡意見。

即使柯恩逐漸喜歡這個想法，卻仍擔心在她說過要協助改變人群生活這類大話後，到一家顧問公司工作將會是「最沒有想像力、最令人沮喪的決定」。但是麥肯錫和高盛一樣，告訴她一個很有說服力的故事。麥肯錫一樣不只是一個跳板，還是一個你現在就能改變世界的地方。一份二〇一四年針對渴望成為商業分析師的畢業生為目標的招募手冊，似乎說中所有重點：

改變世界
改善生活
發明新事物
解決複雜的問題
擴增你的才能
建立長遠的關係

前三個承諾聽起來似乎遙不可及，麥肯錫試著補強。例如，公司設立一個社會部門實踐部門，透過提出像「藉由行動電話提供金融服務，可以促進包容性成長，以造福數十億人」等構想。敵對的顧問公司也這麼做，波士頓顧問集團（Boston Consulting Group, BCG）承諾，「為社會部門和我們的商業客戶而改變世界」；貝恩公司（Bain & Company）宣稱：「我們以改造整個社會部門為目標。」

這些公司事實上在傳達一個已散播各地的教條：市場是改變世界的地方，而市場人士是理想的改變世界者。因此，像柯恩這類畢業生遭受的轟炸，不只是經濟危機和不平等的故事，還是如何克服這些苦難的武斷訊息。他們可能已看過摩根士丹利（Morgan Stanley）的「資本創造改變」（Capital Creates Change）廣告宣稱，「資本的價值是不只創造財富，也創造攸關世界的事物」，而為摩根士丹利工作等於是「帶給數百萬人更好生活的機會」。這家公司像復活的私人企業版約翰・甘迺迪（John F. Kennedy），吶喊著：「讓我們募集資本，用來建立改變世界的事物。」他們可能讀過一些有影響力的書，例如，大衛・柏恩斯坦（David Bornstein）的著作《如何改變世界：社會企業家與新思想的威力》（*How to Change the World: Social Entrepreneurs and the Power of New Ideas*），或在《富比士》（*Forbes*）上讀到像「五家為更好的世界努力的知名公司」，以及《財星》（*Fortune*）上刊登「二十七家改變世界的公司」的文章。他們可能同意Airbnb在一篇研究報告上的結論，表示像它一樣的企業不是為了賺錢，而是愛，正如《快速公司》（*Fast Company*）總結該研究說：「會分享的人大多數是因為他們想讓世界變得更美好。」他們可能看到像《雙重獲利》（*The Double Bottom Line*）這類紀錄片，訴說兩家公司D.Light Design與生命泉源醫院（LifeSpring Hospital）和今日的許多企業一樣，合併「改變世界」與「獲利」兩個目標。他們可能聽到一些公司變成B型企業，簽署新「獨立宣言」，承諾利用「商務行善的力量」和促進「我們追求的改變」。

而且他們可能聽到景仰的思想家說，這些新市場導向的改變世界方法不只是舊方法的輔助，而且實際上比舊方法還來得好。例如，紐約大學（New York University）商學院心理學教授，也是頗受歡迎的ＴＥＤ演講人強納森・海德特（Jonathan Haidt），他曾是一九八〇年代初耶魯大學（Yale University）的左派學生，但是後來卻背棄當年他相信粉碎權力的改變世界方式。他在接受廣播主持人克麗絲塔・蒂皮特（Krista Tippett）訪問時明白表達他的新信念：

> 我們這個年齡的人成長於相信公民參與的重點是採取行動，因此能促使政府修正民權或其他的事——我們必須讓政府做事；而年輕人成長於從未看過政府做任何事的環境——除了偶爾熄燈以外，所以他們的行動主義不是要讓政府做事，而是要發明一些應用程式，採用各自解決問題的方法，這樣就能讓世界變得更好。

像海德特這樣的學者把發明一套應用程式拿來與民權運動相提並論，為柯恩這樣搖擺不定的畢業生製造出思想界的氛圍。畢竟，或許投入企業不是那麼令人沮喪的決定。這種想法可能因為柯恩的同輩隨便把什麼東西都加上「社會」兩個字而被強化——社會創新、社會事業、社會企業、社會投資。的確，柯恩在喬治城大學的最後一學期，校方在校園成立畢克社會影響力和創新中心（Beeck Center for Social Impact & Innovation），目的就是推廣愈來愈具影響力的私人部門改變世界的方法，而這正是她思考的方法，因此也凸顯它的誘惑與錯綜複雜。

這個中心的建立要感謝艾伯特・畢克（Alberto Beeck）和奧嘉・馬莉亞・畢克（Olga Maria Beeck）的一千萬美元捐款，他們從南美的礦業賺到大部分的錢。世界改變的方式往往攸關這類富有捐款人的財務利益，例如：稅務、重分配、勞工法及礦業法規，而喬治城大學和其他大學一樣都樂於配合。新中心的總監是索納爾・夏荷（Sonal Shah），她出身Google、高盛及白宮老手而擁有完美的資歷，在白宮時曾為巴拉克・歐巴馬（Barack Obama）總統建立社會創新和公民參與辦公室（Office of Social Innovation and Civic Participation, OSICP）。根據該辦公室的網站，「宗旨是一個簡單的想法：我們藉由在華盛頓建立從上而下的新計畫來推動持久的改變」。對自由派政府來說，這是驚人的宣示，但是在市場思維支配的時代並非不尋常，它反映出有錢有權者可能擁抱的進步理論。

夏荷後來在一篇文章中把這個概念發揚光大，而文章的思想和贊助來源則反映以私人方法解決公共問題的勢力崛起。文章的共同作者為吉廷德・柯力（Jitinder Kohli），他掌管摩立特德勤（Monitor Deloitte）的公共部門業務，而文章的呈現似乎是德勤（Deloitte）、史科爾基金會（Skoll Foundation）和《富比士》贊助的系列評論之一。文章表示，由這些人與實體領導的新私人改變世界方法，比老派的公共和民主方法優越：

在那個逝去的年代，政府獨力負責解決國家最重要的問題，從興建州際公路系統到新政（New Deal）社會計畫等。不過，今日的挑戰比以前更複雜和交互關聯，無法藉由單一行為者或解決方案來解決。因此，這是政府讓影響力經濟（Impact Economy）的眾多行為者參與的機會，包括非營利事業和企業。

原本應該是人類史上最有權力機構的美國政府，被貶抑為眾多行為者中的「單一行為者」，而且無法解決現代問題，這實在是很奇怪的事。根據這個觀點，興建跨大陸公路網與推動新政在當時很容易，但是今日的問題卻困難到政府無法解決，因此必須透過富裕捐款人、非政府組織和公共部門合夥來解決。文章中沒有提到，這個方法藉由把出資者提高到領導解決公共問題的地位，進而賦予他們權力阻止會威脅他們的解決方案。如果你偏好解決大問題的方法需要我的錢，而且給我計畫董事的席位，我可能不會鼓勵涉及遺產稅的解決方案，或是拆解我賴以賺錢和捐錢企業的方案。

私人部門推動改變世界，還可以透過較隱晦的形式取得影響力。例如，畢克社會影響力和創新中心發送的推廣資料顯示，企業語言如何征服社會改變世界，排擠較舊式的權力、正義及權利的語言。該中心的目的是「促進創新並提供一套獨特的技能」，並

「聯合全球領袖大規模推動社會改變」，提供工具以「善用資本、資料、科技和政策的力量，用來改善生活」。同時在新聞稿中承諾，「透過新成立的中心，學生將學習如何設計、組織與為發揮社會影響力的職涯募集資金，且被引介給願意協助培育他們的小企業或非營利事業創意的全球領導者」。透過公共行動解決公共問題的解決方法——改變法律、上法庭、組織公民、向政府申訴民間疾苦都未被提及，反而是大學承諾以「創業精神」這個新焦點，作為「一些世界最急迫問題」的解決方法。

因此，當柯恩在那一年收到麥肯錫的聘書時，可能真的覺得那是一個無趣又諷刺的選擇，而且可能真的覺得那是一個以新方法協助人群的邀請。另一個她參加的總體課程（Capstone）計畫舉辦的一場會議，證明她絕非唯一有這種感覺的人。該計畫聚集大四學生編成小組，在一位教授協助下，討論對最後一年的焦慮與未來的計畫。柯恩的小組在三月底參加第九次會議前，主持人透過電子郵件散發關於討論主題的讀物，其中一篇來自學生主辦的新聞雜誌《喬治城之聲》（*The Georgetown Voice*）；該雜誌是由《霍亞報》前編輯於一九六九年創立，曾反對報紙不願報導越南戰爭。這篇文章提出一個柯恩當時詢問自己的問題：「為什麼會有這麼多的喬治城大學畢業生在銀行和顧問業工作？」

文章報導一個驚人的事實，有超過四〇％的二〇一二年喬治城大學畢業生，在顧問或金融服務業找到全職工作，並從事該行業。作者發現，這個趨勢「似乎與一所以追求耶穌會價值自詡的大學牴觸」，並歸因於貪求高薪、許多學生背負高額債務，以及「尊崇金融服務和顧問工作的文化」。該雜誌訪問的一名學生也說：「朋友感興趣的許多領域，很少不會要求具備幾年商業經驗的初階職務。」其他行業的工作似乎也在內化顧問與金融公司自稱是必經入口的說法。柯恩和朋友當天討論那篇文章，恰好反映出她不知如何回應麥肯錫的煩惱。她表示，一共要求延緩接受聘任的期限五次後，才終於決定加入。

她說，她對自己進入麥肯錫後的發現「既著迷又驚嚇」。她對四周的人才濟濟印象深刻，「我記得我坐在新人說明會，看到這麼多打扮光鮮、表達流利、有條不紊的人，你真的會問自己：『我屬於這裡嗎？我真的是其中的一分子嗎？』類似這些事，我著迷於同儕與同事的地位和外表。」不久後，她也開始為過多的工作與大部分專案是企業瑣事，而非拯救世界而煩惱。她曾聽到又相信的是：「你即將有機會接觸一般人數十年也不會碰到的問題，而你將讓客戶的人生變得更好。」但大多數她碰到的計畫只是尋常的企業顧問工作，如何降低成本，或是擬訂一套進入市場的策略等，她說：「有許多只是執行一些較一般性的任務。」

如果說這個工作比招募者承諾得更無趣，柯恩同事對工作的狂熱實在難以用無趣來解釋，他們工作認真得好像是在解決招募者描述等待解決的急迫問題，但實際上卻不是。他們一邊吃晚餐，一邊設計Excel程式，讓柯恩大感驚訝，因為在她成長的家庭裡，吃飯時接聽電話「會受到嚴厲斥責與懲罰」。在從旅館到客戶辦公室的五分鐘車程裡，他們一定會忙著打電話，以便盡可能擠出這一點零碎時間的生產力。柯恩說：「這真是一種瘋狂的文化。」又說：「慢慢地，可以想見的是你也開始這麼做。」

柯恩開始懷疑自己的決定，發現自己開始思考著，是不是該做長輩經常勸她做的事——學習成為猶太拉比。不過，商業是服務途徑的邏輯如此強大，所以她告訴自己，這甚至是擔任靈性工作的有用準備，以及萬一「想當拉比這條路走不通」時，在麥肯錫的資歷將是一個「備胎」。她補充道，曾任職麥肯錫的拉比可能會聽起來更有說服力，「我想，我們常常根據極為有限的資訊來認識事物，而選擇或品牌或象徵當然代表某些東西。」

接受麥肯錫的工作，讓柯恩加入市場世界（MarketWorld）。市場世界代表一個支配的菁英階層，他們追求成功和行善，在改變世界的同時，也從現狀獲利。由開明的企業人士與他們在慈善界、學界、媒體、政府和智庫的合作者組成。有自己的思想家，稱為思想領袖（thought leaders）；自己的語言；甚至是自己的領土，包括一個經常變動地點的會議群島，它的價值觀在那裡被強化與散播，並轉譯成行動。市場世界是一個網絡和社群，但也是一種文化與心態。

這些菁英相信並提倡社會改變的追求，主要應該透過自由市場和自願行動，而非透過公共生活、法律及改革人們共有的體制；他們相信並提倡社會改變應由資本主義的贏家及其盟友監督，並且不能與他們的需求為敵；而且現狀的最大受益者應該在現狀的改革扮演領導角色。

在進入麥肯錫的第一週，柯恩還沒有見識到市場世界的全貌，儘管她不喜歡這個工作，卻可以告訴自己，今日許多聰明的年輕人說服自己投入青春歲月的話語：他們進入金錢的世界，以便學習協助弱勢者不可或缺的工具。柯恩說，她安慰自己道：「如果我能學會組織、拆解並解決企業問題，就可以在自己選擇的任何問題或挑戰上應用這些技巧。」

然後柯恩開始看穿這種想法，她曾深信在商業世界受過訓練的人可以獲得深奧知識來協助人群，不過一旦進入其中，卻發現學到的東西可以協助一家輪胎公司降低成本，或一家太陽能面板製造商選擇有潛力的全球擴張市場，但是稱不上適用於各領域的療方。會計、醫藥、教育、情報及航海等行業有自己的工具和分析模型，然而這些方法並未被廣泛推廣為幾乎所有問題的解決方法。

柯恩開始擔心這種以企業訓練作做為改變世界跳板的說法只是招募者的招數，藉由美化市場世界看似高貴的意圖以便促銷。她已簽約想要學習的解決問題方法有什麼價值？她一面執行客戶的專案，一面進行自己的思考練習，這個練習不採用麥肯錫的工具，只問自己認為正確的解答是什麼。她說：「正確解答非常少，幾乎沒有，完全直線步驟式的『我們要進行這種研究』的操作程序——這種作法實際上很少找到正確答案。」麥肯錫以這種操作程序聞名，但她表示這些程序「主要用於解答的溝通，但是無法帶來解答」。解答來自智慧和常識，但柯恩說，團隊會讓它們看起來像麥肯錫的招牌解答：「我們會把它們納入樣板。」

雖然柯恩覺得當時學習的方法有誤，但她對商業界外的人對這些方法的飢渴感到驚奇。在我們的年代裡，許多對自己的方法學缺乏信心的領域，通常渴望挹注商業思考到工作中。以商業作為進步、協助人群和改變世界萬能鑰匙的信念如此成功，甚至於白宮——不管共和黨或民主黨當家，在挑選國家人才與管理國家的決策上，都愈來愈依賴顧問和金融家。二〇〇九年，《經濟學人》（*Economist*）宣稱，「輪到麥肯錫試著整頓山姆大叔了」，表示「歐巴馬可能偏好麥肯錫人，就好像他的前任對僱用高盛人上癮一樣」。

我們可以說，被延聘進入政府以提供改善公共福祉事務建議的那些人，本身就涉入許多最急迫的公共問題。管理顧問和金融家本身就是少數菁英奪取一世代創新戰利品的要角。金融業從美國經濟榨取愈來愈多的金錢，犧牲的不只是消費者與勞工，就連金融業本身也深受其害。愈來愈多美國的金融資源流入華爾街，未能轉換成企業的新投資或勞工的加薪。在此同時，顧問為企業帶來生產力革命，他們教導企業如何把一切最佳化，讓供應鏈更精實，讓損益表更穩定。當然，這種最佳化讓企業對勞工更苛刻，面對裁員、委外生產、動態排程及自動化等企業進步的陰暗面。這是員工的薪資停滯，而公司獲利和生產力提升的部分原因。柯恩說，她的同事通常對這些事實無動於衷。「就好像說：『好吧！我們指控這些問題，但是也知道如何解決問題。』」她談到一般人的態度，「所以這只不過是我們要解決的新問題——一個由我們造成的問題」。

不過，柯恩對這些解決方法的效力正逐漸失去信心，開始感覺自己並沒有真正被教導如何改變世界的危險念頭。她開始思考下一步。

與此同時，離開校園生涯第一份工作是在芝加哥擔任社群組織者的歐巴馬總統，他的任期即將屆滿。按照現代的慣例，接下來他將成立一個基金會和一所圖書館，並已決定振興公民生活將是宗旨。之前他常提到企業與富人對美國人的生活影響力太大，而一般人的權力太小。儘管如此，當歐巴馬思考如何提振民主時，決定尋求麥肯錫的建議，因為現在有那麼多的社會改革者來自麥肯錫。

柯恩被邀請加入這個團隊，所以開始研究總統應該如何振興公民生活的問題。她說，歐巴馬尋求麥肯錫的顧問分析問題，「消除了我的疑惑，同時又引發許多疑惑」。如果她深感敬重的一位總統認為應該讓麥肯錫的顧問思考這些問題，也許他們應該這麼做。另一方面，她懷疑總統也受到誤導她的相同迷思影響。「為什麼他不找一些社群組織者來做這項工作？」她想道。這個計畫給她的「猶豫多過希望」，因為似乎對商業世界日增的影響力貢獻大過於對社會改變。柯恩陷入天人交戰，麥肯錫給的工作讓她不安，同時那是她想到所能做的最刺激工作。

我們可能把嘗試重新思考民主的柯恩和她的顧問同事，視為一群追求進步的資本主義者，想解決一個與自身利益無關的社會挑戰。但是我們也可能詢問，企業菁英是否正在貢獻或在接管改變世界的工作？如果是後者，也許讓有錢人負責振興民主的努力，能得到比讓其他人負責更好的結果。這有可能，但可能性卻很小。因為治病者會重新塑造疾病，以他們的診斷、處方及預後。負責解決問題就是把它當成自己的問題，擁有權力可以決定它需要或不需要如何解決。例如，人類欲望的問題在不同時代有不同的解決方法，從由封建君主全權決定，到賦予代表權給擁有財產者的共和國，再到所有成年人有投票權的民主體制。

讓企業顧問公司負責決定社會問題解決方法的最大風險是，可能擱置若干有關權力的根本問題。市場世界的問題解決者不會傾向追究作惡者，而且對探究罪責不感興趣。

柯恩表示，她和顧問同事也可能忽視或小看民主體制受害者的心聲，不是出於惡意或必然，而是因為他們的心態。如果你把世界視為一個工程問題，一個有刻度的儀表板或是可切換的開關，能讓你調整到最佳化狀態，你就永遠不會注意這個由人與體制構成、保護他們擁有的事物，並排除其他人的世界，有著不同看法者的心聲。

最後，柯恩將離開麥肯錫，並加入歐巴馬基金會（Obama Foundation）擔任全職工作。但是在她還支領麥肯錫薪資的那段期間，她和同事仍然受到企業式的社會改變巧妙做法影響，他們應該為一般民眾而重振民主的活力，並讓民主更有效率，但是最好不過度挑戰同儕贏家；他們應該促進公眾對體制的信任，但是不要深入追究為什麼領導那些體制的人不被人們信任。

仍然吸引柯恩想成為拉比的部分原因是，提供一條必須在追求成功與行善之間妥協的逃避道路。「我百分之一百萬會說寧可活在這種市場邏輯和世界之外。」但是如果說她不喜歡那種名聲與生活方式，就是在說謊，而且她還抱持著大規模改變世界的夢想。在她繼續嚮往學習宗教之際，似乎是在期待一種信仰解救自己擺脫另一種不是很願意接受的市場信仰。

這種信仰控制今日許多誠實、會思考的人，他們之中有許多人受困於無法看清的情況。有許多人相信，他們正在改變世界，但實際上可能正在或同時正在保護一種正好是他們想解決問題根源的體制。他們之中有許多人默默想著是否還有別的方法，思考如果採用其他方法會讓自己處在什麼情況。

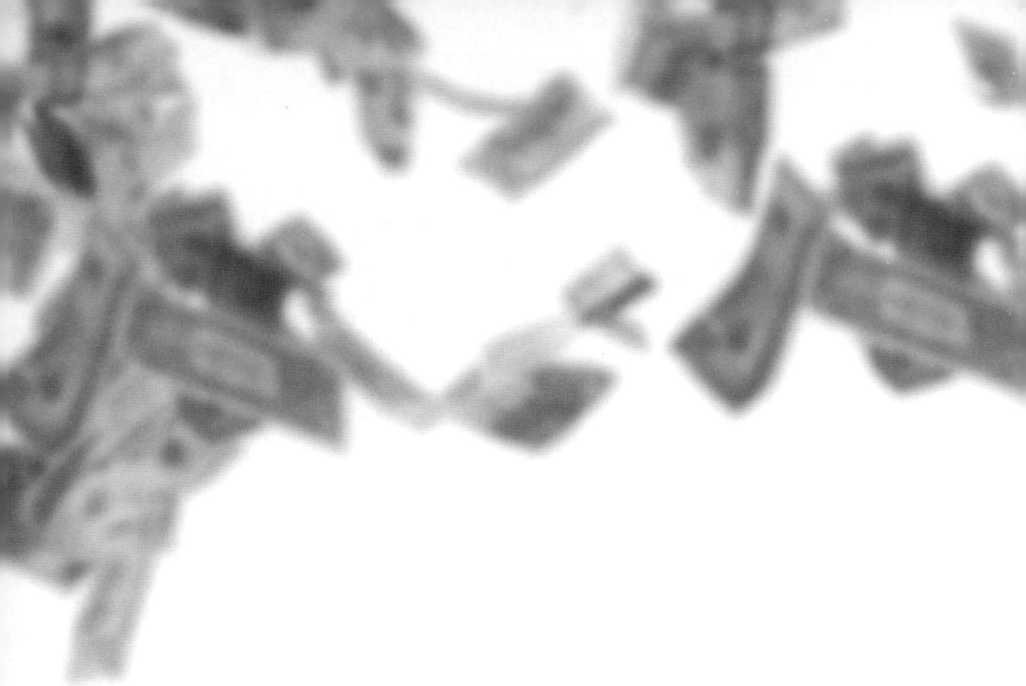

第二章

雙贏

創業家願意參與，讓世界變得更美好，只要你免除他們的罪責，
並以讚頌和依賴他們的方式追求這個目標，達到雙贏。

想改變世界？先創立一家企業。

——喬納森・克拉克（Jonathan Clark），創業家

當時是晚餐時間，史黛西・愛莎（Stacey Asher）坐在窗邊的六人餐桌，談論她如何協助窮人運用夢幻運動遊戲（fantasy sports）的力量。她住在達拉斯的高地公園（Highland Park），距離前總統小布希（George W. Bush）的宅邸不遠。愛莎管理一個稱為目的投資組合（Portfolios with Purpose）的慈善基金。這個基金自稱是「結合健康的競爭和給予的強力平台」，這是一個同時傳達科技烏托邦主義、資本主義與慈善心聲的短句。雖然她看起來才三十多歲，但表示曾在紐約的「六或七家」避險基金工作，然後才搬到德州，與新婚不久的丈夫也在這裡從事金融業。

和許多出身商業世界，但後來奉獻於協助他人的人一樣，愛莎有一個在非洲受到感召的故事。在一次攀登吉力馬札羅山的旅程中，來到坦尚尼亞的一間孤兒院，她在那裡看到揹著弟妹的兒童，走好幾哩路只為吃到一天唯一的一餐飯。她得知有時孤兒院的廚房因為資金用完而關閉，雖然每個月的運作成本只有二百五十美元。「我的人生就在那一刻永遠改變了。」愛莎後來寫道。

愛莎開始思考如何才能幫上忙，和許多市場世界的行善者一樣，她對採用新方法的興趣大過於檢討自己和四周的人，以及他們所屬的體制，可以如何改變舊方法。她問自己能做什麼，而沒有問在她的世界裡的人已經做了什麼。（例如，無庸置疑地，如果避險基金的人沒有那麼擅長避稅，用於援助外國的收入可能就會更多。）

當時，世界上最大銀行之一的渣打銀行（Standard Chartered）正準備在坦尚尼亞打官司，因為該銀行明知故犯地向一家能源投資公司購買受到貪腐汙染的「骯髒債」（dirty debt），並向該國政府要求把涉及貪腐的計畫國家化，並以坦尚尼亞人的公帑償付積欠銀行的債務。這種做法很常見，而且至少在理論上會傷害政府照顧愛莎所關心孤兒的能力。非洲開發銀行集團（African Development Bank Group）已表示，所謂的禿鷹基金（也就是渣打銀行被指控成立的那類基金）經常以極低的折扣價格收購壞帳，然後控告非洲政府必須以納稅人的錢全額償付，而如果政府打官司將危及外國資產。非洲開發銀行說，「這些禿鷹基金破壞最脆弱國家的開發」，並列舉這種做法的受害國家，除了坦尚尼亞外，還包括安哥拉、布吉納法索、喀麥隆、剛果、象牙海岸、衣索比亞、賴比瑞亞、馬達加斯加、莫三比克、尼日、聖多美普林西比、獅子山及烏干達。

像愛莎這樣抱持善意的人，而且對複雜的金融有深入了解和人脈關係，正是解決這類問題的適當人選。根據非洲開發銀行集團指出，禿鷹基金公司已從債務國家榨取近十億美元，因此若能擊退這種可疑的做法，並留下更多錢供社會支出，更可能協助孤兒。但這正好是市場世界贏家解決問題時傾向忽視的任務。這種任務將充滿衝突；指出從事犯行的金融機構；將挑戰將來可能對你有用處的人。像愛莎這類人經常被勸說，並且漸漸相信有比體制改革更不具敵意的解決問題方法。

她知道有數百萬人喜歡夢幻足球遊戲，而且人人喜歡在股市賺錢，還有誰不喜歡助人？愛莎想到她可以效法夢幻足球遊戲模式，但是以股票取代遊戲玩家，並把收入導入贏家最愛的慈善團體。（目的投資組合的遊戲玩家有九〇％自稱在金融界工作，至少有一個人似乎是渣打銀行的分析師。）正如市場世界常見的情況，其中充滿諷刺：參與遊戲的人可能也同時進行快閃商品交易，進而導致他們聲稱要協助的社會發生價格不穩定，或是繼續讓他們的公司或客戶收購有問題的非洲債券，或是透過掠奪教師和消防員的退休基金，壓迫市政當局償付富有的債券持有人。它充分反映市場世界的價值觀：你可以不必改變任何事就能改變世界。

愛莎被雙贏的社會改變誘人的承諾所吸引，這種方法在市場至上的年代被奉為圭臬，它的吸引力反映在史蒂芬・柯維（Stephen Covey）寫的《與成功有約：高效能人士的七個習慣》（*7 Habits of Highly Effective People*），書中第四個習慣是「雙贏思維」：

雙贏把人生看成一個合作而非競爭的競技場。雙贏是一個心智的架構，它不斷在所有人類的互動中尋求共同利益。雙贏意謂互相受益和滿意的協議或解決方案。雙方都能分食大餅，而且嘗起來十分美味！

這個概念鼓舞市場世界的改變方法，並促成社會企業、社會創投、影響力投資、共益企業（benefit corporation）、雙重獲利和三重獲利、企業的開明自利「共享價值」理論、捐一得一產品，以及各種被假想為對贏家與所有人都有利的其他形式。《紐約時報雜誌》（*New York Times Magazine*）一篇以〈給予是成功的祕訣嗎？〉為題的文章中，質疑亞當・格蘭特（Adam Grant）這位自稱「思想領袖」的組織心理學家做的研究。在理想的這類方法中，贏家可以享受結合賺錢、行善、感覺具道德、解決艱難又衝突的問題、覺得自己有影響力、減輕他人痛苦、散播正義、為履歷增添異國經驗、旅遊世界，以及增加動聽的雞尾酒宴故事好處。

對雙贏的信心如此普遍，是柯恩進入麥肯錫的原因之一，可以讓每個買一雙布鞋的人感到很安慰，因為他知道另一雙鞋很快會穿在另一個窮人的腳上。這種信心可以從校園裡的一張海報看出：「研究顯示，給予讓你更快樂。自私點，多給予。」它反映一個當紅的觀念：由已故管理學者普哈拉（C. K. Prahalad）提倡的「金字塔底層的財富」，他許諾大企業「一個雙贏的情況：不僅企業可獲得活絡的市場，而且能藉由把窮人當成顧客，而不再輕蔑對待他們，他們會變成更有權力的顧客」。對世界銀行（World Bank）的難民問題顧問來說，這可能使過去純粹基於人道理由提倡的理念變成重要賣點：「讓敘利亞人回去工作——對地主國和難民是雙贏。」為了在一個被市場思維征服的世界裡獲得尊敬，一場自二次世界大戰以來最大的人道悲劇也必須以援助者的機會來行銷。

貫穿這些概念的是一個無痛的承諾，對我好的，也會對你好。不難理解的是，愛莎曾被這種思維吸引。你可以協助人群，而讓自己保持原有的生活，同時消除一些罪惡感。

愛莎的例子顯示，有許多真正的雙贏等待被發現。但是一定程度的懷疑也無法避免，當像愛莎這樣的贏家介入解決他們眼中的問題、使用他們熟悉使用的工具時，往往忽視問題的根源和他們涉入的程度。

賈斯汀・羅森斯坦（Justin Rosenstein）似乎遠比愛莎更煩惱，如何才是協助人群的最好方法。雖然他在更廣的世界鮮為人知，但在矽谷卻是一顆明星，對發明幾種重大技術貢獻良多。身為程式設計和產品設計專家的他，協助創立Google雲端硬碟（Google Drive），也是Gmail聊天軟體的共同發明人，後來跳槽到臉書，協助建立粉絲專頁和「按讚」按鈕。超過十億人使用羅森斯坦設計的工具，他得到的股票紅利據說價值數千萬美元，而其年齡還不到三十歲。

羅森斯坦現在面對少年得志的創業者常常碰到的困境：該如何利用他的錢和往後數十年的人生。他過著非常簡樸的生活，擁有一支已經過時好幾年的iPhone，開一輛本田（Honda）Civic汽車，在舊金山與數十個人同住合作住宅，同住者中有許多人在藝術、倡議組織及法律等領域工作，而他們都無法想像羅森斯坦擁有的資源。當羅森斯坦可以從經濟艙升等到商務艙時，都會想到如果省下額外的成本購買瘧疾帳可以拯救多少性命，他希望把大部分的錢捐作慈善用途。

羅森斯坦認為自己十分注意靈性生活，這促使他決定服務人群。「我想，從很深的層次來看，我們都是一體的。」他在舊金山的一個午後這麼說：「在我們的心靈深處，實際上共有一個靈魂，我們基本上只是——我通常避免使用神這個字，而會用像意識這種詞彙——因為我們基本上是同一個意識從許多不同的人往外看。」羅森斯坦不像其他人那麼相信一個抽象的外在的神：「我覺得就像自己愈深入存在的本質，就愈進入一個我們所有人連結的地方。」

在市場世界的雙贏價值觀引導下，羅森斯坦決定藉由創立名為Asana的公司來改善世界，這家公司銷售協作軟體給Uber、Airbnb及Dropbox這類公司。和愛莎一樣，羅森斯坦渴望助人，但是要跨越他的假設與工具的範圍卻很困難，他認為Asana的軟體可能是改進人類情況的最有力方式。「當你思考人類進步的本質時，」他說：「當你思考像是改進醫療、改善政府、創作藝術、研究生物科技或從事傳統慈善，不管是什麼，所有能讓人類的情況或讓世界的情況進步，這些事都涉及眾人的合作。舉例來說，如果我們真的可以設計一套世界軟體，讓世界上每個人做事都快五%，很好吧？我想也會讓恐怖份子快五%，但整體來說，我認為那樣真的可以大幅提升生產力。」

羅森斯坦藉由讓每個人更有生產力來改善人們生活的渴望很崇高，不過美國面對的核心經濟挑戰之一是，儘管生產力呈現顯著成長，但半數美國人的薪資卻明顯停滯。正如華盛頓智庫經濟政策研究所（Economic Policy Institute, EPI）在一篇論文中的描述：「從一九七三年以來，絕大多數美國勞工的時薪提高的速度，趕不上整體經濟生產力成長的速度。事實上，時薪幾乎完全停止增加。」據經濟政策研究所的研究，一般美國勞工的生產力從一九七三至二〇一四年提高七二%，但中位數勞工薪資在這段期間只增加約九%。換句話說，美國沒有生產力停滯的問題，而有來自生產力的獲益被菁英奪取的問題。愈來愈會壓榨的金融業要負部分責任，監管這個產業的方式可以改變，包括更嚴格的交易規範；對金融業者課徵較重的稅；更嚴格的勞工保護，以保護遭裁員的員工，和免於被私募基金業者掠奪退休金；以及鼓勵支持創造就業的投資與排除純粹的投機。

這類措施將有助於解決根本問題，避免菁英奪取生產力成長帶來的獲利。若是沒有這類措施，像羅森斯坦的計畫將無法帶來承諾的改變，只會進一步增加菁英蓄積過多的東西（生產力），而不是千萬人需要更多但不足的東西（薪資）。

對雙贏近乎宗教式的信心，有助於解釋像羅森斯坦做出的選擇。「科技業最神奇的是——有些其他產業也這樣，但我想這在科技業特別常見——有許多魚與熊掌兼得的機會，對不對？」他說：「刻板的觀念是，你必須選擇行善或賺錢的生活。我想對許多人來說，那是很重大的選擇，他們不具備剛好在兩者交會點的技術，但是對科技業而言，卻有很多這樣的機會——Google搜尋是歷來最凸顯的例子——可以讓我們同時做有利可圖，而且真正對世界好的事。事實上，我認為有許多時候，你可以處於行善和賺錢完全一致的情況，讓行善的範圍愈廣，你賺的錢就愈多。」這是一種社會正義與權力集中剛好可以並駕齊驅、無限延續的願景。

「這是一個會讓你天人交戰的絕佳例子，你必須很審慎地思考，而且它很複雜、很糾纏，非常容易讓人合理化。」羅森斯坦繼續說：「我相信自己有時候也會合理化，例如，『噢，好吧！這可以讓世界更美好』，但實際上只是能賺更多錢。不過在另一方面，營利事業——有許多事情不適合營利事業來做，這時候你需要非營利事業，你需要政府部門。但營利事業部門有一個好處就是可以自給自足，因此你不需要不斷募款。」

這個概念對許多市場世界人士很重要：企業的解決方案不管看起來如何，可以比其他方案更慈善，因為經費來自贏家的獲利可以確保慈善持續。羅森斯坦表示，理想的企業可以獲得收益（「它奪取的價值」）與有利的外部性（「它在世界創造，但不奪取的價值」）。Google的廣告銷售是收益，讓任何地方的每個人可以輕易搜尋任何東西是有利的外部性。「如果你可以創造一種可獲得兩者的系統，」他說：「你賺的每一塊錢也帶來有利的外部性，最美妙的是，你就可以繼續投資在這種引擎上，可以愈做愈大、可以再投資，也可以僱用更多人。」

商業是一種自給自足的行善方式，特別在羅森斯坦對同業的評估中更是如此。「事實上，我對這方面做了很多研究：很少有人願意為了行善而犧牲重大的財務。」他說：「看千禧年世代，大多數千禧年世代想做有意義的工作，但卻不願意犧牲好的收入。我不怪他們，我可能會有相同的感覺，而我們很容易會有那種感覺。不過，我想有比人們想像中更多的機會，讓我們不必做困難的選擇，而可以在世界上賺錢與行善。」

羅森斯坦對這種進步的信心，讓他忽略意料之外的後果。當你打造出相信的那種工具後，不知道人們會如何使用。羅森斯坦也承認這一點，他看到青少年為他們的臉書上張貼吸引多少按讚數而著迷與焦慮，讓他為世人如何評價他的貢獻憂心。他也可能忽視曾服務的Google和臉書在追求成功與行善的同時，也累積龐大的權力——在自由社會中掌控資訊和新聞，握有人們的私人資料與行蹤，以及人們所有的談話內容——這種危險和準壟斷的情況需要監督，甚至有必要分拆這些公司。

如果你忽視這類隱憂，就能讓Asana較容易以矽谷的方式，藉由行善成功追求成功：

藉由協助人們更容易一起工作，我們讓群體更輕鬆地協調他們的集體行動，以利於達成他們的目標，實現驅動他們的使命。在未來幾年，我們將達成讓數百萬人以群體方式工作，改善我們共有的世界。透過這些群體，我們將改善地球上每個人的生活。

這是一個激勵人心的願景，特別是它的用途是「集體行動」——這個詞彙在過去通常是指工會與運動，以及其他形式的公民在公共領域追求共有目標。這個願景反映一個痛苦的事實：當人們進行已經在做、喜歡做且知道如何做的事，而且承諾能帶來重大文明利益的外溢效應時，這種解決方案通常是導向解決者的需求多過於世界的需求——雙贏者聲稱是為了他人，實際上是為了自己。

那天晚上，羅森斯坦從Asana開車到居住的合作住宅Agape。那是一棟富麗堂皇的別墅，牆壁上裝飾著精細的木雕，人們正紛紛進入餐廳，那裡有兩張併在一起的餐桌，圍繞著各式椅子和一張舊教堂長凳。大家見面時，通常會互相擁抱，有許多是年輕人，多半是飄泊的創意型人士，可能連負擔低廉的房租都很吃力，這是一個羅森斯坦共同創立且珍惜的社群。大夥坐下後會牽手，有人唸了一段非宗教的禱詞，然後每個人開始吃著外送的柬埔寨餐點。

在愛莎的目的投資組合、羅森斯坦的Asana，以及其他無數類似的理念行動計畫背後，有一套激進的理論。這是自利帶來有利副作用的舊酒換新瓶，這個存在已久的概念在幾個世紀前歐洲都市新興的商業社會裡生根，最著名的宣言是亞當・斯密（Adam Smith）提出人類自利的社會利益：

> 屠夫、釀酒者和麵包師傅並不是好心滿足我們晚餐想吃喝什麼，而是出於自己的利益。我們不訴求人們的人性，而要訴求他們的自愛，而且絕對不要和他們談論我們的需要，而要談論他們的好處。

這個自愛滲漏到他人的概念是雙贏主義的始祖，斯密在著作《道德情感論》（*The Theory of Moral Sentiments*）中，以他著名的「看不見的手」譬喻來說明這個概念。他寫道：

儘管富人生性自私和貪婪，儘管他們只關心自己的需求，儘管他們僱用成千上萬勞工唯一的目的是滿足自己無止境的欲望，但是他們卻與窮人分享所有自己帶來的改善。他們被一隻看不見的手引導而製造的生活必需品分配，幾乎與假如地球被劃分成相同等分給所有居民所製造的分配完全相同，因此在無意與未察覺下，他們增進社會的利益。

斯密宣稱，自私地追求富裕能照顧到每個人，和實際上嘗試照顧每個人沒有兩樣。從這個籠統概念衍生出許多熟悉的理論。下滲經濟學（trickle-down economics）、水漲船高理論、創業家把餅做大等。斯密告訴富人專注於經營企業根據的假設是，有利的社會結果會自動發生，是自私的美好副產品。透過「自由市場」——從第一套規範它的法規開始實施後出現的矛盾修辭語——的魔法，富人在不知不覺中為公益做了安排。

這種以目的投資組合和Asana——以及保證結合高報酬率與消除貧窮的新型影響力投資基金、社會企業，和金字塔底層零售法等——為代表的雙贏，藉由翻轉這套舊理論而賦予新生命。新雙贏主義建立在贏家和輸家、富人與窮人的利益和諧一致的假設上，但拒絕社會公益是副產品或外溢效應的概念。商業的贏家不再被勸說要忽視社會公益，並且只要間接和不刻意地捐獻，他們應該專注於直接又刻意地改善社會。羅森斯坦不應該只是創立一家軟體公司，而是創立一家他認為最可能改善人類生活的軟體公司。

在從斯密的理論到雙贏的旅程中，企業家從偶然的公益促進者轉變為有特殊能力照顧公益的獨特角色；企業從一種有助於社會利益的部門，變成提升人類的主要載具。「企業扮演企業，而非扮演慈善捐款者，是解決我們面對的急迫問題之最強大力量。」哈佛商學院教授麥可・波特（Michael Porter）在提出這個概念時表示。全食超市執行長約翰・麥凱（John Mackey）在與拉哲・西索迪亞（Raj Sisodia）合著已成為雙贏信仰聖經的《品格致勝：以自覺資本主義創造企業的永續及獲利》（*Conscious Capitalism: Liberating the Heroic Spirit of Business*）中說：「企業是終極的正和（positive-sum）遊戲，企業可以為所有利害關係人創造皆贏。」

新雙贏主義可以說是一種遠比「看不見的手」激進的理論。舊理論只是暗示資本主義者不應該被過度監管，以免他們貪婪的美好副產品無法讓窮人受益。新理論更進一步，暗示資本主義者比政府更有能力解決弱勢者的問題。

這種新教義的一項極有影響力的宣告可在《慈善資本主義：富人如何拯救世界》（*Philanthrocapitalism: How the Rich Can Save the World*）書中找到。這本書於二〇〇八年秋季出版，正值無數人眼看著周遭的經濟崩潰，並可能怪罪富人就是毀掉世界的元凶，而書中則宣稱富人是拯救者。作者馬修・畢夏普（Matthew Bishop）和麥可・葛林（Michael Green）強調，這種拯救不是來自舊式的美好副產品，而是直接來自贏家取得社會改革的領導權：

> 今日的慈善資本主義者看到一個問題重重的世界，而他們且可能只有他們有能力和必須導正這些問題。當然，他們表示，我們可以拯救貧窮國家每年數百萬兒童死亡，免於已經在富裕國家絕跡的貧窮或疾病。而在美國或歐洲的母國，我們必須找到方法讓教育體系能幫助每個兒童。

斯密的理論是根據對市場如何運作的分析，而這個新概念則是根據有錢人自己的觀點。畢夏普和葛林寫道，在「過去三十年的創業錢潮中白手起家」而致富的人，有別於昔日的贏家，不只是因為他們願意捐獻剛剛賺來的財富來幫助他人，「這些企業家也是天生的問題解決者，喜歡面對艱難問題的挑戰」。他們描述「慈善資本主義者」是：

> 「超級行動者」比任何人都有能力把一些必要的事做得更好，他們不像政治人物每隔幾年就要面對選舉，而且不像大多數上市公司的執行長受制於股東壓迫，要求不斷

提高每季獲利，也不像大多數非政府組織領袖必須付出大量時間和資源籌募資金。讓他們得以進行長期思考，違抗主流想法，採用對政府來說太冒險的構想，在情況需要時迅速部署大量資源。

根據這種新理論，創業精神可以變成人道主義的同義詞——一種為創業精神之輪潤滑的人道主義。紐約創投公司協作基金（Collaborative Fund）創辦人克雷格．夏畢若（Craig Shapiro）寫道：「在過去十年，『行善』變成創立成功、有影響力企業的驅動力。追求社會使命一度被視為必須犧牲成長和報酬率，如今卻在吸引顧客與員工上扮演重要角色。」夏畢若用文氏圖來說明他的公司為這種趨勢觀創造的投資主題。這個文氏圖的一個圓圈被標示為「對我較好（自利）」，另一個圓圈則標示為「對世界較好（廣大的利益）」。兩個圓圈交疊處被標示為「無窮的機會」。這個觀點較好聽的解釋是，世界可以從企業的繁榮興盛裡受益；較惡意的解釋則是，企業應該從任何改善世界的嘗試受益。

這種創業精神等同於人道主義的概念扎根最深的地方莫過於矽谷，那裡的公司創辦人經常談到自己是人類的解放者，還有他們的科技本質上是最完美的。畢竟，連像羅森斯坦的Asana這樣的工作場所軟體公司都可以宣稱：「我們將改進地球上每個人的生活。」羅森斯坦的友人格雷・佛倫斯坦（Greg Ferenstein）在多年前開始記錄這些偉大的宣言，並解釋這種從矽谷散播出來的新心態。他是灣區的記者，為多家媒體撰寫文章，其中最著名的是支持矽谷的新聞通訊TechCrunch。他對報導的人散播的宏大思想很感興趣——雙贏主義為世界想像了什麼，以及有時候它又模糊了什麼。

佛倫斯坦訪問許多科技創辦人，並把他們的想法濃縮成一種工作哲學，他稱這種哲學為樂觀主義（Optimism），雖然似乎只是略微科技風格版的標準新自由主義。他表示，這種意識形態的核心主張是，相信雙贏與人類利益保持和諧的可能性。「人們通常把政府和市場的運作想成彼此對立——監管是政府用來限制市場的工具，」佛倫斯坦說：「這種新意識形態認為政府是資本主義的投資者，政府的運作不是資本主義的阻礙，而是為了資本主義好——為了讓資本主義成功，為了確保讓它成功的條件俱足。」有良好的教育制度造就必要數量的勞工，擬訂貿易協定以便公司和遙遠的地方做買賣，建設基礎設施讓卡車在農產品腐爛前運送到超市，讓空氣乾淨到人們可以長壽和（更重要的是）製造更多的人口。

「舊政府的基礎是不同的大眾——經濟階層、公民與政府間、美國與其他國家之間的零和關係觀念。」佛倫斯坦說：「如果你假設這種與生俱來的衝突，就會擔心貧富的差距，你希望工會保護勞工免於受到公司壓迫，你希望較小的政府不來阻礙企業。如果你不做這種假設，相信每個機構都必須運作良好，相互合作，就不需要工會、法規、主權或其他東西來保護人們免於彼此壓迫。」

「大多數政治與大多數體制是建立在群體中一些人之間的零和關係上，」佛倫斯坦繼續說：「但這種意識形態是獨一無二的，而我稱為樂觀主義的理由是，因為相信每個人都能各自過得很好，或是更具體地說，每個人都有重疊的偏好。」

這個概念尋求擺脫現代民主版的社會觀點，就是公民在法律前平等、被承認有多樣的利益，而且這些利益透過代表各種不同需求的國家組織來競逐資源和權力的看法。樂觀主義重提支配中世紀的和諧，即進步願景，體現在十二世紀瑪麗・德・法蘭西（Marie de France）寫的有關人體各部分只管自己，直到發現彼此休戚與共的詩作《一個男人、他的肚子和他的四肢的寓言》（*The Fable of a Man, His Belly, and His Limbs*）。一開始，手、腳和頭（代表勞工）對肚子（代表君主）很生氣，因為「它吃了它們辛苦賺的東西」。它們停止工作，不讓肚子有東西吃——直到肚子沒有東西消化，停止把營養傳回給它們，造成它們萎靡不振。這首詩的結論是：

從此例可見，
凡自由人應知：

使君主蒙羞者，
無法榮耀自己。
君主若欲使人民蒙羞，
亦無法遂其所願。
若上下交相賊，
惡事將降臨彼此。

這則寓言承認，手、腳和頭必須健康強壯，但它堅稱，如果肚子無法健康強壯，它們也無法健康強壯。這個觀點並不是要你拋棄順服，而是說想要成功，絕對不要對抗有權力的強者。

這種市場世界理論的厚顏無恥不言而喻，它拒絕有不同利益的不同社會階級必須為他們的需要和權利抗爭的概念，反而主張我們透過市場的安排得到應得的部分——不管這種安排是協助非洲孤兒的夢幻足球遊戲，或是讓每個人更有生產力的辦公室軟體，或是以增進股東價值的方式銷售牙膏給窮人，這種雙贏主義比斯密的理論更強烈地主張贏家特別有資格照顧輸家。然而，由於在西方大部分國家雙贏的時代都是歷史上不平等差距最大的時代，他們有什麼東西可以證明自己的努力？

在一個正喪失中產階級的國家，在一個憂慮全球化、科技和人員被取代的更廣大世界裡，雙贏理論對這些問題帶來的痛苦有何對策？「這不是這種意識形態的重點。」佛倫斯坦說。痛苦可以藉創新來消除。讓創新者放手進行創舉，痛苦就能減輕，每家創新事業可以對付一種不同的社會問題。「以Airbnb為例，你減輕住宅痛苦的方式就是讓人們分享住宅。」佛倫斯坦說。Airbnb的一則廣告也宣傳這套說詞，描繪一些年老的黑人婦女現在因為創業家幫助她們出租房間和多賺錢而過著更好的生活。當然，許多窮人並未擁有房屋，或是有多餘的空間可以出租，而且許多非裔美國人發現很難在這個平台上出租房屋，因為旅館已不能隨意種族歧視，但是閒置房間的租用者卻經常這麼做。不過，比這些盲點更驚人的是，佛倫斯坦的理論所暗示的觀點，就是贏家應該從社會變革中得到好處。

的確，在Airbnb和其他自稱的雙贏例子中，宣稱利益和諧只是掩耳盜鈴。贏家與輸家、有權勢者與無權勢者還是存在，而宣稱每個人都是整體的一分子，只是掩飾其他人較不幸的事實。「這種意識形態激進地高估了誰將從改變中獲益。」佛倫斯坦承。當雙贏式改變的信仰者一次一家創新公司地逐漸蓄積愈來愈多的權力時——不只是經濟權力，還有引導改進社會的努力的權力，又會變得如何？「其他人將被拋到後面，」佛倫斯坦說：「未受教育者、窮人、困頓者、無望者將被拋在後面；不喜歡改變的人將被拋在後面；不喜歡市郊小鎮的人將被拋到後面；不想一天工作二十四小時的人將被拋在後面；不能發明和創造的人將被拋到後面。」這串清單似乎與樂觀主義的整個前提——我們全都投資在彼此的成功，而且將一起繁榮富貴彼此矛盾。事實上，佛倫斯坦現在似乎改口說，樂觀主義者做得愈好，就會有更多人被拋在後面。這種說法和今日世界上實際發生的情況一致，進步的利益主要流向已經幸運的人，拋棄站在改變錯誤邊的人做法十分普遍。

贏家把自己的成功與他人的成功視為息息相關並不是問題，但永遠有一些情況是人的偏好和需求沒有相互重疊，甚至實際上彼此衝突。輸家會是什麼情況？誰來保護他們的利益？舉例來說，如果菁英只要多捐一點錢，以便讓每個美國人都能就讀差強人意的公立學校，又會是什麼情況？

在搬到灣區以掌管矽谷社群基金會之前不久，愛米特・卡森（Emmett Carson）聽說他應該停止使用令人反感的社會正義輸贏用語。由於社會正義是他一生的職志，這可能是一大問題。但是卡森了解決定創業家階層捐獻給改革的潛規則之一是：當你以讓贏家舒服的方式呈現問題時，對於把事情辦好會較有幫助。

卡森在芝加哥南區長大，是一名市政府員工之子，也是在一個統計上對黑人男孩不友善街區成長的黑人男孩。不過在八歲時，卡森家外面的一場槍戰，促使舉家遷移到南區以南約三十個街口，一個較好的鄰區叫恰森村（Chatham Village）。卡森的生活走上不同的軌道。他努力進入莫爾豪斯學院（Morehouse College），然後就讀普林斯頓大學（Princeton University）研究所，之後找到令人稱羨的福特基金會（Ford Foundation）和明尼阿波利斯基金會（Minneapolis Foundation）工作。接著他前往矽谷，成為想讓世界變得更好的科技創業者的知名顧問。

那就是卡森被勸說停止使用「社會正義」這個詞彙的時候，這個詞彙在他任職於福特和明尼阿波利斯基金會時沒有任何問題，但在矽谷卻讓人聽了不舒服。「我花二十五年致力於社會正義工作，」有一天他告訴我：「前二十年，我認為使用『社會正義』這個詞彙很重要。」但是在矽谷，「人們對社會正義的反應不一樣」，往往認為那是輸贏思維。「有人說，社會正義是拿富人的東西給窮人。」卡森說：「還有人說社會正義是施捨沒有努力賺錢的人。」所以卡森開始使用「公平」這個詞彙。

矽谷的贏家偏好這個用語，公平聽起來較像人受到抽象制度的對待，而較不可能是受到贏家的共犯結構對待。「如果我正要達成一項解決方案，」卡森說：「要是使用『公平』，可以讓我們說有什麼東西錯了、需要改變，對我來說就是較好的詞彙。我試著淡化差異和分歧，並製造讓不同的人可以說『我能接受這一點』的框架。」

卡森開始了解到，如果沒有人質疑創業家的財富和個人的現狀，他們就願意幫忙。他們喜歡感覺自己的慈善和有用；他們喜歡有機會在給窮人的協助上簽名，不喜歡協助是透過民主和集體行動組織（以創立Asana之前的意義來看）而來。「如果這個觀點是我向你拿取它，相對於你給予它，整個對話的形勢就改變了。」卡森說。也許他們覺得「我成為目標，因為我很成功，我辛苦工作才能成功；而因為我成功了，所以現在我成為目標，而你認為你應該分享一點你沒有努力賺到的我的成功」。卡森澄清，他不相信他們的受害感是對的，但是為了讓他的工作更順利，他決定尊重這種感覺。

卡森把人生投入在解決貧窮、機會及不平等的問題，但是現在因為與崛起的慈善資本主義者階層一起生活和工作，他決定跟隨這些人的遊戲規則。這些贏家想要的是世界以他們接受的方式改變——想想他們可能偏好私立特許學校勝過資助更平等的公立學校，或是他們喜歡消滅貧窮的科技公司勝過監督科技公司的反托辣斯法規。創業家願意參與，讓世界變得更美好，只要你免除他們的罪責，並以讚頌和依賴他們的方式追求這個目標，達到雙贏。

回頭思考創投資本家夏畢若的文氏圖，他告訴我們，有一個廣大領域的事物可以讓自己的世界變得更好，還有另一個廣大領域的事物可以讓別人的世界變得更好，兩者交會的地方提供無限的機會。此外，「追求社會使命如今在吸引顧客和員工上都扮演重要角色」。但是，這對窮人和整體世界有什麼益處？

明顯的好處是取得富人世界的資源、腦力及工具，富人的能力突然可以用來解決你的問題。但是在夏畢若的文氏圖中，值得注意的是，圓圈的絕大部分仍不是雙贏的重疊區，也就是數學家所稱的相對補集（relative complement）。那些與贏家利益不一致的其他人利益又該如何？

當珍・黎柏洛克（Jane Leibrock）在灣區的尼米茲高速公路上，駕駛著一輛喀喀作響的黃色福特Bronco車時，這個問題盤據在她的腦海裡，而這輛車是她剛加入新創公司的公務車。

黎柏洛克剛離開臉書，加入名為Even的新公司。她在臉書研究人們如何與隱私設定搏鬥這類工作，直到被Even嘗試解決一個龐大的社會問題所吸引：成千上萬美國員工的所得波動幅度日益增大，主因是僱用臨時工、兼職工作、零工做法日漸普及，還有新的隨選經濟（on-demand economy），導致許多人永遠在追逐工作，而無法建立穩定的生計。

當薪資不定時，你很難支付帳單、做規劃與創造未來。Even對這個問題提供矽谷式的解決方案，當然是以手機應用程式的形式。這套方案採取收費方式，可以讓工作階級起伏不定的收入變得穩定。初始方案是販售一項一年二百六十美元的服務，在他們賺得比平常多時會提撥一部分賺來的錢，然後在賺得少時貼補一些已經被提存的錢。假設你一週平均賺五百美元，但是每週的金額起伏很大，在你賺到六百五十美元的一週時，五百美元將存入你平常的銀行帳戶，而一百五十美元將存入虛擬Even帳戶。在你只賺到四百一十美元的一週，五百美元仍會存入你的銀行帳戶，因為你之前賺的錢還有剩餘。Even懷抱著典型的矽谷式雄心壯志，將致力於消除過去一世紀，因為政策的選擇和科技及世界情況的改變對美國勞工階級的影響，包括委外生產、薪資停滯、工時減少、工會力量式微、去工業化、債務激增、剋扣病假、教育品質低落、掠奪式貸款與動態排程，卻未對那些根本問題採取任何作為。和羅森斯坦及其他雙贏的信仰者一樣，Even創辦人懷有幫忙的熱情，但認為幫忙的最好方法是也為自己製造一些機會。

黎柏洛克是Even創辦人最早僱用的員工之一，她開車在尼米茲高速公路那天正忙著到處奔波，訪問貧困勞工的生活和需求，以便Even用最有效的方式把這些人當成顧客服務。黎柏洛克畢業於耶魯大學，之前就讀德州奧斯丁的私立學校，說話沒有一絲口音。她是大量流入加州的外來人才之一，這股人潮把灣區變成美國物價最高昂、最不平等及關係最緊張的地區，憤怒的本地人曾因向載送員工往返於南灣（South Bay）的Google員工巴士丟石頭而聞名。黎柏洛克和Even的同事充滿高貴情操，但我們仍然可以合理地詢問，Even的營利式安全網是否為創辦人所發現問題的合宜對策？它能否被解讀為有利可圖的賭注，押注新經濟將無可避免地困住永久的下層階級，他們的收入只能被平抑而非提高，而且不是透過限制某些企業做法的法律來平抑（輸贏），而是透過向勞工收費以獲得安全（雙贏）？「如果你想要這輩子第一次感覺有一張安全網，Even就是解答。」該公司的網站這麼表示。但是這種新類型的市場世界「安全網」，完全不尋求公共和政府的協助。

這時候黎柏洛克正在一家星巴克（Starbucks），和一名單親媽媽談論試著平衡她的工作、教育，以及仰賴雙親供應免費尿布的困境。下一刻，黎柏洛克又和一名耐吉（Nike）的員工聊天，談到她的雇主壓低工時以免於支付福利，同時要求在大部分時間要隨傳隨到，讓她難以兼職。然後黎柏洛克來到路邊商城，詢問一個名叫烏蘇拉的雜貨店補貨員關於錢賺太少、工作時間不固定，讓她無法規劃未來的煩惱。儘管每週在這家超市平均工作三十六小時，但她卻負擔不起接送孫子就讀一所舊金山學校的油錢。烏蘇拉談到折磨她的抑鬱、父親的帕金森氏症與母親的失智症。

這份工作讓黎柏洛克接觸到矽谷很少看到的美國面向，一次又一次的訪談讓她對美國的這部分開始有一些了解。有一次她透過Skype訪問一名叫海瑟・雅各布斯（Heather Jacobs）的女人，談到對方的生活與財務。談話一開始不太順暢，因為雅各布斯誤會方案內容，丈夫告訴她Even提供無條件信用貸款，但實際上並沒有。

當黎柏洛克問到雅各布斯的工作時，知道必須審慎選擇措詞：「告訴我，你的收入來源是什麼？你做什麼工作，或是哪些工作？」

雅各布斯回答，她在一家連鎖按摩店工作，並接一些自由工作賺取額外的錢。「所以我這輩子幾乎每天都在工作。」她說。她解釋，通常每週有二十六到三十二小時的正職工作。此外，她也到顧客家中或健身會館提供私人服務，健身會館不會付錢，但是她可以留下顧客給的小費。

每個月錢用完了、帳單過期了，而她已經筋疲力竭時，就會陷入恐慌。她覺得「自己快要發瘋了，想要拔光頭髮，那時候我會絕望地到處找想要按摩的人。」她又說：「通常是在每月二十七日左右，因為那是我的信用卡繳款期限，最低繳款額大概是九十美元，所以我會陷入恐慌。」

雅各布斯解釋如何拿到所得的細節，表示和許多美國勞工一樣，她承擔過去被普遍認為公司應該承擔的風險。如果公司能招攬許多人來按摩，她每小時大約可賺十八美元。如果公司沒有招攬到許多生意，她的薪資就會降到最低工資，每小時的薪資可能減少，就像現在許多美國受僱勞工那樣。有時在兩週的期間，她可以賺到七百美元，但有時只賺九十美元。

近來倒楣事都加在一起——四十四哩遠的通勤；她為丈夫葛瑞格分期支付的舊

債，丈夫是Red's BBQ兼職送貨司機，在海峽群島（Channel Islands）的加州州立大學（California State University）就讀；她的信用分數很糟，因為還積欠三千七百美元的按摩學校學費卡債；她還養了一隻狗。她描述這些一起湧上的壓力，讓自己感覺「快要窒息」。她說：「真的會讓人一點一點地崩潰。」說完後，陷入若有所思的靜默中。

「我實在不擅長應付壓力，」過了一會兒，雅各布斯說，「因為我有雙相型焦慮，所以會馬上完全陷入緊張，然後恐慌症發作。」

雅各布斯想到錢時——什麼時候該繳什麼錢，和什麼時候才會有錢，就會發作。當發作時，身體就會緊縮，「好像你馬上會被汽車撞到」。她說，就好像不想要的人給你一個熊抱。（Even創辦人之一創立這家公司的原因，正好是讀到《科學》（*Science*）期刊上的一篇文章〈貧窮阻礙認知功能〉，談到窮人會因為擔心錢而遭受心理創傷。這項研究發現，在購物商場接近窮人，並問他們一個關於錢的假設性問題，例如，是否會花費一筆高昂的錢修理一輛想像的汽車，會讓他們在隨後智商測驗中的分數，比從事類似工作但不提到錢的人低十三分，這種下降的幅度遠大於酗酒或前一晚失眠造成的影響。）

雅各布斯繼續說：「所以我必須試著學習，但是學靜坐一個月要花費六十美元。」

黎柏洛克詢問雅各布斯，她認為更健康、更滿意的生活應該是什麼樣子？

「我想有較穩定的收入會是更令人滿足的生活，只是出去走走、看場電影，而不必花費一個小時爭辯這麼做值不值得。」她說：「我們應不應該只買一個冰淇淋、回家看Netflix就好？或是我們應該真的出去吃一次浪漫晚餐？我是說，我們大概有一年半沒有吃過浪漫晚餐了，真的。我們總是在家裡，從來不曾和朋友外出，因為負擔不起。」

雅各布斯和丈夫過去常到沃爾瑪（Wal-Mart）購物，但是經濟困頓讓他們現在只能到一元商店（Dollar Store）。他們都因為改變飲食造成體重增加，購買的便宜調理食物含有高鹽和高糖成分，已經對他們產生影響。雅各布斯相信，飲食是她現在早上起床經常感覺頭痛的原因。

矽谷發跡和致富的這些年來，在雅各布斯出身的另一個美國裡，一般人的生活已經愈來愈沒有安全感——對這一億一千七百萬人來說，三十年令人眼花撩亂的創新幾乎完全沒有讓他們的平均所得增加。美國不斷創立一些歷來最有雄心和令人讚嘆的公司，連結世界各地數十億人到它們的網路，但在它們成長陰影下的卻是對一般人愈來愈嚴苛的國家。「社會告訴我，我必須上學、找一份好工作，然後我能賺到一份薪水，因為我在美國。」雅各布斯在另一個場合說：「我真的照做，但是我現在負債累累，快要窒息了。」

雅各布斯的故事暴露出美國進步機器的多重故障，涉及美國的健保制度和藥價昂貴的問題；公共運輸系統；薪資和勞工法律；糧食系統和食物沙漠問題；學生債務危機；

所謂的風險大轉移（great risk shift），即過去三十年來美國公司為了穩定損益表，而把不確定性轉移給勞工；以及股東經營公司的方法愈來愈只為自利，而危害其他利害關係人。

億萬富豪創投資本家維諾德・柯斯拉（Vinod Khosla）的公司帶頭提供Even的初期投資資金，他提出警告，除非政府干預，像雅各布斯過的生活即將成為大多數美國人的現實。他已看透矽谷圈的必勝主義，有一天早上，柯斯拉坐在二樓會議室內，休養尚未完全康復的感冒，他表示預測對勞工階層帶來劫難的破壞，將隨著自動化擴散到經濟各層面而持續加劇，預期世界將繼續充斥新發明，但仍缺少進步——如果進步意謂人類的繁榮富足的話。他相信，十個人中有七或八個在不久的將來可能找不到穩定的工作。對柯斯拉來說，這個即將到來的未來是一個娛樂問題（我們要如何占據這些人的心裡），也是一個政治問題（我們如何避免他們叛亂？）。

有趣的是，柯斯拉似乎並不認為他投資在Even上的應用程式是解決問題的正確對策。他說，能阻止社會動亂的是「如果——很大的如果——我們做到足夠的重分配，如果我們照顧每個人的最低基本生活，讓每個想工作的人在想工作的地方工作，而不是他們必須工作。」他知道，這種重分配可能讓像他這樣的人以重稅的形式付出高昂代價，但他認為這是值得的投資。「粗略地說，就是讓所有人過夠好的生活。」他說：「否則他們將努力改變體制。」

Even的這個提議以相當不同的方法，要求贏家負責給予雅各布斯這樣的人金錢，協助她照顧自己並幫助穩定她的生活，同時贏家又能從中賺到錢。不難理解，而且可以解釋很多事情的是，一個已賺到遠遠超過一生所需金錢的贏家會毫不考慮地指出這種方法行不通，是以一種他投資的、尚未賺到錢的年輕人無法做到的方式指出。這位億萬富豪投資人描述的是一種大規模的集體社會義務，而他投資的創業家正嘗試把它變成雙贏的個人理財應用程式。

這種改造對雅各．海克（Jacob Hacker）是一種隱憂。海克是一位耶魯大學政治學家，他創造出「大風險轉移」這個詞彙，出於他撰寫的一本相關書籍，並協助激勵了Even創辦人。「Even是對一個公共問題的個人解決方案。」他這麼告訴我。海克是最早提出收入不穩是全國性問題的人之一，他表示對Even的創新感到「著迷」。他認為這個創意「極度吸引人並具有啟發性」，雖然它的商業模式「有許多仍待解決的問題，但也值得大加讚許」。不過，他關切「但它的出現是否減輕集體行動的壓力，包括像工會的民間集體行動，或是像社會運動的公共集體行動？」他問道：「如果一個大OK繃就免除不安全的社會大眾迫切需要的大手術——擴大失業保險、有薪家庭假、工會和新的工會替代選項等，將是一個悲哀的諷刺。」海克指的是過去分散的弱勢公民團體可能團結起來，集結眾人之力對抗強大的利益者——簡單來說，這個概念就是政治行動。這個概念現在正與一個更誘人的方法對抗：贏家的世界決定多慷慨的施捨和施捨多少，或是文氏圖上弱勢者的解決方法與符合他們利益的部分有多少重疊——以及做多少這些事才足以安撫那種極具爆炸性的衝動集結在一起。

如果你詢問：「什麼方法最能協助雅各布斯？」誠實的答案可能不是每年向她收費二百六十美元來平抑收入。如果你是受過良好教育、有地位、擁有資源、像Even裡的每個人那樣的人，可能得到的結論會是，應該做一些事修補讓雅各布斯貧困而無法翻身的體系。但是如果這些問題都解決了，你就不會有多少雙贏的生意可以發展。如果僱用雅各布斯這種人的方式被規範是違法的，或是如果柯斯拉的大規模重分配想法實現了，Even可能變成多餘的。

第三章

戴著令人不安貝雷帽的反叛王

在這些菁英想像的世界裡，規則退讓，由創業家透過市場來統治，這種想像希望倒退回私人領地——允許臉書伯爵和**Google**領主在民主之外做出有關我們共同命運的主要決定。

不久前的某個十一月，愛莎、佛倫斯坦及數千個其他市場世界公民，發現他們登上一艘十四萬五千六百五十五噸的挪威遊輪前往巴哈馬群島。藉由為別人行善來讓自己成功的概念是一種福音，被世界各地無數帳篷復興（tent revival）信徒讚頌和傳揚。市場世界的公民藉由一次又一次的會議強化這種傳教：達沃斯（Davos）、TED、太陽谷（Sun Valley）、亞斯本、畢德堡（Bilderberg）、Dialog、西南偏南大會（South by Southwest, SXSW）、火人祭（Burning Man）、TechCrunch Disrupt大會、消費電子展（Consumer Electronics Show），以及現在在一艘載滿期盼改變世界的創業家遊輪上舉行的海上高峰會（Summit at Sea）。

海上高峰會是一個為期四天的海上狂歡會，以表彰透過商業改變世界——或許也藉由「改變世界」來從商業致富——的信條。聚集大批創業家與投資於創業家的金融家、一些讓會議有趣和健康的表演者與瑜伽教師，以及各式各樣在這個圈子經營、自傳上常使用「影響家」、「思想領袖」、「策展人」、「召集人」、「聯絡人」和「社群經理人」等頭銜的人。由於這是市場世界中較熱鬧的高峰會之一，所以遊輪上擠滿來自尊貴機構的創辦人或代表人，如美國線上（AOL）、蘋果（Apple）、比特幣基金會（Bitcoin Foundation）、Change.org、Dropbox、Google、現代主義烹調（Modernist Cuisine）、MTV、PayPal、靈魂飛輪（SoulCycle）、Toms Shoes、Uber、Vine、維珍銀河（Virgin

Galactic）、瓦比派克（Warby Parker）及Zappos。有一些億萬富豪和許多百萬富翁在船上，還有許多人支付一般美國人一個月薪資的門票來參加盛會。

紐約公關人員賽琳娜・素（Selena Soo）也代表許多這類創業家上了這艘船，完美地反映流行的觀點。「我合作的客戶都以改善他人的生活為個人使命。」她在自己的網站上寫道：「當他們的企業成長時，世界也變成更美好的地方。」也在船上的布萊兒・米勒（Blair Miller）長期投入她視為企業與社會公益交會的領域，曾在服飾雜誌的訪問中如此表達：

> 我的問題永遠不是自己是否應在影響社會上奉獻生涯，永遠是我要如何帶來最大的影響？商業是支配今日世界的一股力量，而我相信如果能影響商業運作的方式，就能改變全世界數百萬人的生活。

一旦你相信商業是今日改變世界的方法，一場創業家會議將提供無限的可能性。的確，許多船上的與會者最近接到會議籌辦人寄來一則激勵的訊息，訊息中以創造世界歷史的語句為高峰會的使命定調：

大風正從東方捲起，而在短短六天後，某種可能改變歷史的轉變即將從天空和月球降臨。我們現在可能還看不到全部的效應……但任何文化上的偉大轉變都是如此，任何地球板塊的巨大變動亦然。

激勵演說家暨思想領袖西恩・史帝文森（Sean Stephenson）在歡迎出席者的演講中，提供一個略微直白卻一樣志氣恢宏的高峰會使命說明，他以三個重點來強調應如何把握這個機會。第一，「在這個房間裡，你可以接觸能協助自己對人類產生神聖影響力的人物。」第二，「你將結識即將影響自己錢包的人。」第三，「登上這艘船並不是為了喝酒狂歡，好吧！那只是一部分目的，但也是為了社會正義。」

然而，明顯不平等時代的不爭事實讓使用影響錢包的方法來達成社會正義，還有為透過商業釋放並催生改變世界潛力的願景蒙上陰影。這些創業家愈美化改變世界，這些事實愈阻礙他們的路，嘲諷他們冠冕堂皇與只顧自利的說詞。這對出席海上高峰會的與會者更是真切：這些來自矽谷和科技世界的啦啦隊員，秉持著就連用市場世界的標準來看也是厚顏無恥的信條，宣稱對商業好的東西也必定會對人類好。

這批科技新貴是我們時代的洛克斐勒和卡內基，他們蓄積龐大的財富、興建新時代的基礎設施，並且經常宣稱他們的做法促進文明的利益。「科技令人驚奇的是，」羅森斯坦根據在Google、臉書及自己的新創公司改變世界的經驗說：「有這麼多的機會可以讓你魚與熊掌兼得，對不對？」但不可否認的事實是，在他們蠶食鯨吞的同時，這些科技主義者也是讓不平等擴大成難以永續鴻溝的幫凶。（不令人驚訝的是，他們認養的城市舊金山可能已變成不平等達到最悲慘程度的美國城市，愈來愈不留空間與機會給想在那裡謀生的一般人。）這些人高聲吶喊，要拆解專為保護平等而設計的體制和其他規範，例如：工會、土地分區使用法規，或確保就業安全和勞工福利的法律。

為什麼在造成不平等擴大的證據如此普遍的情況下，對雙贏的信心仍然屹立不搖？這些新貴宣稱改善人群生活，卻發現他們自己也許是唯一生活變更好的人時，如何減輕認知不一致？海上高峰會期間，有一天在遊輪七樓的超幸福貴賓廳裡，一位科技世界的高階布道師暨創投資本家薛文・皮司瓦（Shervin Pishevar）正展示一種減輕的方法。

皮司瓦是矽谷的重量級創投資本家，他以初期投資於Airbnb和Uber鞏固在業界的地位。他投資賺得的報酬足以讓投資人的孫兒輩當全職的慈善家。皮司瓦是伊朗出生的移民，曾獲美國國土安全部頒發美國傑出移民獎（Outstanding Americans by Choice）。他是矽谷的點石成金者，據《紐約時報》報導，Uber創辦人特拉維斯・卡拉尼克（Travis Kalanick）視他為上洛杉磯夜店的老師，甚至由皮司瓦提供「夜店衣服」。而海上高峰會的創業家都知道，像皮司瓦這類創投資本家（他的公司叫雪巴創投〔Sherpa Ventures〕）

只要看上你，就有本事帶你攻頂。

這種想法有助於解釋大家爭相來聽皮司瓦取名為「搶搭超級迴路列車：創投資本家皮司瓦以超音速說故事」的演說。聽眾蜷縮在扶手椅和沙發上，有人坐著，有人躺在地上，還有人從上面八樓的露台圍著好幾圈往下看。聽眾都全神貫注地虔誠靜聽。

他們聽到的是一個極有權力的人，急切地想解釋其實他並沒有那麼大的影響力，並描繪自己一心追求的是比錢更高貴的東西。「分享就是關愛。」皮司瓦說。他承認這有點老掉牙，但卻表示他真的這麼認為。「到頭來最重要的不是錢，」他繼續說：「而是愛和真性情展現的時刻。」高峰會的聽眾用力拍手歡呼，以示認同。你會以為，他們也相信對他們來說最重要的不是錢。

皮司瓦把話題轉向延長壽命的科技，這是他現在專注的領域，他絕不是唯一正在為可能花得起錢的人尋找長生術的人。「在未來二十、三十年，我最好的建議是繼續活著。」皮司瓦說：「別冒真正愚蠢的風險。」而這與他提倡盡可能冒愈多的風險愈好牴觸，「我說的是身體的風險。要做好準備，因為基因研究這方面在未來會延長我們的壽命和健康的生活，這將挑戰我們文明的根本：對未來擁有淵博知識與活得更久、更健康的人來說，今日世界的情況已無關緊要。七十歲就退休的想法，就好像未來有人會告訴你三十歲退休。」

皮司瓦是在宣揚一種願景，但卻把它假扮成預言，這在科技新貴之間很常見，也是他們掩飾自己的權力正因為無權力者的焦慮日增而動搖的方法之一。創投家和創業家在今日被許多人視為思想家，他們的商業用語被當成創意，而這些理念往往是未來式的：有關下一個世界的宣告，藉由推砌他們投資組合公司的理論打造而成，或從他們的新創公司使命宣言做成的推論。聽他們創意的人給予他們漂洗自利希望的機會，讓它聽起來是較無私的世界預測。例如，一個想剋扣員工福利的新貴可能重新包裝這個希望，成為未來每個人都是個體創業家的預測；一個社群媒體億萬富豪急著想從影片張貼獲得比文章張貼更高的廣告收入，可能把這種利益——並重寫他擁有的強大運算法，以達成該目的，偽裝成一種預測，表示「我只是想，幾年後我們將生活在一個絕大多數人們在線上消費的內容將會是影片的世界」。（《紐約》（*New York*）雜誌在馬克・祖克柏（Mark Zuckerberg）於巴塞隆納舉行的世界行動通訊大會（Mobile World Congress, MWC）發表這項預測後，刊登標題為〈可以片面做決定的人說：絕大多數網路內容將是影片〉的文章加以譏諷。）

在矽谷，預測已成為爭搶一種特定未來的流行方法，但往往只是描繪尚未發生的事。預測散發一種無私的感覺，預測者不是被自身的偏好和利益左右，他們似乎不是刻意選擇未來世界會變成什麼樣子，就好像他們無法選擇眼睛的顏色。然而，在許多可能的情況中選擇一種情況，並說服每個人，這種情況必然發生，以及社會對未來做的集體選擇終將徒勞無功，是巧妙塑造未來的方法。

當皮司瓦預測壽命延長和其他「未來即將發生的事」時，實際上是在促成這些事在未來發生。他是一群在新創公司投資上極聰明與極幸運的菁英之一，而他們現在必須對關於人類壽命的科技可能會引發的巨大社會後果做決定。他們的權力伴隨著巨大的責任，並讓他們可能遭到憎恨，除非說服人們相信他們努力創造的未來會自動發生，這將是自然力量的結果，而非他們的選擇，是天意而非權力造成的。因此，皮司瓦聰明地以被動方式塑造他的目的：「對未來擁有淵博知識和活得更久、更健康的人來說，今日世界的情況已無關緊要。」對富人來說，較長的壽命只是未來一定會發生的事，與改善全民的醫療健保制度無關。

「能實現改變世界創意的人具備哪些特質？」聽眾中有人在問答時間提出這個問題。

這個問題正好讓皮司瓦有機會推銷自己和同夥菁英是對抗當權者的叛軍，而非本身就是當權者。皮司瓦表示，改變世界者有共通的特質，就是願意為真理而抗爭。這與他們生來就比你幸運、免於種族和性別歧視，以及可從家人與朋友取得更多種子資本都無關，而是因為他們比你更勇敢、更大膽——有人可能說更無情，願意不計代價挑戰有權勢者。皮司瓦引述Uber的卡拉尼克和特斯拉（Tesla）的伊隆・馬斯克（Elon Musk）的話，說：「他們在最不舒適的地方感覺最舒適；換句話說，他們在令人不舒適的談話中覺得最舒適，而大多數人只想要天下太平，一切都很好。我很快樂，你很快樂，我們很好、很麻吉、永遠的好朋友——那就像『才怪！去他的，讓我們挑戰彼此，這是真的假的？事實真相是什麼？』當情況讓人不舒適時，會讓人不舒適是因為真假之間有衝突。唯一的方法是弄清楚、了解它，然後戳破它。那些有偉大創意的人不會逃避那些衝突，實際上會擁抱它們。」

創新者以這種方式追求單一的真理這種想法，是皮司瓦反叛的自我概念的一部分。一個國王管轄許多真理，但反叛者不必為整體承擔責任，可以自由追求他的單一真理。當反叛者就是如此，他的職責不包括操心其他人的需求可能和他不同。根據皮司瓦的說法，當像Uber這類公司挑戰監管機構與工會時，其中沒有敵對利益的衝突，只有單一真理的抗爭和反叛者起而對抗腐化的既有掌權者。這一點從他回答下述問題時展露無遺：「你如何從道德、野心及必須競爭中找到平衡點？」

由於皮司瓦不認為自己是當權者，由於他拒絕把投資的公司視為當權者，所以似乎不了解這個問題。一個人必須承認自己擁有權力，才會知道自己面對道德選擇。如果你從鏡子裡看到是被當權者壓迫的弱勢者，為你的生存抗爭，可能會像皮司瓦現在這樣誤解問題。他的解釋是，他身為一個有道德的人，代表一家有道德的公司——他再度以Uber為例，挺身對抗不道德的力量。

「我最反對的是既有結構和獨占——例子之一是計程車卡特爾（cartel），這是很真實的情況。」他說：「我曾在開會時受到來自那個世界的那種人威脅，我看過他們在義大利毆打司機。你們看到法國的暴動，還有翻覆汽車和丟擲石塊。我帶女兒到迪士尼樂園，我們被夾在中間，必須駕駛我們的Uber離開好像戰區的現場。」

「所以從道德的觀點來看，任何對抗道德腐敗已根深柢固、在城市裡由市議會和市長等勢力經過數十年不法操縱形成的體制——所有這些真實與具體的東西都受到新科技和像是Uber及這個領域其他公司的威脅。所以從這個觀點來看，放馬過來吧！這是我們應該抗爭的事。而從道德的觀點來看，我們有責任對抗這類箝制者。而且他們存在於各個階層——在城市階層到各州，甚至在國家和全球。」

皮司瓦不僅把創投資本家與億萬富豪公司創辦人描繪成對抗既有體制的反叛者，對抗代表一般人的當權者，也在詆毀為照顧一般人和促進平等的體制。他把工會說成是「卡特爾」，把已成為勞工運動標準機制的抗議行動描繪成「戰區」。他以貪腐、類似黑手黨的語言形容計程車司機及其代表：「來自那個世界的那種人。」這是一家公司Uber的主要投資人，追求撕碎民主程序制訂的法規，逃避一直以來真正，而不只是嘴巴說說，為弱勢者抗爭的工會，而他卻驕傲地描繪自己是真正為眾人而挺身對抗貪腐權力結構的人。皮司瓦曾寫道：「在政治權力貪腐、社會和群眾的力量掃除貪腐時，我們必須用力捅蜂窩，以培養對貪腐螫刺的免疫力。」

談到他不喜歡的監管和工會，皮司瓦說：「尋找能顛覆它們的公司，等於是以某種道德哲學說：『我們要運用自己的能力和知識去除這種控制，進而改善世界。』」簡而言之，科技破壞是創投資本家為每個人的福祉而讓世界變得更美好的方法。

全場響起掌聲和歡呼聲。

皮司瓦說話像是叛亂分子，對於接受他崛起的人沒有任何慈悲或義務感，舉止也完全沒有表現出他知道自己偏愛的Uber和Airbnb，正面對剝削與違法對待真正弱勢者的嚴重指控。在皮司瓦的想法裡，他和這些公司才是弱勢者。他談到在巴黎搭乘Uber車，遭到抗議的計程車司機製造一個「戰區」，威脅他和小孩。他試著藉由違抗市政當局的法規來掃除貪腐。他就像馬丁・路德（Martin Luther）化身為創投資本家，把他的論綱釘在紐約市計程車與轎車管理委員會（New York City Taxi and Limousine Commission）的大門。創投資本家是今日世界上最有權力的人之一，但在皮司瓦的想法裡卻只是小人物，當你的領袖仍戴著昔日叛軍時代的貝雷帽，你應該感到害怕。

在問答時間結束後，皮司瓦讚揚高峰會是「一場價值創造的運動」，他用的語言完美地融合電影《逐夢大道》（*Selma*）和哈佛商學院的語言。

為了讓「價值創造」這個可能讓人聯想到他是超級富豪的詞彙聽起來較順耳，皮司瓦再度運用多愁善感的語言。他說，價值創造是由價值創造者帶進人的生活中，這個價值創造者帶你「進入一個愛、信心、支持的環境」。皮司瓦在這裡盜用運動和愛、團結與無私的語言，甚至分享就是關愛的療癒話語，粉飾他的寡頭統治願景的赤裸真相；他厚顏無恥地登上一艘昂貴、排他、僅限邀請參加、滿載創業家的遊輪會議，但宣稱計程車司機組成不公義的卡特爾；他可以容許並支持一家公司做任何事來打擊勞工運動的理念，同時若無其事地以運動的語言在會議中發表演說。身為矽谷創投資本家的皮司瓦，稱得上正是一群讓美國愈來愈不平等，又宣稱代表一般人抗爭的菁英縮影。

皮司瓦拒絕承認擁有權力並非單一特例，這種謙遜是新權力集中的矽谷之特徵。「他們有如自己是叛軍般抗爭，同時又像是國王般操控一切。」科技學者達娜•博伊德（Danah Boyd）寫道。她在成長時加入駭客和反叛者的團體，後來對他們不願接受勝利而感到挫折。博伊德認為，現在他們擁有現代權力的工具，但是這個團體受到其反文化根源的影響而以「局外人」自居，導致「無法了解自身作為菁英與有權力者一部分的行動和作為」。而有權力者如果「在一個不穩定和不平等猖獗的世界裡，把自己視為弱勢者，就無法體認到他們有道德責任」。在現實中，兩家讓皮司瓦變成傳奇人物的公司，就是因為涉入這種否認主義而陷於纏訟。

Airbnb的麻煩在海上高峰會前幾個月就開始了，當時名叫奎提娜・克林騰登（Quirtina Crittenden）的非裔美國女性，在推特（Twitter）上抱怨訂房時遭到種族歧視。她張貼截圖訴說在預訂Airbnb登錄的供出租房間時遭房東拒絕，並加上#AirbnbWhileBlack的主題標籤。一段期間後，其他人開始在克林騰登的標籤下增添新見證，尤其是次年她接受國家公共廣播電台（National Public Radio, NPR）訪問後。許多故事開始在推特上流傳：「我有學士學位、碩士學位，再加一個博士學位，但還是不能租你的房子。」然後一名叫貴格里・席爾登（Gregory Seldon）的黑人用戶分享一則故事，說他如何「製造假身分資料，假扮是白人，馬上就被接受了」。席爾登的推文爆紅，一場社群媒體風暴就此爆發。

由於這涉及Airbnb和其他矽谷平台運作的方式，該公司面對如何回應的選擇。Airbnb可以宣稱平台本身沒有多大的權力，所以無法對網站上自主使用者間發生的事負責，卻出乎許多人意料地在幾個月後貼出一份報告，承諾將進行「強力的系統化改革，以大幅減少房東和客人採取有意或無意的歧視行為」。這些措施令人激賞，也是自發的。

不過，#AirbnbWhileBlack爆紅後兩個月，當該公司接到加州公平就業與住房部的糾正，宣稱它「可能未避免對非裔美國顧客的歧視」及本身「可能從事歧視行為」時，

Airbnb從原先的立場退縮了。「雖然Airbnb只是經營一個平台，沒有立場在每個例子上為房東做出關於訂房的決定。」該公司在一份法律回應中表示：「Airbnb已根據可得資料，知悉一些第三方房東在網站上可能違反Airbnb反對種族歧視的規定，而且Airbnb的規定和程序截至目前為止還未能充分解決這個問題。」然而儘管一項哈佛商學院的研究支持使用者對歧視的指控，但該公司表明只是從事「租屋登錄的刊登」，是一個可以讓它「免除」法律責任的小角色。Airbnb宣稱，「不能為第三方使用者承擔法律責任」。該公司說，法律「並未規定有防止他人歧視的責任」。

在#AirbnbWhileBlack上線後，皮司瓦投資的另一家公司Uber正捲入另一場官司，而且說不清該公司是否像自稱的那麼無足輕重與毫無權力。一群司機向聯邦法院控告Uber及其競爭對手Lyft，要求按照加州的勞動法被視為員工。這起案件因為他們已簽訂合約、不適用那些法律協議而立場薄弱，已接受規範司機是創業家的條款和條件——是選擇自己工作時間的自由行為者，不需要其他人仰賴的法規基礎架構。他們已相信市場世界統治下的幻想之一：每個人都是自己的小公司。然後一些司機發現，他們事實上只是單純的勞工，像許多人一樣需要一些保護，藉此避免有權勢者的壓迫、剝削及多變的環境。

由於司機簽訂協議，已阻礙輕易變成員工的路。但是根據法律，如果他們能證明公司有全面且持續的權力來影響他們的工作，他們仍可能符合員工的資格。因此，對放棄若干保護和福利以交換獨立的合約商來說，這種獨立必須是真實的。這個理由鼓勵兩個案件的法官愛德華・陳（Edward Chen）和文斯・查伯利雅（Vince Chhabria）深入思考權力如何在新網路時代運作的問題。

Uber和Lyft採取反對的立場並不令人驚訝。與Airbnb一樣，Uber和Lyft宣稱不是有權勢者。Uber辯稱只是一家提供乘客和司機間連結的科技公司，而不是一家汽車服務公司。簽下契約的司機是自己命運的掌控者。陳法官駁斥這種說法，寫道：「Uber不只是一家科技公司，正如Yellow Cab是一家『科技公司』，因為它利用無線電派遣計程車，又如約翰迪爾（John Deere）是一家『科技公司』，因為它利用電腦和機器人製造除草機，或Domino Sugar也是一家『科技公司』，因為它利用現代灌溉技術種植甘蔗。」查伯利雅法官同樣反駁Lyft宣稱自己是「未涉入利益的旁觀者，只提供容許司機和乘客連結的平台」的說法，寫道：

> Lyft涉入的不僅是連結隨機的平台使用者，它對顧客行銷提供隨傳隨到的乘車服務，並積極爭取這些顧客，給予司機詳細的行為指示。最明顯的是，Lyft的司機守則和問答集裡表明司機是「為Lyft開車」。因此，Lyft自稱只是一個平台和司機不代表Lyft提供服務的說法，並非事實。

法官相信Uber和Lyft的權力大過自稱的說法，但他們也承認，兩家公司擁有的權力不像舊經濟的雇主，如沃爾瑪對員工擁有的權力。「本案的陪審團將拿到一根方形木樁，並被要求選擇放進兩個圓洞之一。」查伯利雅法官寫道。另一方面，陳法官懷疑Uber儘管宣稱無法影響網絡的運作，卻對仰賴分配乘客的司機施加看不見的權力。為了定義這種新權力，陳法官決定尋求很少法官想到的智者：已故法國哲學家米歇爾・傅柯（Michel Foucault）。

陳法官在一段精彩的文字中，引用傅柯在《規訓與懲罰》（*Discipline and Punish*）裡著名的分析，把Uber的權力比喻為圓形監獄中心的獄卒。圓形監獄是一種圓形的監獄建築設計，由十八世紀哲學家傑瑞米・邊沁（Jeremy Bentham）所發明，它的構想是讓建築中心的一名獄卒得以監視大批囚犯，不是因為他真的隨時都能看到囚犯，而是因為這種設計讓所有囚犯無法知道任何時候是否有人在看他。傅柯分析圓形監獄裡權力的性質與運作，而法官發現這可以用來類比Uber的權力。他引述「感覺和永遠可能會被看到的狀態，確保權力的自動運作」這段文字。

法官的意思是，Uber對司機的服務所做的監視、追蹤、控制，等同是「權力的運作」，即使熟悉的權力表徵——資產的所有權、對員工時間的掌控並不具備。雖然司機不像受僱並聚集在廠房的工廠勞工，但也不是可以任意行事的獨立合約商，他們可能因為微小的違規而被解約，這就是權力。

在我們這個時代最有影響力的新興權力中心有否認握有權力的習慣，並提倡一種以無意義的變革圖利自己的改變觀，這是很令人感到不安的。不過，它的姿態並非全然憤世嫉俗。科技界長期以來堅稱創造的工具絕對公平，將縮短權力的鴻溝，而非加以擴大。在一九九〇年代中期，網際網路開始進入人們的生活，比爾・蓋茲（Bill Gates）預測科技將協助讓根深柢固的不平等世界變得平等：

> 在虛擬世界裡，人人生而平等，我們可以利用這種平等協助解決一些在實體世界尚未解決的社會問題。網路將無法剷除偏見或不平等的障礙，但它將是邁向那個方法的一股強大力量。

這個信念在市場世界變得如此具有影響力不容低估，特別是在矽谷：這個世界可能很殘酷和不公平，但是如果你撒下科技的種子，將會冒出平等的芽。如果阿富汗的每個女孩都有一支智慧型手機……如果每間教室都連上網路……如果每個警察都穿戴身體相機……祖克柏和普莉希拉・陳（Priscilla Chan）誓言把一切連結在一起是他們慈善工作的一部分，因為網際網路是「當你不住在好學校附近時，提供教育；當你附近沒有醫生時，提供避免疾病和撫養健康兒童的健康資訊；當你不住在銀行附近時，提供金融服務；當你附近的經濟情況不好時，提供就業和機會的管道。」矽谷的一些人對科技的公平性已達到完全的口是心非。「拜Airbnb所賜，」創投資本家馬克・安德森（Marc Andreessen）說：「現在任何有房子或公寓的人都能出租房間，所得不平等因而降低了。」按照這個說法，像安德森這類投資人和占領運動沒有差別，只是他有較大的房子且較成功。

網絡是大部分這些新權貴的基礎——可以同時把權力推向四方和吸入核心網絡。這個概念來自網絡權威喬舒亞・庫珀・雷默（Joshua Cooper Ramo），他從一名新聞記者轉變為亨利・季辛吉（Henry Kissinger）的門徒，幾年前開始對新類型權力如何推翻舊策略與地緣政治法則感興趣。他集結對網絡的研究與網絡業主的訪問後，寫作《第七感》（*The Seventh Sense*）這本書，並在書中表示：

> 這種新權力同時具備徹底集中和大規模分散的特性，它無法以簡單的「兩者之一」敘述來理解。權力和影響力可能變得比封建時代更集中，而且比最活躍的民主社會還要分散。

雷默是說，這個世界上眾多的Uber、Airbnb、臉書及Google，既是很極端的民主，也是很危險的寡頭統治。臉書解放阿爾及利亞地下室裡的人，讓他們暢所欲言地表達所思所想，讓全世界看到；Airbnb讓每個人出租他們的家；Uber容許每個生活困頓的人下載應用程式，輕鬆地開始賺錢，這些平台把過去由媒體公司、旅館連鎖和計程車工會控制的權力推向四方。但是網絡也傾向極端集中，如果你有一半的高中朋友都在另一個社群網站，那就不好玩了，所以臉書變成事實上的壟斷事業。網絡理論的核心原則是，網絡愈大，從每個新連結就能擠出更多的好處，於是網絡變成愈來愈強壯、凶悍、迅速與肥胖的稀有怪獸。

這種權力同時集中和分散對社會權力的分配帶來實質影響。「科技人喜歡描繪他們的產業是翻騰的破壞之海，在其中的每個贏家都可能遭遇一些新奇的、還無法想像的敵人突擊。」《紐約時報》科技專欄作家法哈德•曼約奧（Farhad Manjoo）寫道。他指出，事實上科技業比大多數產業更集中，例如，亞馬遜、蘋果、臉書、Google和微軟（Microsoft）控制各自領域的大部分。從幾乎每個標準來看，曼約奧所稱的「五惡人」（Frightful Five）正「愈變愈大，愈盤據在各自的領域，在新領域的力量愈來愈強大，且愈隔絕於新創公司出其不意的競爭之外」。如果科技讓這些巨人愈來愈強大，原因就是雷默描述的網絡集中的力量：這些巨人已建立某些基礎網絡，通常稱為「平台」，而新創公司愈來愈別無選擇，只能建立在這些愈來愈大的網絡上。曼約奧寫道：「這些平台變得無法逃避，你可能選擇不加入一兩個平台，但是它們一起形成一張大網，網住整個經濟。」

儘管臉書自稱為「社群」，但它卻獨力為大部分人類定義「朋友」這個詞彙，根據的是對企業模式最有利的方式；另一家公司Google則知道一切你搜尋和購買的東西、鍵入的每一則黃色笑話，透過它的廚房幫手聽到你在家中說的每句話，還有在它的家庭安全監視器前做的每個動作；Airbnb則誇稱新年前夕當天就有一百三十萬人住在它的簽約租屋裡。隨著這類科技公司擴展到全世界，一群相當少數的人已擁有愈來愈多人進行談話、行動、購買、銷售、閱讀、寫作、教導、學習、療癒及交易的基礎設施——即使是他們之中有許多人仍公開呼籲要對抗既有的體制。

大衛・海涅邁爾・漢森（David Heinemeier Hansson）是科羅拉多州軟體公司基地營（Basecamp）共同創辦人，該公司是一家成功但低調的企業，一直保持較小的規模，並避開矽谷的吸引和吞噬全世界的野心。漢森寫道：「一部分的問題似乎是，今日已經沒有人滿足於只對宇宙產生影響。不，他們非擁有宇宙不可，光是立足於市場還不夠，他們必須支配它；光是服務顧客還不夠，他們必須抓住他們。」

新創公司Pinboard創辦人馬賽・切格洛夫斯基（Maciej Ceglowski）掀起矽谷與更廣大

地區的波瀾，因為他在一次談話中，先把創投資本家比喻成封建英國時期擁有土地的貴族，然後形容他們像一度掌管他祖國波蘭的中央計畫者：

> 加州資本主義有某種非常腥臭的味道。
>
> 投資已變成我們上流階級的優雅職業，就好像過去在英國擁有一座鄉下的莊園，這是一個階級表徵，也是被社會接受的富裕科技人士的消遣方式。紳士投資人決定哪些創意值得追求，向他們兜售的人則順應他們的要求。
>
> 待價而沽的公司不再追求獲利，甚至營收，成功的衡量標準反而是估值——要說服人們相信它們值多少錢。
>
> 整個企業帶著幻想的元素，而且這種幻想甚至讓科技菁英也開始感到不安。
>
> 我們在波蘭也有這種人，但是我們不叫他們創投資本家，而是中央計畫者，他們也掌管分配不屬於自己的龐大金錢。
>
> 他們也真的相信自己在改變世界，並提供某種藉口來解釋為什麼你的日常生活與應該近在咫尺的美麗世界無關。

過去三十年來，美國發生接二連三可以歸咎於導致政治和許多人生計崩壞的問題，美國的社會契約已破損，勞工的生活已愈來愈不安定，流動性已減緩，有許多艱困又重要的問題。這個時代的新贏家可能參與草擬新時代的新社會契約，為全球化與數位化世界裡的一般人擘劃經濟安全的新願景。但是一如我們已經看到的，他們實際上是藉由尋求毀壞工會和所有其他仍然殘存的勞工保護，以及讓社會變成隨時運作的勞動市場、勞工不斷低價競標無數瑣碎零工，而造成情況更加惡化。矽谷創投資本家保羅・葛拉漢（Paul Graham）曾在推文上說：「任何還有工會的產業都有新創公司可以解放的能量。」

隨著美國的不平等擴散到愈來愈難以控制的程度，這些市場世界贏家原本可能幫得上忙，他們只要看看自己社群內部就能發現需要知道的事。想盡辦法降低他們的稅負，即使合法，也與他們主張的藉由行善成功牴觸。轉移公眾對境外銀行等議題的注意力，而使大問題更加惡化，即使市場世界人士不斷宣傳他們的小善行亦然。

隨著許多美國族群的預期壽命下降，自認已經成功的贏家可能會出錢參與解決問題。已開發國家這種不尋常的退步現象，或開發中國家可以輕易避免的死亡仍持續不斷，可能吸引他們對健保制度細節的興趣。他們可能完全沒想到自己，因為擁有的優勢讓自己的壽命可能很長。「在我們還有瘧疾與肺結核的情況下，富人資助讓他們能活更久的計畫似乎很自我中心。」蓋茲曾說。

也許海上高峰會上最讓人跌破眼鏡的主題演講人是愛德華・史諾登（Edward Snowden），他是讓國家安全局頭痛萬分的美國吹哨者，在俄羅斯透過視訊設備與遊輪連線，訪問他的是極為成功的創投資本家克里斯・薩卡（Chris Sacca；投資Instagram、Kickstarter、推特、Uber）。高峰會的籌辦人之一走上講台說：「我們需要像薩卡這種說真話的人和思想領袖。」對聽眾來說，一場演講有兩個說真話的人真划算。

薩卡走上講台，讚美高峰會已成為他形容的「追求正義的創業精神平台」，他說這句話好像創業精神就是正義。然後薩卡訪問史諾登，史諾登發表他的吹哨者招牌演說，有一度在莫斯科受訪的他開始說出可能讓矽谷光榮的追逐者心跳加快的話。這位全世界最有名的洩密者談到必須打造新通訊工具，超越加密到能完全無法追蹤，以便連兩個人交談的發生都無從得知。他談論「身分代碼化」，讓人們有辦法在這個時代參與線上社群，而免於跨越平台的追蹤，或是不讓人們知道曾讀過的每本書、曾參與的每項運動、曾結交的每個朋友。

「當我們想到民權運動時，」史諾登說：「當我們想到歷史上發生的每一次社會進步，一直回溯到文藝復興，回溯到人們思考異端思想，像是『也許世界不是平的』，甚至進行這類辯論、挑戰傳統觀念時，或是在挑戰法律架構本身仍然違法的任何時代挑戰法律架構，以及在有人提出異端思想，馬上就被視為犯法，即使那只是微不足道的規定，如果這種事立刻就會被察覺、禁止，然後以某種懲罰或制裁來矯正，我們將永遠看不到像Uber這樣的新創公司茁壯成長，我們將使人類的社會進步凍結。由於你將不再有機會挑戰正統思想，而不被立刻逮捕、關進監牢，我們將不可能也沒有能力建立足夠數量的人來促成變革。」

也許是為了向創業家聽眾表示善意，史諾登在極其恢宏的異端願景中勉強提到新創公司，卻因此毀了傳達想法被聽到的機會。史諾登已向薩卡和可能還有其他人保證，現在將只聽到他談論投資的革命性言論與思想。

「投資企業的創辦人是我的生計，」薩卡看著巨大螢幕說：「而我要告訴你，我一聽你說話，就聞到創辦人的氣味。你談到這些必須建立的事物。你準備建立其中一項吧？因為或許有投資人正在等著你。」

史諾登似乎覺得很意外，他正在談論異端思想、真理和自由，現在卻被問到創立新企業。他慌張地試著委婉拒絕薩卡說：「我確實有幾個積極進行中的計畫，但是我的觀點和許多需要創投資金、想找投資者的人略有不同，我不喜歡推銷，不喜歡說自己正在研究某個特定系統，以解決某個特定問題。我寧可只是去做它，花費最少的資源，然後以結果來評斷。如果它有效，如果它擴大，就很好；但是對我來說，終究無意考慮將來在商業界工作，所以寧可說『以後再說』。」

這是對市場世界生活方式委婉的譴責，螢幕上的是一個不喜歡推銷自己、不渴求金錢、實際上與體制抗爭，並且願意為了贏得更大的善而輸掉個人所有。

史諾登在高峰會上呼籲找「一個地點，在世界上任何地方都行，讓我們可以做實驗，可以安全無虞」。對他來說，這是一個嚴肅的願景，也許攸關生死。創業家好像有意模仿真正的叛徒，往往也有相同的想法，但是對他們而言較與挑戰權力無關，而是涉及聚積和保護權力。創業家暨投資人彼得・提爾（Peter Thiel）呼籲建立「海上家園」社群，遠離法律的管轄。根據報導，Google創辦人賴利・佩吉（Larry Page）曾說：「身為技術人，我們應該有一些安全的地方可以實驗新東西，並思考對社會的影響。」科技投資人巴拉吉・斯里尼瓦桑（Balaji Srinivasan）則呼籲，數位革命的贏家從不知感恩的盧德主義者（Luddites）和抱怨者的世界分離——他稱為「矽谷的終極出走」，運用如史諾登想像中的工具，「建立一個選擇加入（opt-in）式社會，最好設在美國以外的地方，由科技來管理」。

連結這些概念的是一個沒有政府管轄生活的幻想，這些有錢和有權的人進行作家凱文・魯塞（Kevin Roose）所稱的「帶領無政府主義者啦啦隊」，以配合他們小心塑造地對抗當局的反叛者形象。呼籲依照他們的方法建立一塊沒有規則的領土，高呼無政府主義口號，可能聽起來好像你代表人類追求一個自由的新世界。然而，無數的思想家已經告訴我們，有權勢者往往是創造一個全新又沒有規則世界時的最大贏家。女性主義作家喬・弗里曼（Jo Freeman）在一九七二年撰寫的文章〈無架構的暴政〉中，以一段著名的文字表達這個發現，她表示當群體在模糊或無政府的情況下運作時，無架構會「變成強者或幸運者建立凌駕他人而不受質疑的支配權煙幕」。

弗里曼的概念可以追溯到啟蒙運動和湯瑪斯・霍布斯（Thomas Hobbes），霍布斯也相信無架構完全不像所描繪的美好，尤其是對弱者來說。他鼓吹的強大利維坦（Leviathan，大海怪）往往被視為君主政體或獨裁主義，但實際上霍布斯表達的是，選擇不在於權威和自由之間，而是在於一種權威與另一種權威之間。總是有人統治：問題是誰。在一個沒有大海怪的世界，也就是說沒有一個有能力制訂和執行普世統治的國家，人們將由數千隻較靠近家的小海怪統治——由擁有他們工作的土地，且無力對抗的封建領主統治；由強大、反覆無常又不負責任的貴族統治。

霍布斯詳細描述，一個理想中人人都有法定權力的權威，一個屬於我們共同擁有且權力凌駕地方權威的權威，他相信在這種權威下會比沒有這種權威更自由。「在沒有權力可以震懾所有人的地方，群聚的人們感受不到快樂，反而十分痛苦。」他寫道，在沒有規則的地方，「沒有不公義可言，因為對與錯、公義和不公義的觀念並不存在。在沒有共同權力的地方，就沒有法律；沒有法律的地方，就沒有公義」。這種世界的基本道德是「武力與欺詐」。

自稱的創業家叛軍實際上是想要推翻啟蒙運動的一項重大計畫——平等地對待所有人的普世原則，把人們從村落、教會和領地的特殊主義解放出來。在這些菁英想像的世界裡，規則退讓，由創業家透過市場來統治，這種想像希望倒退回私人領地——允許臉書伯爵和Google領主在民主之外做出有關我們共同命運的主要決定。在那個世界裡，他們將藉由盜用社群與愛、運動和雙贏的語言來否認他們的權力凌駕四周無力抵抗的弱者。但是在這個世界底層的許多人將有充分理由感覺到，昔日世界的慘澹並未改變。

我們時代的進步不一定要透過權力集中在少數人，和有權勢者是為小人物抗爭的鬥士這類故事的宣傳，這個世界仍然有許多人真正為他們著想，以較誠實的方法讓世界變得更好，並且自由地思考，而不接受市場世界要求的進步必須考慮贏家和服從他們的原則。但是，要與市場世界競爭資源和對抗他們塑造自己形象的品牌力量並不容易。

海上高峰會之後幾個月，位於紐約的歌德學院（Goethe Institut）發生一件事，為數位時代提供大不相同的視野，那是一個萌芽的運動——「平台合作主義」（platform cooperativism）舉辦的會議。會議中討論到，避免用「有權勢者應從改變獲利才值得改變的雙贏戒律」的方法來讓世界變得更好。平台合作主義是一項運動，尋求實現矽谷宣稱已在發生的事，提倡「新類型的線上經濟」，並在數位宣傳手冊中說明：

儘管網際網路為我們帶來許多神奇的事，但是它卻備受壟斷、壓抑和監視的經濟法則支配。一般使用者幾乎無法掌控個人資料，而數位職場正悄悄滲入勞工生活的每個角落。線上平台往往利用和加劇社會既有的不平等，同時卻自詡為偉大的平等賦予者。網際網路的掌控和治理方法可能改變嗎？

以這種語氣說話是在刺激思考實際改變世界的方法，而非理論上的空談。我們難得在市場世界見到這種想法，但是這些話背後的假設很明顯：有時候科技的建立者只追求自己的利益；有時候人道主義和創業精神是截然不同的兩回事。平台合作主義被普遍視為具有顛覆性的宗旨，其實不應被視為那麼有顛覆性：不只是市場世界的贏家，一般人在科技如何發展上應該也有一些決定權；科技的發展可以不只有一個方向；對於把創新轉變成大多數人的進步上，有些方向會比其他方向來得好。

在會議上可以聽到演講者說出向來被市場世界封鎖的想法：權力和特權確實是存在的；在每個時代都有一些人擁有權力和特權，而有些人則沒有；我們必須對這種權力和特權保持戒慎之心；進步並非無可避免的事，而且歷史不是一條線，而是一個輪子；有時候驚人的新工具被用在讓世界更惡化的用途；即使有新亮光照耀，黑暗的地方仍然黑暗；長期以來，人類就有剝削彼此的習慣，不管他們和他們的想法看起來多無私；有權力者和你都是平起平坐的公民，而不是你的代表。

出席會議者的談話不局限於雙贏，他們談到剝削、濫用及團結一致。他們談論問題，不受優雅的市場世界共識束縛。聽眾的氣氛是懷疑多過於理想主義，充滿批判而非高呼口號，他們知道太陽底下沒有新鮮事。另一方面，演講者完全沒有市場世界慣有的狡猾，說話不是那麼流暢，沒有寶石綴飾的麥克風可拿，也沒有人在舞台上走路像是大草原上的雄獅。談話中幾乎沒有人說笑話，只是談論著他們希望解決的問題。這場會議的民主與海上高峰會和其他市場世界的論壇呈現令人振奮的對比。

崔柏．休茲（Trebor Scholz）上台解釋，幾年前曾撰寫一篇短文談論稱為平台合作主義構想的原因。當他調查發現矽谷正在重新塑造世界，特別是過去所說的分享經濟時，他開始看穿那些夢幻語言。少數幾家公司在想搭車者和願意開車者之間、想要組裝宜家家居（IKEA）家具與願意組裝的人之間、想要藉由租房間降低成本和需要住宿者之間，扮演中間人而生意興隆。休茲相信，這些服務在這個歷史時刻起飛並非偶然。世界金融體系大崩潰，導致數百萬人失去房屋、工作和醫療保險，隨著崩潰的效應擴散，許多人淪落流離分散，加入美國的新僕役階級。底層的不安定在崩潰幾年後仍未出現改善跡象，並已變成提供富裕階級源源不絕的服務，以及休茲所說「輸送財富到愈來愈少人手中」的原因。曾幾何時，矽谷稱許為公平遊戲場和能解放人群的科技，已在美國社會生活畫出一條以數位界定的樓上、樓下的線。

休茲說，這並非注定發生的事。科技並非天生就是封建，也並非天生民主。正如雷默所寫的，它兼具這兩種傾向。哪一種傾向將勝出，取決於時代的價值觀，和人選擇努力爭取什麼。以歷史標準來看，我們生活的時代很容易建立像Uber或Airbnb的平台，但是儘管如此容易，大平台往往是由少數投資財閥，如皮司瓦和薩卡等人擁有，為了他們的利益而經營，並極盡所能地以極低價格從勞工身上榨取價值。如果在這個時代這麼容易建立平台，休茲不明白，為什麼勞動者和顧客不能創造自己的平台？

休茲已經展開一項全球性計畫，找尋並研究這麼做的各種嘗試。這個構想已開始在許多小胚胎存活，如Fairmondo、Loconomics、Members Media及其他多家公司。但是不僅限於這些公司，休茲說：「我真正談論的不只是應用程式，也不只是科技本身，而是心態的改變，從今日這種以壓抑性經濟為本的心態，邁向真正以互利共生與合作主義為本的心態。」其中有一個罕見的，就是不附帶條件地改變世界。

每次休茲在會議上演講時，就會不斷被問到民主式擁有的工具如何與強大的大企業平台競爭。「我們如何達成規模？」人們會問：「我們要如何觸及廣大的群眾？」

「我們就是廣大的群眾。」休茲提醒他們說。

休茲把講台讓給其他為平台合作主義各面向努力的人。布蘭登・馬丁（Brendan Martin）是Working World創辦人，這是一家在阿根廷、尼加拉瓜和美國都很活躍的合作金融機構。他想建立自己所稱的「非壓榨式金融」。他告訴聽眾，平台合作主義代表的挑戰是一個很古老的人類故事：

> 爭奪平台，不管是合作式或由少數人擁有的平台——你可以研究並把歷史濃縮成基本上就是出於這種爭奪。階級戰爭真的就是為了誰擁有它，少數幾個人或我們所有人。牽涉的就是公眾的利益被少數人掌控，而且他們開始任意壓榨使用平台的人——或者是為集體利益而被共享。如果科技有什麼新的地方，就是一個進行這種爭奪的新空間。

誰擁有其他人沒有選擇、只能使用的東西？這是一個古老問題變成新時代的核心問題。馬丁看到這些新平台與昔日平台的關聯性——糧食、黃金、土地的平台。歷來的每一次革命都要求赦免債務和土地重分配。「我們現在可以改成說是赦免債務和重分配平台。」馬丁說。

接著是愛瑪・耀拉（Emma Yorra）上台，她在布魯克林區的家庭生活中心（Center for Family Life）擔任合作發展計畫（Cooperative Development Program）共同總監。她管理的這項社會服務計畫與科技沒有明顯的關係，該中心幾年前開始組織勞工合作社，以協助貧窮移民在居家清潔、兒童照顧、寵物照顧等服務業尋找工作，並盡可能維持工資水準，而非扮演居中賺錢的仲介。

有一天耀拉搭乘地鐵時，看到一則讓她氣憤的廣告，廣告上刊登一家提供極簡易居家清潔服務的新數位平台。她回想說：

那則廣告促銷該公司的科技很容易使用。我想那就好像是說：「點擊一下就讓你的公寓乾乾淨淨」。然後就是一隻戴著黃色手套的手，那隻手好像脫離肉體，拿著一塊海綿，而這個你看不見的人就會把你的公寓打掃乾淨，一個有一隻黃色手的神奇精靈。那不是一個真正的人，對不對？一切都歸功於科技。

這就是讓耀拉感到不安的事，科技讓服務更容易取得，但也改變了互動的性質。只要點擊一下的應用程式，模糊背後有勞動者這個麻煩的現實，而這些勞動者的議價能力也變得愈來愈小。

耀拉開始構思以合作社經營一鍵式清潔服務。由於市場世界在你想拒絕時也很難擺脫，她為了打造這項服務只好接受由華爾街巨人出資創設的羅賓漢基金會（Robin Hood Foundation）資助。截至在歌德學院那天晚上，這個計畫仍在進行中。（後來耀拉的組織推出一款稱為Up & Go的應用程式，讓顧客預訂清潔服務，並把九五%的收費直接撥給擁有這個事業的勞工。）但是那天晚上，在應用程式還沒有推出前的一年多，耀拉在對抗一項讓她憂懼的統計數字上，顯然還有漫長的路要走：根據慈善機構樂施會（Oxfam）發布的新聞指出，六十二位億萬富豪擁有的財富等於所有人類底層一半人口（三十六億人）的財富，相較於數年前要三百位億萬富豪才擁有這麼多的財富。事實上，樂施會在獲得更完整的資料後，更正為九位億萬富豪，而不是六十二位。隔了一年後，合計占有世界半數財富的億萬富豪人數再從九位降至八位。

八位中有六位從應該是公平遊戲場的科技業致富：蓋茲、祖克柏、亞馬遜的傑夫．貝佐斯（Jeff Bezos）、甲骨文（Oracle）的賴瑞．艾里森（Larry Ellison）、墨西哥電信（Telmex）和其他墨西哥企業集團的卡洛斯．施林（Carlos Slim）、電腦資訊系統供應商麥可．彭博（Michael Bloomberg），還有建立零售商Zara的阿曼西奧．歐特加（Amancio Ortega），以提供先進科技給製造商和他的自動化工廠聞名，而最後一位億萬富豪華倫．巴菲特（Warren Buffett）則是蘋果和ＩＢＭ的大股東。

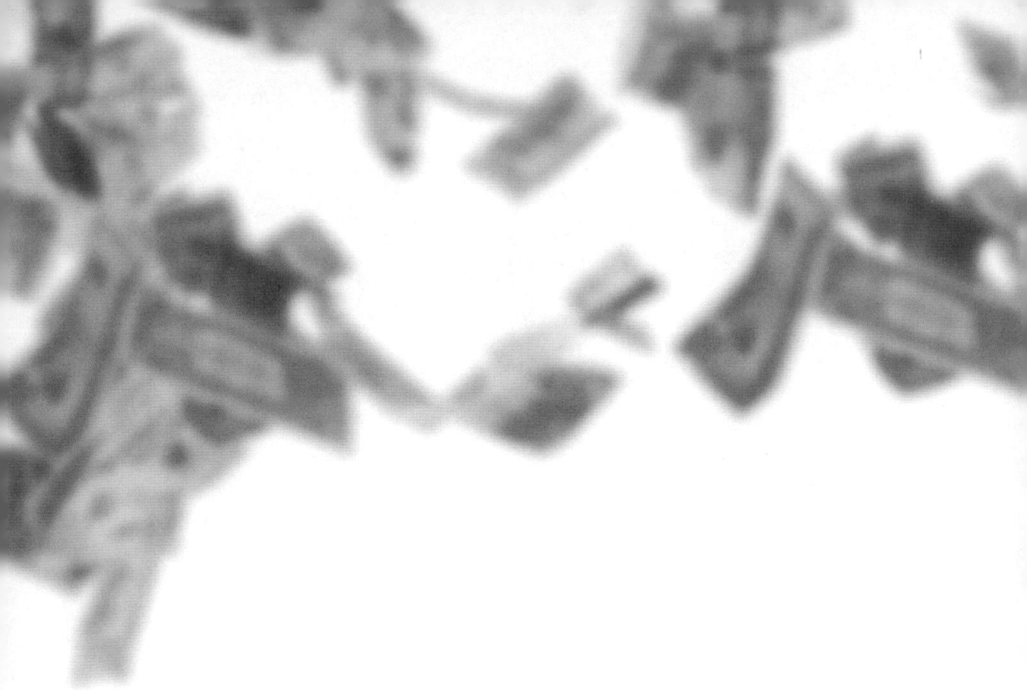

第四章

批評家和思想領袖

金錢可以讓頂尖的思想領袖不再顧忌原本可能對他們施予某種思想制衡的機構和同僚，那些機構與同僚有時會將他們的思想轉變成廣告，而非不受影響的見解。

如果一個人的薪水收入全仰賴他不了解的一件事，要讓這個人了解這件事就很難。

——厄普頓・辛克萊（Upton Sinclair）

二〇一一年十月，愛美・柯蒂（Amy Cuddy）準備在緬因州的寧靜小鎮康登（Camden）首度發表非學術演講。柯蒂是哈佛商學院的社會心理學家，過去十幾年曾發表許多研究偏見、歧視及體制權力的論文。她曾寫到女性面對的性別歧視是一種奇怪的混合物，包含男人對職業婦女的羨慕與對沒有工作女性的可憐。她也寫過「社會化的服從」和「從眾」（conformity）在九一一恐怖攻擊劫機者的決定，以及在伊拉克阿布格萊布（Abu Ghraib）監獄裡的美軍虐囚所扮演的角色。她曾寫過，接受明顯帶有偏見電腦測驗的白人在被告知測試目的是衡量種族歧視時，反而會變得更有偏見；也曾寫過在卡翠娜颶風災後重建，人們變得更容易在同種族的人感覺「痛苦、悲傷、自責」和其他「獨特的人類」情緒，超過非相同種族者；更曾寫過許多亞裔美國人遭受的「模範少數族裔」刻板印象。

那年冬天，柯蒂正與一個團隊繼續合作一項長期計畫，研究「男性支配」這個全球最常見的現象，如何順應地方條件而在各地扎根。她和同事寫道，在美國，獨立自主向來是主要的「文化理想性」，社會往往把男性想像成具有獨立自主的個性。在南韓，相互依賴和他人導向較受到肯定，社會傾向把男人想像成相互依賴和他人導向。正如一篇論文所述：「男性通常被認為較具有文化重視的特質。」和柯蒂大部分的研究一樣，該論文並未提出解決方案。這是一種高貴地探究問題的知識傳統，或許也是她的研究截至當時從未引起學術牆外討論的原因。

柯蒂受邀在一場名為流行科技年會（PopTech）上演講。和海上高峰會一樣，這是市場世界圈的重要會議之一，是由一群希望把重大思想帶進緬因州的人籌辦，包括乙太網路（Ethernet）發明者和一位百事可樂（Pepsi）與蘋果前執行長。在流行科技年會上，思想在龍蝦堡與俯看西佩諾布斯科特灣（West Penobscot Bay）的黃昏宴會，以及坎登港客棧（Camden Harbour Inn）納塔莉酒吧的消夜包圍中被狼吞虎嚥。和許多市場世界會議一樣，流行科技年會收取可觀的出席費，並且仰賴企業贊助。當市場世界籌辦這類活動時，人們的品味與觀點很難不受到它呈現思想的方式影響。但是這些市場世界人士會對柯蒂有什麼影響還不清楚，因為她通常只談論問題，而不提供簡單的解決方案，她也挑戰權力和體系，並對溫吞的雙贏式變革似乎不感興趣。

幸好柯蒂有一位帶她進入這個新世界的嚮導，這位流行科技年會的策展人安德魯・佐里（Andrew Zolli）是會議主持人。佐里像是市場世界的製作人，站在一個有利可圖的交會點，居間撮合渴望與大思想扯上關係的企業、尋找下一場會議的網絡業者，以及想接觸更廣大聽眾或吸引業界有影響力菁英的作家和思想家。佐里稱他的會議是「一部改變世界的機器」，他是奇異（General Electric）、資誠（PricewaterhouseCoopers, PwC）、耐吉、臉書，以及許多非政府組織、新創公司與公民社會團體的顧問和策略師；他在幾個市場世界組織擔任董事，而且是收費演講圈裡受歡迎的演講者，經常談論像恢復力等主題，他討論這個主題的書籍中，稱許智慧電網和海洋論壇等事物是雙贏的做法。

換句話說，佐里是市場世界文化和觀點的專家與宣揚者。他了解哪些思想對市場世界人士有用，能協助他們預測未來，並讓他們賺大錢，也了解哪些思想讓贏家覺得自己有社會意識與全球自覺，但不會感到有罪惡感或被譴責。

佐里寫了一篇文章來宣傳他有關恢復力的著作，文中主張世界不應該太急於根除最重大的問題，包括貧窮和氣候變遷，而更應著重於和這些問題共存，這個訊息有助於安撫那些對現狀完全滿足與偏好實質上保持現狀的改變方法。佐里認為想解決根本問題的渴望是「一個吸引人和道德的願景」，但終究是錯誤的。他說，問題可能無法解決，更重要的是教導人們順應。

佐里提倡許多項捐獻資源，以協助人們度過惡劣情況，而不是改善情況的計畫。例如，他讚揚埃默里大學（Emory University）的研究證明，「冥想練習」可以「增加寄養小孩的心理與生理恢復力」，會比解決寄養問題容易許多；他談到充氣式橋梁和微電網，可以協助社會因應海平面持續上升等重大變遷。他承認這類補救方法都不是「永久性解決方案，也無法從根本解決問題」，知道有人批評他：「如果我們順應不喜歡的改變，就等於同意該負責的人把我們搞慘了，我們也會失去要求他們停止的道德權威。」但這通常是不以企業顧問和市場世界思想家為業的人才會說的話，佐里當然不會這麼想，他很清楚地表示，並不是說「這個世界上沒有壞人或壞事發生，也不是說我們不應該設法降低風險，但是也必須承認，對抗妖魔的聖戰還沒有獲勝，短期內也贏不了。我們需要更務實並在政治上更包容的方法來取代──隨著海浪浮沉，而不嘗試阻止大海」。你可以討論我們共同的問題，但不要涉入政治，不要專注在根本原因，別追逐妖魔，別嘗試改變根本的情況，抱著希望，隨著海浪浮沉，這就是市場世界的方法。

柯蒂對演講感到緊張，因為這是第一次對著數百名不是她領域的陌生人演說，他們不是選修她課程的熱情學生，對社會心理學的基本概念完全不了解。雖然她對個人主義和集體主義社會的男性形象有深入研究，但是在流行科技年會上可能不是討喜的話題。她在《心理科學》（*Psychological Science*）發表的另一篇論文〈短暫非口語展示能影響神經內分泌和風險容忍水準〉，將是演講的基本內容。

舞台燈光從暗處照來，柯蒂手雙手扠腰，站在舞台中央，兩腳打開與肩同寬，穿著一雙棕色牛仔靴，更凸顯後來她被形容的招牌「權力姿勢」。她身後的大螢幕顯示一個神力女超人（Wonder Woman）的形象，手、腳也是同樣的權力姿勢，展現同樣的占據空間意志。她和同事發現，像這樣以堅定的姿勢站立會擾動人們的信心——也許消除一些她長期研究的性別歧視效應。柯蒂這樣站在那裡的二十秒鐘，就像永恆一樣久，她堅定地看著台下，不發一語，伴奏的只有神力女超人的主題曲。柯蒂把重心輪流放在兩腳，始終保持這樣的姿勢，然後停止表演，露出笑容。

「今天我要告訴你們關於身體語言。」柯蒂開始說。她的演講題目呈現在第二張投影片上：「權力姿勢：以身體語言獲得權力。」柯蒂開始解釋，她和同事的研究顯示，在不改變大範圍的權力、性別歧視及偏見的結構下，個人可以利用姿勢幫助取得信心。在未必有意的情況下，她正教導市場世界的思想家所渴望的東西：一種呈現問題的方法，可以賦予力量給缺少力量者，但是不會奪走擁有力量者的力量。以柯蒂後來的比喻來解釋，她給人們一把跨越禁忌之牆的梯子，而非建議拆掉那面牆；或是如同佐里可能會做出的描述，她給人們「跟隨海浪浮沉，而不嘗試阻止大海」的方法。

「這對思想領袖是最好的時代，這對大眾智識分子是最壞的時代。」外交政策學者丹尼爾・德雷茲納（Daniel Drezner）在他最近出版的書《思想業》（*The Ideas Industry*）

中表示，這是一本半學術、半第一手記述的書籍，談論這個充斥著不平等和其他現象的時代已經扭曲了思想的運作。

德雷茲納先從定義兩種截然不同的思想家著手，他們同樣都想發展重要的思想，並傳達給廣大的聽眾。其中一種垂危的思想家是大眾智識分子，德雷茲納描述他們是各式各樣的「批評家」，是權力的死敵；他們可能「超越市場、社會或國家」，並驕傲地承擔「指出國王什麼時候沒穿衣服」的責任。占優勢的另一種思想家是思想領袖，他們與贊助今日許多思想生產的富豪統治階層意氣相投。德雷茲納表示，思想領袖傾向於「知道一件大事，並相信他們的重要想法將改變世界」；他們毫不懷疑，而是「忠實信徒」；他們是樂觀主義者，訴說振奮人心的故事；從自己的經驗裡歸納出他們的理論，多過於從權威演繹。他們很寬待有權力者。蘇珊・桑塔格（Susan Sontag）、小威廉・巴克利（William F. Buckley Jr.）和戈爾・維達（Gore Vidal）是大眾智識分子；湯馬斯・佛里曼（Thomas L. Friedman）、尼爾・弗格森（Niall Ferguson）與帕拉格・科納（Parag Khanna）是思想領袖。大眾智識分子在著作和雜誌的文字篇章中相互辯論；思想領袖發表不容批評或反駁的ＴＥＤ演講，並強調有希望的解決方案勝過體制改變。大眾智識分子對贏家帶來真正的威脅；思想領袖促銷贏家的價值觀，高談「破壞、自我賦權及開創能力」。

根據德雷茲納的說法，有三個因素可以解釋大眾智識分子的沒落與思想領袖的崛起。第一是政治極化（political polarization）：隨著美國政治變得愈來愈部落化，民眾對聽到肯定他們的觀點愈來愈感興趣，不管是誰發表看法，勝過被提出曲折概念的思想家挑戰；另一個因素則是集體對權威的失去信心。近幾十年來，美國人對國家的每個機構都已喪失信心，部分原因是長期艱困的經濟現實和失能的公共部門。新聞記者被信任的程度還不如整脊治療師。這種失去信心導致對大眾智識分子的信賴大不如前，製造較不可信的思想製造者吸引注意的新空間。但是從德雷茲納的觀點看來，升高的不平等才是改變思想界的最大原因。它製造出一種矛盾的效應，一方面極端的不平等創造出「渴望能診斷和治療似乎已蔓延美國問題的思想」；另一方面，則孕育出「一個贊助這個世代與倡導新思想的新階級」。因此美國比以往更對不平等和社會斷裂的問題感興趣，也比以往更依賴與億萬富豪投合的解釋者。

德雷茲納從自己的調查和其他學者的研究中，說明這些解釋者如何被吸入市場世界的軌道，像他和柯蒂這種思想家如何被勸誘放棄身為政治評論家的角色，而變成贏家的旅伴。「隨著美國菁英愈來愈富裕，他們支付得了做任何事的價碼。」他寫道：「令人訝異的是，他們之中有相當多人想要重回校園，或者是想讓學校找到他。」思想家被邀請成為菁英在「大思想匯聚圈」——TED、西南偏南大會、亞斯本思想節（Aspen Ideas

Festival）、密爾肯研究院全球會議（Milken Institute Global Conference）、《大西洋月刊》（*The Atlantic*）贊助的所有會議的老師。這些思想家往往發現在「難以拒絕的機會逐漸增加」後，自己不知不覺變成了思想領袖。

德雷茲納的分析還可以再添一筆，就是在富豪階級提供這些難以抗拒的誘因時，較不腐敗的思想贊助來源卻逐漸枯竭。近幾十年來，在美國的校園裡，終身制學者比率已經減少將近一半。另一個贊助思想活動的來源新聞編輯室，從一九九〇年來編制也萎縮超過四〇%。出版業因為書店消失和平面印刷品減少而苦苦支撐。我們生活在一個數位傳播思想的黃金年代，但是對許多實際以傳播思想為生計的人而言，卻是一個黑暗時代。許多思想家感嘆創造思想是一種辛苦、待遇微薄又不被世人重視的行業。但是對於被金錢或排名或個人影響力吸引的人來說，公共導向來源的支持已經被個人導向的支持超越，而新贊助人則各有不同的品味和禁忌。

我們可以說，市場世界圈和更廣泛的思想領袖界曾帶來許多良性影響，讓思想更易於散播，並普及更多人。它們創造新形式的影片談話節目，取代許多人早已不再閱讀的厚重書冊，這些人早在三十年來就已經停止看書，老實說現在也不準備再看。它們擴展接觸廣大聽眾的機會，進入長期以來被舊出版業和報業守門人排拒在外的階層。

但是思想領袖界很容易被江湖術士占據，正如德雷茲納所說的，他們擅長「斷言而不提出任何建設性批評」，強調訴說動聽的故事，迴避糾纏的爭議，以協助好思想變得更好，並避免不好的思想吸引太多擁護者，這也讓思想家與他們應該保持誠實和節制的事物——權力維持妥協關係。

德雷茲納詳細描述的現象重要性遠遠超過思想界，因為如果這些成功的思想領袖在一個接一個的議題上，對體制和結構保持肯定、不覺得受到威脅、沉默以對，對富人親善，支持私人的問題解決方法，倡導雙贏，這些思想領袖就會勝過其他的聲音，而且不只是在會議上。他們被要求撰寫評論專欄、簽約出書、在電視上發表評論，並擔任總統和總理的顧問，而他們的成功可以說是以批評家的失敗為代價。每出現一個建議你如何在無情的新經濟打造生涯的思想領袖，就會出現許多個較不為人知的批評家呼籲不要讓經濟變得如此無情。

世界上的柯恩、羅森斯坦、佛倫斯坦、卡森、黎柏洛克、皮司瓦、薩卡和卡拉尼克，都需要思想家構思改變的願景，以便他們能生活——並說服大眾，他們這些菁英是變革的行動者，是問題的解決方案，因此並非問題本身。在不平等的時代裡，這些贏家渴望感覺擁有像皮司瓦說的「某種道德哲學」，他們需要語言來對自己和其他人證明自己的正當性，需要重新定義改變的思想，以強調「隨著海浪浮沉，而不嘗試阻止大海」，思想領袖則給予贏家需要的東西。

柯蒂在流行科技年會上選擇的主題效果不錯，她沒有談論男性的權力結構，只談個人可以應用什麼姿勢來感覺更有力量，而聽眾很喜歡聽。她吸引人又容易了解的研究，還有她的神力女超人造型一炮而紅，很快就受邀在TED發表一場重量級演說。

柯蒂說她不想在演講中粉飾現實，不過決定談談許多女性感受到的無力感，卻不深入探討造成這種感覺的原因。在幾年後的一次訪問中，柯蒂坦率地談論她的「權力姿勢」研究背後動機。她說，這來自觀察課堂上不說話的女學生：「看她們的身體語言，觀察她們封閉自己和蜷縮起來，真的讓我有所感觸。觀察她們，然後看到自己與感覺畏懼的男性互動時的行為如出一轍。」柯蒂在訪問中並沒有為這種行為創造新詞彙，它源於「女性歧視」。但是她在演講中把這些思想的稜角磨平了，描述她講課的教室裡，有些學生走進來「好像自己是老大」，身體和說話都往外擴張，其他人「在他們走進來後好像都縮小了」。然後柯蒂不經意地提起性別因素，雖然那是研究中最根本的觀察。她說，縮小的行為「似乎與性別有關。因此女性比男性更可能做這種動作。女性長期感覺比男性沒有力量，所以這並不令人意外」。

柯蒂是研究女性長期感覺比男性無力、男性如何造成女性無力感原因的權威，但那不是這一次演講的主題，她反而引導聽眾到自己和同事研究「權力姿勢」的發現。

我們已經知道有權力和感覺有權力，會讓人站得更有氣勢與占據更大的空間，但是如果你能不必解決更大的權力失衡問題，而能讓女性在課堂上勇於發言呢？如果你可以教導她們站得更有氣勢和占據更大的空間，讓她們感覺，甚至真的變成更有力呢？柯蒂在TED的演講中表示，她和同事想知道：「你能不能假裝到讓它成真？換句話說，你能不能做一會兒，並真正體驗讓你似乎更有力量的行為結果？」他們的結論是肯定的。「當你假裝有力量時，就較可能真的覺得有力量。」她說：「小小的修改，」接著停頓一會兒：「可以帶來大改變。」在結論中，柯蒂要求聽眾一起擺出寬闊的姿勢，因為她說：「最能善用它的人，是那些沒有資源、沒有技術、沒有地位和沒有權力的人。」現在他們至少有了假裝的新工具。

後來有超過四千萬人觀看柯蒂的TED演講，讓它成為歷來第二受歡迎的演講節目，即使有一些人開始質疑她的研究。社會心理學界的「複製運動」成員向來推動更嚴格的再確認標準，他們再實驗柯蒂的發現，並報告姿勢對內分泌的影響並不存在，只承認對人們自己報告的感覺有若干影響。後續的爭論變得硝煙四起，柯蒂的一個共同作者公開否認權力姿勢的研究。柯蒂在TED網站上承認：「姿勢與內分泌的關係並不像我們認為的那麼單純。」雖然她仍繼續辯護和進一步研究權力姿勢對人們情緒狀態的影響。學界的爭論完全未能停止人們在街上攔阻柯蒂，含淚感謝她帶給她們信心。她的電子郵件信箱開始爆滿，接著很快簽下出書合約。不久後，柯蒂也將成為被冠上「永遠的『權力姿勢』女性」這個膾炙人口形容詞的女性之一。

柯蒂仍然是柯蒂，仍是一個堅定的女性主義者，仍是一個學者和不容輕視的性別歧視反對者。她還是比世界上大多數的人更有資格解釋，女性並非天生感覺到無力，而是這種感覺被植入她們之中的原因。但是，她在演講中留了一手，避開批評家式的語言，而是發表一場愉快、有建設性、可採取行動的思想領袖式演說，而世界則以傾聽來回報。

在柯蒂學習如何在這類新論壇和聽眾面前演講時，周遭的許多例子幫了她的忙。只要你肯學，文化中充滿教導，教你如何成為眾人想要傾聽的思想家——如何變成批評家／思想領袖連續體中靠近思想領袖的一端。當你想到柯蒂的一些同輩也走上思想領袖的道路，就能明顯看出這一點，我們可以稱為思想領袖的三部曲。

三部曲的第一部是「專注在受害者，而非加害者」。這句話來自近幾年來攀升至思想領袖最高位階的組織心理學家格蘭特，他的著作書封上宣稱他是「他的世代中最引人注目、最煽動的思想領袖之一」。當面對問題時，人類的本能往往是尋找作惡者，但這是一個輸贏的解決問題法。格蘭特提議較舒適的方法來處理像性別歧視這類問題。「面對不正義時，思考作惡者會助長憤怒和侵略性。」他寫道：「轉移你的注意力到受害者，會讓你更有同情心，有助於疏導憤怒到有建設性的方向。與其懲罰造成傷害的人，你更可能幫助受到傷害的人。」

第二部是把政治個人化。如果想成為思想領袖，而不被貶抑成批評家，你要做的是協助大眾把問題視為個人與個別的事件，而非集體和體制的問題。這是一個焦點放在哪裡的問題。你可以在巴爾的摩街角觀看，並把焦距拉近到垮褲是一個問題；可能把焦距拉遠到內城的警察執法過當和缺少機會的問題；也可能再把焦距拉遠，觀看一個數世紀以來對非裔美國人社會控制的最新發展。許多思想家的天性和接受的訓練是把焦距拉遠，從體制與結構來看待事情，但是如果他們想變成有人聽到和再度邀請上台的思想領袖，學習把焦距拉近極為重要。

柯蒂的朋友布芮尼．布朗（Brené Brown）舉了一個例子說明如何成功地拉近焦距，一個問題兒童心理學家做的分析可能不會超出父母和家庭環境太遠，但是一個社會工作學者受的教育是要思考家庭以外集體影響我們的體系——犯罪充斥的鄰區、失能的寄養計畫、長期的貧窮、破舊的健保系統、缺少營養的食品選項，並在《社會家庭》（*Families in Society*）等期刊發表文章。這使得社會工作者不是思想領袖的理想候選人，因為他們隨時可能會說出一些批判和輸贏的想法。

身為休士頓大學（University of Houston）的研究人員，布朗先研究人的連結，進而研究羞恥感，然後研究脆弱感——「為了產生連結，我們必須讓自己被別人看到，真正看到。」她研究這個主題六年，然後得出一個無可避免的結論：「只有一個變數區隔出有強烈愛和歸屬感的人，與真正努力想找到愛和歸屬感的人，而有強烈愛和歸屬感的人相信他們值得擁有，就只是這樣。」社會工作的學者通常不會這樣說話，他們是複雜情況的專家，知道有種種情況讓許多人無法完全實現自我——其中有些可以透過個人努力而跨越，但是有許多情況則無法跨越，原因是結構性問題，或取決於我們無法控制的其他行為者選擇。

布朗沒有強調讓一些人感覺值得、和另一些人感覺不值得的所有原因、情況及力量——貧窮、家庭虐待、警察對待、成癮。她變成一個歐普拉・溫芙蕾（Oprah Winfrey）支持的成功思想領袖，也在ＴＥＤ發表一次歷來最受歡迎的演講之一。「我們住在一個脆弱的世界。」她說，這個世界裡的人生病、在婚姻中掙扎求生存、被裁員、必須開除別人。布朗說這些話時，正值美國深陷經濟危機，數百萬人失去工作與住宅，甚至雪上加霜地失去心愛的人。布朗警告讓痛苦麻木不是解決之道，雖然那是美國人「在美國歷史上，成年人負債最重、最肥胖、最上癮和用藥最氾濫」時代做的事。（她遵守專注在受害者，而非加害者的第一部曲，沒有提到造成人們負債、肥胖、成癮與濫用情緒藥物背後強大的利益團體。）對布朗來說，這些災難的解答是接受——她說：「我很感恩，因為感覺這麼脆弱意謂我活著。」在一個充滿脆弱感的時代裡，在一個贏家不願意從根本做改變的時代，這種對脆弱感恩的口號正在逐漸流行。「今天有一千八百位臉友的生命將從此改變。」一名臉書主管在布朗演講後說。贏家愛她，歐普拉愛她，然後每個人都愛她。現在每個人都可以分享到布朗的思想，因為她已變成最罕見的社會工作學者——被產品化的社會工作學者。布朗提供一系列電子課程，承諾訓練人們成為大膽的領袖，以在生活中「完全展開」，投入「自我慈悲」，勇敢而脆弱地過生活。

從某個意義來看，第二部曲是和一世代的女性主義者教導我們做的事相反。那場運動給我們文化的語句是「個人即政治」，出自卡羅・漢妮絲（Carol Hanisch）：「個人問題是政治問題，這時候沒有個人解決方案，只有採取集體行動來尋求集體解決方案。」這在一九六九年二月是一個重大又成果豐碩的概念，幫助人們看到個人生活中默默發生的事，也在體制中大規模地一再發生，而發生的原因是那些個人無力單獨對抗的各種勢力——這些事必須從政治、宏觀、整體，以及特別重要的南從權力所在之處的角度來看待並採取行動。一個男人毆打一個女人，不只是一個男人毆打一個女人；他是男性霸權體制的一部分，以及法律和冷眼旁觀的文化導致受害女性無力解決的問題。墮胎讓人感覺羞恥，不是感受者自己製造出來的感覺，而是透過公共政策的設計與建構，以及宗教權威的巧妙應用造成的。女性主義者協助我們用這種方法看待問題。

在我們自己的時代，思想領袖往往被用來協助我們以正好相反的方法看待問題，他們正對抗原本可輕易被視為政治性和體制性的議題——不正義、裁員、不受節制的領導階層、不平等、社會的式微、愈來愈多人生活困頓，但用的是他們的思想來造成我們拉近焦距和只看小事。女性主義者希望我們看到一個陰道，並拉大焦距到看到國會；思想領袖希望我們看到一名被裁員的勞工，並拉近焦距，看到他感覺自己脆弱的美感，因為至少他還活著。他們希望我們聚焦在他的脆弱，而不在他的薪資。

第三部曲是有建設性和可行動性。寫作與談論重大問題，而未提出解決方案是一件好事，但如果你想成為思想領袖就不是如此。一個引人注目的例子來自查爾斯．杜希格（Charles Duhigg），這位《紐約時報》記者暨編輯比大多數人更有辦法腳跨批評家和思想領袖的兩條船。擁有哈佛企管碩士學位的杜希格，曾花一個夏季設計關於扭轉困頓企業的金融模型，後來才決定選擇新聞記者這個行業。他因為調查蘋果管理外國工廠、繳稅和避稅，以及占有專利等商業伎倆的報導，而贏得普立茲獎（Pulitzer Prize）；也曾揭露企業總共違反汙染法規超過五十萬次，以及調查美國聯邦貸款金融公司（Fannie Mae；房利美）在大衰退之前做出跨入「抵押貸款市場更危險角落」的決定，幾乎導致公司滅頂。儘管擁有企管學位，但是他卻變成不討市場世界歡心的人：一個指出哪裡出了差錯而不列出可輕鬆了解的矯治辦法清單的批評家。

幾年後，杜希格開始寫書。他可以用同樣的態度寫書，而且我們可以假設寫出來的著作會很重要。但是它們會暢銷嗎？「《紐約時報》的系列調查報導寫成的書籍從不暢銷，因為如果《紐約時報》的調查報導寫得好，基本上會詳細地告訴你這個世界出了什麼問題，或是一家特定公司或一個狀況出了什麼問題。」杜希格告訴我：「但是當你閱讀一本書時，沒有人真的想讀一本書只告訴你問題有多麼糟糕，對不對？我是說，確實有這樣的書，而且它們非常有價值。但是你知道，它們的讀者通常很少。」人們想要有建設性、鼓舞性、帶來希望的東西，特別是塑造品味與贊助思想領袖的人更是如此。「除了知道哪裡出問題外，他們想知道要怎麼做才對。」杜希格說，而且他們喜歡簡單的步驟：「他們想知道他們能做什麼，以及如何能讓他們或這個世界變得更好。」

杜希格在戴著調查報導帽時，不相信這種解決方案的兜售，但卻發現這在他身為思想領袖的新生活中卻很管用。「調查報導必須嘗試避免臆測，」他說：「但在寫書時，你的努力至少有一半應該是臆測解決方案。」然而，如果杜希格對人們偏好解決方案的說法正確，將使過去對我們的社會很重要的那類思想家與批評家更沒有生存空間，同時將讓杜希格開始撰寫的這類書籍空間愈來愈大。

杜希格的著作讓市場世界的人立刻愛上，因為能協助他們，或教導其他人效法他們。第一本書談論習慣如何養成與戒除，而這一點很輕易就清除有建設性和可行動性的障礙，包括一則故事談到杜希格如何學到停止每天下午吃一片餅乾。而在他趕完第一本書時，激發出第二本書的想法。當時他很忙碌，覺得每件事都做了一些，但卻沒有一件事做好，他希望更有生產力，因此開始撰寫一本關於生產力的書籍，教導讀者「變得更聰明、更快速、每件事做得更好」。對市場世界來說，杜希格的威脅性降低了，現在他想從過去他常批評的那種身上人學習，這本書最重要的章節之一是如何向Google最具生產力的團隊學習，而Google在那本書出版時，正要取代杜希格過去批評的目標——蘋果，成為全世界市值最高的公司。

杜希格變成各方爭相邀約的思想領袖——暢銷書排行榜的常勝軍，和付費演講圈的固定班底。「我很幸運，」他說：「我的運氣是商務人士希望聽我說的話和思想。」這讓他特別愉快，因為一些哈佛商學院同班同學在他加入新聞事業時，似乎認為：（據他描述）「有人給了你中大獎的彩券，而你竟然決定把它當作衛生紙。」他說：「我想他們認為我在經濟上做了一個愚蠢的決定，因為我進入一個賺不到錢的行業——有很長一段時間這是事實，但實際上他們錯了。」

不看好杜希格經濟前景的預測，從正確變成錯誤的原因之一是演講的邀約。杜希格堅信，他靠著演講賺錢就像藉由販賣有建設性和可行動性書籍賺錢一樣，不會改變他的想法，也不會讓他腐化或導致他自我審查。他舉演講圈的同行希拉蕊・柯林頓（Hillary Clinton）在高盛演講引發的爭議表示，他的經驗與希拉蕊的批評者說希拉蕊收費演講代表她腐化完全相反，而是與希拉蕊為自己的辯護類似。「他們的確只是邀請我演講，」杜希格說：「就像表演節目一樣，不是嗎？他們不是想要買通我。」

杜希格對以演講為生計會不會造成思想領袖自我審查的問題思考了一會兒。「你認為人會因為怕疏遠潛在聽眾，而開始偏離智識探索的初衷嗎？」他問：「或是人會刻意傾斜自己的思想，以便取悅商業聽眾？」當然，他承認，一定有些人會這麼做，但那不是一個大問題。不過，過了一會兒後又說：「問題是你想不想當一個有錢的作家，還是想當一個在智識上誠實、負責的作家？」

幾年前，另一個重量級思想領袖麥爾坎・葛拉威爾（Malcolm Gladwell）和杜希格一樣（但是與許多思想領袖不同），有幸也持續受到社會的尊敬，他寫下一篇很長的「告白」，談論他的網站掙扎於身為作家和演講家「兩種角色」的複雜問題。他表示：

> 發表演說並不表示我效忠於聽眾的利益。為什麼？因為對一群人發表收費演講一個小時，不足以製造出有利於那群人的偏好……當財務關係變成關係，當它們以某種方式變成永久性時，當資源、影響力及資訊同等地雙向移動時，財務關係就會有腐化的

危險。

葛拉威爾可能說對了，每一場演講本身是一回事，不足以腐化一個誠實的人，但是整個演講生涯絕對不會形成具有某種程度的永久性和影響力，以及資訊雙向流動的「關係」嗎？許多演講籌辦人堅稱只是打一通電話給演講人，告知活動的內容與聽眾的「主要想法」，也許會提供一些建議，讓演講更切題。每場演講當然是獨立的，但是商業界的許多演講確實塑造出一套前後一致的去政治化、具可行動性、避談加害者的價值觀和偏好。要建立一個討好這些機構的職涯，又能像葛拉威爾那麼確信這種討好和想成功而不想失敗的累積效應（cumulative effect）不會影響你，並不是一件容易的事。

《紐約時報》專欄作家佛里曼曾說：「重點是我寫什麼，別批評我對什麼人說話。」他也同樣堅持自己不會被腐化。但是即使我們相信佛里曼和葛拉威爾對金錢不會影響他們個人的說法，也難以接受富豪統治階層的贊助對整體思想市場沒有影響的結論。

金錢可以讓頂尖的思想領袖不再顧忌原本可能對他們施予某種思想制衡的機構和同僚，那些機構與同僚有時會將他們的思想轉變成廣告，而非不受影響的見解。正如史蒂芬・馬奇（Stephen Marche）寫到從歷史學家成為思想領袖的弗格森，據說弗格森每場演講的價碼介於五萬美元到七萬五千美元：

> 非小說類作家可以賺更多，也確實賺更多，而且更輕鬆，這是比較他們用其他方式所能賺到的錢，包括寫暢銷書或當哈佛教授……
>
> 這個數字意謂弗格森不必取悅出版商、不必取悅編輯，很篤定不必取悅學者，而是必須取悅企業和高淨值個人。

雖然像葛拉威爾這類個別的思想領袖可能抗拒為了一場銀行業會議而改變思想的誘惑，但是富豪統治階層的金錢已變成他們想聽思想的補貼。而補貼會帶來後果，正如哈佛商學院教授高塔姆・穆孔達（Gautam Mukunda）在一篇文章中談到，華爾街如何緊抱著權力不放，包括塑造思想，以便讓我們相信「有權力者是善良、公正的人，而且正在做正確的事」：

> 有權力的集團有能力回報看法與它一致的人，並懲罰不肯同流扭曲思想市場的人。這與腐化無關——信念自然地趨向和利益一致。正如辛克萊所說：「如果一個人的薪水全仰賴他不了解的一件事，要讓這個人了解這件事就很難。」結果可能是扭曲整個

社會，以迎合權力最大群體的利益。

思想領袖不受贊助者影響的這種說法，也與演講經紀公司的網站不一致，這些網站往往在宣傳富人和有權勢者的會議時，把可能有威脅的思想描寫得較不可怕。

艾娜特・阿迪瑪特（Anat Admati）是史丹佛大學（Stanford University）經濟學家和著名的金融業批評家。《紐約時報》報導，「銀行家幾乎一致認為」她是銀行業揮之不去的「蒼蠅……她的想法完全不切實際，對美國經濟有害，不必太當真」。阿迪瑪特的文章向來以「質疑現狀」的能力受到讚譽，她「拆穿了銀行家的嚇唬伎倆」，並「揭露由華爾街主管和維護他們利益的被挾持政客所提議的金融改革，只是虛假與圖利自己的托詞」。阿迪瑪特也是思想領袖，由演講經紀公司李事務所（Leigh Bureau）代理，這家經紀公司在為她的演講做廣告時，磨平了主題中強硬、批判的稜角，表示：「我們可以有更安全、更健康的銀行體系，而完全不必犧牲它的利益。」

《華盛頓郵報》（*Washington Post*）專欄作家安妮・艾普邦姆（Anne Applebaum）經常在專欄中談論升高的國家主義、俄羅斯的侵略，以及其他暗潮洶湧的地緣政治，在演講者簡介頁面上被描述為談論「轉變政治學——風險與機會」的演講者。

海克是耶魯政治學家，他是對Even應用程式感到憂慮的人，也是過去一個世代美國經濟方向的尖銳批評家。他寫過《美國健忘症：對政府宣戰如何讓我們忘記造就美國繁榮的原因》（*American Amnesia: How the War on Government Led Us to Forget What Made America Prosper*），以及《風險大轉移：新經濟不安全與美國夢的式微》（*The Great Risk Shift: The New Economic Insecurity and the Decline of the American Dream*）等書。這對海克的經紀公司是一大挑戰，但該公司還是想出辦法：海克已卸除武裝，變成「討論恢復安全以重建美國夢的政策思想領袖」。

有人可能會抗議這些只是語言表面上的修飾，並未改變根本的訊息。但即使在一些例子是事實，卻也不足以證明屈服於這種修飾無須付出代價。把思想轉變成商品的壓力極為沉重——轉變成短小可利用的箴言、變成執行長週一早上的靈感、變成可賺錢的點子，而非不管它原本的意旨有多麼吸引人。屈服於這種壓力，讓你的思想更能行動，並進入企業語言與假設的世界，實際上就是投降。在弗拉基米爾‧馬雅可夫斯基（Vladimir Mayakovsky）的詩〈與稅吏談論詩〉（Conversation with a Tax Collector About Poetry）中，這位詩人知道自己沒有勝算，因為他被迫說的語言屬於另一個領域。商人的攤提已經計入他的稅單，但是詩人的「心與靈魂的攤提」呢？商人積欠的債得到展延，但是詩人能為他積欠的「一切／有關於我尚未寫出的東西」要求同樣的優待嗎？

思想領袖可能發現，自己變成像是以稅吏的語言說話的詩人，說出他們可能不會說或不相信的話。其中的危險不只是他們用這種新語言說了什麼，還是可能一段時期後，他們停止以自己方式思考的可能性。

在發表TED演講五年後，柯蒂繼續生活在它為她打造的美麗新世界中，現在她是同輩間有名的頂尖思想領袖。

儘管如此，成功及其得來的特定方式為柯蒂造成困境。柯蒂研究偏見與性別歧視將近二十年，即使在她出名後，仍繼續與學界同事研究這些主題。柯蒂過去總是以嚴厲、責怪作惡者的方式處理這些主題，但爆紅的TED演講已改變所有過去說過的話，現在她安逸地等待一個個報酬豐厚的邀約，請她以同樣安全的方式演講。

她發現自己一再被要求發表附帶企業期待、可用性的演講或研討會。「這是讓我感到挫折的原因，」柯蒂告訴我：「每個人都要我參加，基本上他們希望我談論偏見與多樣性，並且解決問題。最重要的是，不能說出那些字眼，因為可能會嚇到聽眾。而大家希望你在一個小時內辦到這些，他們感覺你可以加入，然後在一小時的談話中消除偏見，這很荒謬。我已經厭倦人們詢問：『我真的不知道如何讓女性在董事會議開口說話』這類問題。」柯蒂以為自己的演講已經解決聽眾的許多疑惑，現在他們希望她變出萬靈丹。

柯蒂自認大半職涯是在戰壕裡對抗性別歧視，但是現在她不斷反覆地被用來當作解方的自動供應器。即使她自認能為自己的曲目增添一段旋律，但是這個世界愈來愈認為她只能唱一首歌。當市場世界喜歡你時，把你當成一項產品。

柯蒂試著反抗這種感覺，她受邀教導哈佛大學主辦的主管教育研習會，其中有來自世界各地的在職企業主管飛到波士頓接受一些思想充電。主辦方給柯蒂一小時，希望她在研習會中討論偏見和多樣性，並涵蓋性別歧視、種族歧視及其他主題。柯蒂要求三個小時，而主辦方只同意一個半小時；她堅持只專注在一個主題——性別歧視，並由男性共同研究者彼得・格里克（Peter Glick）陪伴在場，她會負擔額外開支，以協助因應她預期不好應付的聽眾。那是一群高度全球化的聽眾，大部分是男性，而且她不幸地在世界盃（World Cup）比賽期間教導他們，因為一些人不久後就表示他們寧可看世界盃比賽。

身為身體語言專家的柯蒂走進房間時，一開始面對的是一群活像教案裡封閉自己的人。儘管如此，她仍嘗試扮演批評家而非思想領袖的角色。事實上，她和格里克開始嘲弄思想領袖的第一個原則，沒有專注在受害者，而是談論性別歧視的加害者。「我們嘗試先很委婉地解釋為什麼人都很偏執。」柯蒂說。他們拒絕談論女性感覺的無力感，而不指名是誰帶給她們那種感覺，不過他們試著用委婉的方式談論。格里克是性別歧視心理學的權威專家，他嘗試運用男性怕被稱為性別歧視者的典型技巧：談論自己的性別歧視。格里克說了一則故事，談到曾買給妻子一個公主馬克杯而誤踩地雷。

這個方法不管用。「我真的在上課到一半時停下來，說：『我對這個教室裡的人真的很有挫折感，我們能不能暫停一下，談談是怎麼一回事？』」但是談談似乎也不管用。「我們在結束前有兩張投影片。」柯蒂說：「一張是你可以做哪些事減少組織裡的性別歧視，第二張是組織或結構的問題，而我們甚至無法說服他們，因為光是有性別歧視問題這個概念都遭到強烈的抗拒。」

在愈來愈清楚市場世界的品味與界限後，現在柯蒂回顧並了解她原本可以用另一種方式處理這個情況，雖然不確定這麼做是不是光明磊落。「如果我當時走進去說：『嗨，讓我們談談賦權和如何從我們的員工得到最多回報。』情況可能會完全不同。」她說。人們「會接受一定有一些事讓女性難以暢所欲言，他們會接受是因為這與獲利有關，跟讓你的組織更好有關。但是如果你走進去說：『嗨，這是真實的情況，體制是以偏頗的方式建立的，它偏袒白人男性。抱歉，但它確實是。』我是說你不能說出這種話，就是這樣，你被卡在那裡。」

隨著柯蒂愈來愈出名，也感覺愈來愈難說出這樣的實話，她變成自己長期辛苦研究的性別歧視的目標，這是線上超級巨星幾乎無可避免的命運。「我身為成功女性科學家遭遇的女性貶抑，真是令人反感、惡劣、可惡。」她說。那些攻擊對她產生一種矛盾的影響，一方面它們更鮮活和更個人地展示她透過學術透鏡研究的性別歧視。不強調體制已經讓她的思想更容易散播，導致她更清楚體制有多麼令人失望。但與此同時，不斷地惡毒攻擊讓她對研究從體制面對抗性別歧視更不感興趣。「我想曾有一度對自己說：『我已厭倦打這場仗，我感到孤立無援。』」柯蒂在訪問中表示：「身為女性，我發現做起來更難，不管是應付不相信我的人」——這裡指的是男性，「或對我真正很失望的人」——這裡指的是女性，「她們告訴我：『是的，妳說得對。你認為有偏見嗎？有的，而且它正在傷害妳。』」她不願意承認，但卻沒有「看到歧視消失」——她指的是性別歧視、種族歧視及其他偏見。「主要是因為我沒有看到頂層的人真正願意對抗、真正願意解決它們。」她不再相信「人們將大刀闊斧採取真正能改變這些事的變革」。

如果柯蒂的想法正確，她覺得自己的最佳策略是，協助女性找到她們不必改變任何事就能做到的小規模改變。「基本上，我可以給她們盔甲，讓她們可以保護自己，即使在發生時也能度過難關。」柯蒂將教導她們隨著海浪浮沉，她將專注在受害者，而非加害者。

整件事帶著黑暗的諷刺：縮小對體系的批評，讓她得以在市場世界的菁英間大受歡迎，並且更容易被廣大的世界了解；她也因此聲名大噪，並把性別歧視的體制帶入生活，這是她未曾經歷過的，因而強化她對它的覺醒；它的殘暴說服她不要對抗體制，並做出它可能永遠不會改變的結論；這種默許促使她從根除性別歧視，轉向協助女性堅強地承受。柯蒂已經被收編加入一支日益擴大的軍團，這是一支主張無須解決根本問題的改變世界法的理論家大軍。

「我可能有一個稍微非正統的觀點，就是我們實際上在記錄問題和問題的根本機制上做得很好。」柯蒂說：「我們真的完全了解導致偏見的整個結構性、心理與神經性的機制，我們非常了解。」這種學者研究的觀點也許會讓人更容易對市場世界的手軟合理化，但本身也成為問題。畢竟，柯蒂在種族、性別和性等其他領域的學界同僚，正以緩慢、迂迴與往往不被承認的方式努力著，為整個文化的思維方式創造明顯的改變。有時候甚至最厭惡風險的政治人物，現在偶爾也會提出在大學校園形成的概念，如「微侵犯」（micro-aggression，切斯特・皮爾斯〔Chester Pierce〕，精神病學，哈佛大學，一九七〇年）；「白人特權」（white privilege，佩姬・麥肯塔〔Peggy McIntosh〕，女性研究，衛斯理學院〔Wellesley College〕，一九八八年）；「性別認同」（約翰霍普金斯醫學院〔Johns Hopkins School of Medicine〕；「交織性」（intersectionality，坎貝爾・威廉斯・克倫索夫〔Kimberlé Williams Crenshaw〕，批判種族理論，加州大學洛杉磯分校〔University of California at Los Angeles, UCLA〕，一九八九年）。

儘管如此，柯蒂相信在她的領域裡，真正需要的是嚴謹的學者在充裕資金支持下，研究解決方法並實施已經學到的方法。「我真正相信我們必須現在開始深入研究有效的干預方法，而這將不是一件輕鬆的工作。」她說，她想到的干預涉及更深入和更永續的做法，而非只有一次多樣性訓練的做法：「這將是一輩子的事。」

但是對於一些批評者說權力姿勢，以及或許是其他類似導向的干預——只是輕量版的女權，柯蒂又怎麼看待？她認為這類干預是「長期累積的改變，可以在你的人生後期帶來可衡量的改變。」她補充說：「這不是輕量版的東西，而是真正發生的事，而且效用超越嘗試像新年新決心這種大改變。」但這是一個真正可行的改變體制計畫，或只是接受以回饋迴路粉飾的體制？

奇怪的是，讓接受體制變得更容易的現象之一是，當你接受體制時，將發現會更常聽到人們說你在改變事物。許多真正改變的行動者必須甘於從來不被人視為改變者，至少在他們有生之年。我們可以想像，前面提到的學者雖然發明那些喚醒全國人發現身分認同與權力真實情況的新詞彙，但是他們很少在街上被人認出，並告訴他們改變許多人的人生。而柯蒂在潛心研究性別歧視和偏見期間，必須相信自己是在改變世界，即使是社會大眾並不認識她。但是當她限縮自己的主張，當她去政治化，當她只專注於可行動性，當她接受沒有「看到歧視消失」，當她專注在女性個人如何忍受壞體制時，很諷刺的是，就在她放棄以嚴肅方法改變體制的那一刻，開始在所到之處受到女性包圍，感謝她改變了她們的人生。即使柯蒂限縮她的責任，仍然吸引伴隨更能行動的改變而來的個人感謝。

柯蒂成長於賓州的一個勞動階級城鎮，而拜權力姿勢帶來的名聲所賜，她感覺正在幫助與自己一起長大的那個階層，她說：「我聽到大多數說『妳真的改變我的人生』的人並不是有權勢者，她們是真正經歷極度困頓，並想到利用這些方法度過艱辛的人。」

柯蒂表示，她仍決心把性別歧視視為權力體制而抗爭，並且會沿著這個方向做研究。但是她說：「我要很誠實地說，那樣得到的個人感謝會較少。」雖然如此，她似乎懷疑自己的選擇：「那不是在跨入這個領域時，我想自己會走的路。」

如果柯蒂受困在批評家和思想領導的兩極中，賽門・西奈克（Simon Sinek）則是自信又自在地優游於思想領袖這一端的世界。西奈克現在以企業和人應該「從為什麼開始」——應該發現並創造一個充滿活力的單一目的，並圍繞此一目的過生活的思想而聞名。他表示，自己的「為什麼」是「激勵人們做激勵他們的事」。

西奈克說，他注定要走上思想領袖的路，因為他年輕時深受閱讀所苦，他的心思飛揚跳脫，以致無法專注書頁之上，他有注意力缺失症。不過，西奈克喜歡把問題看成偽裝的機會：「我相信我們小時候發現的克服挑戰方法，到了長大時會變成我們的優勢。」他發現自己無法透過閱讀學習，只能透過談話學習。在他變成極度成功的思想領袖後，面對該是他寫書的時候，他以一種奇特的方法做研究，他說：「如果必須讀書，我會請人讀給我聽，然後解釋給我聽，讓我詢問對方問題。」這是他個人達到許多思想領袖具備素質的特殊方法：一種免於受任何智識傳統束縛的自由，可以自由談論一個主題，而不承受他人曾如何談論的負擔。西奈克認為，這種優勢很快就與另一種優勢結合：在廣告業磨練幾年的經驗帶來幫助，因為思想領袖的工作往往必須讓思想像廣告那樣動聽、易於記憶及容易理解，並在研討會、付費演講和顧問中像廣告那樣傳達思想。

西奈克先在英國學習法律，但不久後發現「並不適合我，我也不適合它」。他在第一年就輟學，讓父母大失所望，然後進入廣告界。他說，在那裡「學到情緒扮演的重要角色」。「重要的不只是論點，而是你要能讓人以某種方式感覺，或是以某種方法與他們連結。」他學到「不只是事實和數字，如果你能讓人們對自己的生活、他們本身與你做的任何事產生聯想，並宣稱你為他們的生活做事，你較可能創造的就不只是可銷售的產品，而是愛」。

西奈克待在廣告業數年，為安隆（Enron）和西北航空（Northwest Airlines）等客戶工作，然後創立自己的行銷代理公司，爭取到奧本海默基金（Oppenheimer Funds）、ＡＢＣ運動（ABC Sports）、奇異和美國線上等客戶。但是他對工作的熱情逐漸消失，並對為客戶和雇主創造業績的責任感到厭倦。「我花費大部分的時間在說謊、隱瞞和假裝。」他說：「情況變得愈來愈慘澹，壓力愈來愈大。我會參加企業會議，學習如何把事情做好，而這些會議實際上讓我覺得更糟，因為那些人會站在講台上，告訴我所有我沒有在做的事。」

有一天，一個朋友問他過得好不好。西奈克告訴對方，說謊讓他很沮喪。吐露胸中塊壘「讓我開始有了尋找解決辦法的勇氣」。這個解決辦法的核心是，一個西奈克稱為「黃金圈」（Golden Circle）的想法。想像一個圓圈，圓圈的核心是「為什麼」，也就是一家企業的目的或使命；圓圈核心之外是「如何」，公司實現這個目的採取的方法；圓圈的外環是「什麼」——這些行動以產品和服務衡量的結果。

西奈克創造出這個架構的雛形，並希望想出「為什麼有些廣告有效，而有些無效」。有一天，他參加一個「穿著正式服裝的活動」，坐在一位父親是神經科學家的賓客旁邊。西奈克表示，這位神經科學家的女兒開始說父親研究的「大腦邊緣系統和新皮層」，引發他也跟著研究大腦。「我開始了解人腦做決定的方式和我已經想到的小想法一樣。」他說。後來他描述道：「我告訴你的都不是我自己的意見，一切都是建立在生物學的基礎上，不是心理學，而是生物學。如果你看人腦的交會處，從上到下，實際上可以分成三個與黃金圈完美關聯的主要部分。」根據西奈克（極具爭議性與過度簡化）

的大腦理論，人們行為的「為什麼」和「如何」是從大腦邊緣系統出發，而人們做「什麼」則是由演化上較新的新皮層控制。這種科學可能很可疑，但是聽起來卻很新奇。

西奈克從以每次一百美元協助人們尋思為什麼來展開新事業，他會與對方坐下來，花費四個小時訪問他們的「自然高點」，就是他們靈感的高峰時刻，然後告訴他們什麼才是他們的人生目的。這項服務大受歡迎，最後為西奈克帶來一場極為成功的TED演講，出版非常暢銷的企管書籍，並接到一場接著一場對商務人士的演講和顧問諮詢。這個一飛沖天的思想領袖事業有一則（略帶啟示錄味道的）創立故事，有一次到加拿大出差時，西奈克與一個前客戶吃早餐。他的朋友問道：

「你這些日子都做些什麼？」和在每個地方一樣，我拿起一張餐巾紙，開始畫圓圈。而他對我說：「這實在很棒，你能不能過來和我的執行長分享這些？」我看了看手錶，然後說：「當然可以。」所以我們走到他的公司，我和那位執行長坐下來。那是一家小企業，我向她解說黃金圈與「為什麼」的概念，然後她說：「這實在很棒，你能協助我們公司的人發現他們的『為什麼』嗎？」我說：「當然可以。」她說：「你能今天下午就進行嗎？」我又說：「當然可以。」她說：「收費多少？」當然，我腦海裡閃過的是一百美元，所以我說：「五千美元。」然後對方說：

「好。」於是我用兩個半小時的工作時間賺了五千美元，離開時笑得合不攏嘴。我真的走到街上，為這麼荒謬的一整天大笑出聲。但更重要的是，我意識到自己真的可以藉著做這件事謀生。我在腦海裡盤算著：按照我過去賺錢的方式，我有多少次一天可以賺進五千美元？實在不多。

西奈克不受多重思想的束縛，這是他的重要思想，現在準備要傳播。「我是福音的傳道者，而且在尋找人們加入我信仰的福音，並且協助傳播福音。」他說。對這位激勵思想領袖來說，強化學術研究基礎的重要性比不上它是你的思想，你只要堅持實現並加以散播。西奈克很擅長這件事：他體現自己對於人要專心一志地遵循「為什麼」的方式過生活的教條。他有信心與熱情，並且堅持不懈，知道如何把他的思想「商品化」，一如在企業界的說法。他逐漸建立一個有兩大區塊的龐大事業：一個區塊是他做的所有事，例如，演講與寫作；另一個則是其他人和他一起做的所有事，例如，由他招募進入網絡的較資淺思想領袖發表演講，以及販售的書籍和其他東西。

有人願意促銷一些有問題的福音，這件事並不奇怪，較令人吃驚的是，菁英如何擁抱這樣的思想。西奈克對各式各樣有影響力的機構和人演講並提供諮詢，包括（根據他的藝文代理公司）微軟、美國運通（American Express）、美國國防部、國會議員、聯合國（United Nations）及外國大使。崛起中的思想領袖可能必須有所妥協，但是這種妥協可能獲得豐厚的報酬。不過在他們獲得熱烈擁抱中，最清楚暴露的並不是他們的價值觀，而是那些提供贊助和獎賞的市場世界菁英的價值觀：他們對像義大利冰淇淋那樣容易入口的思想熱愛，以及能給人希望但不挑戰任何事物的想法。他們輕易地接受科學權威，不管多麼薄弱或具有爭議性。他們需要有用、結果導向、有利可圖，以便獲得支持的思想。他們對集體政治目的心懷戒慎，並且偏好被個人化成微小事情，以及局限在公司與企業主管的目的。他們感興趣的是像西奈克這樣的人，賦予他們日常做生意的一種英雄主義、帶來改變、任務，甚至使命的光環。這類思想提供那些有錢有權者在企業生活中的指引，就是這麼一回事。但是，我們希望用這類思想來指引解決我們最大的共同問題嗎？

西奈克似乎對思想領袖的備受寵幸感到疑惑，雖然他顯然很相信自己的思想，但卻批評他認為是在新一代富豪統治階層支持思想下催生的吹牛思想領袖和思想的商品化。「我瞧不起那些巡迴演講圈的人。」西奈克說，雖然他是巡迴演講圈的主要人物之一。「儘管被人與這些高談闊論目標和自稱激勵演講家或不管他們自稱什麼的人混為一談，我還是瞧不起這些我喜歡、認為很聰明的傢伙，因為我看到他們站在台上對著我知道他們並不認同的公司演講，說著我知道不是真話的垃圾。」他說：「我聽到後，詢問他們說：『老兄，為什麼你要這麼說？』然後他們會說：『西奈克，我要養家活口啊！』而我想『養家活口』只是我們做不誠實事情的藉口。」雖然有些人會用完全一樣的話語來描述西奈克，但是他認為自己向來不屑做這種曲意迎合的事。

「有時候那很困難，而我對那種掙扎能感同身受。」西奈克繼續說：「有人提議給你一大筆錢做某件事，而你基於誠實而拒絕。然後他們提議給你更多的錢，因為他們認為是錢的問題，但是並非如此。然後你坐下來，想著：『噢，老天，我可以只做一次，我可以只做一次。』」

不久前，西奈克受邀加入一個顧問圈，只有大約十個人，其中有許多人是像西奈克這樣出名的思想領袖。他說：「我們應該談論的是，如何結合我們的努力以促進更大的好事，那是我加入的原因。但他們談論的都是如何增加自己的郵寄名單，他們如何為這個、那個多賺一點錢，他們如何銷售更多產品。我真的只是坐在那裡，心裡感覺十分嫌惡。」即使西奈克完全實踐把思想轉變為產品，但還是找到方法把自己視為出賣者中的無辜者。「它變成一門生意了。」他說：「還有你看，有許多人出人頭地後的第一本書籍完全很誠實——他們花費一輩子才得來的成就。接著錢開始介入，做生意開始介入，電視開始介入，TED開始介入。然後一些人屈服於誘惑，不過也有一些人能克服誘惑，雖然並不容易。就像我說的，我拒絕做一些事，但是並不表示拒絕時毫無壓力，因為那涉及很多金錢，而且我可以合理化。」

停頓一會兒後，他說，思想界「只是另一個產業，其中有好產品，也有壞產品」，問題是當思想被看成一個產業時，而且普遍的誘因一面倒地偏好壞產品時，一個共和國能否繁榮興盛？還有擁抱和贊助這類思想的菁英是不是可以託付未來的人？

柯蒂想要相信思想領袖可以利用她的專業技巧，超越思想領導的陷阱。她想要相信有一種微觀的路徑可以進入宏觀——我們可以走雪柔・桑德柏格（Sheryl Sandberg）的路到達西蒙・波娃（Simone de Beauvoir）主張的美好社會。她想要相信一個思想領袖也可以是批評家，可以利用她被市場世界擁抱，從內部造成改變。柯蒂認為，哄騙他們朝向體制改革可能要靠著混合來自她領域的兩個不同概念：一個是關於如何藉由接近焦距到一個活生生的人，讓人關心一個問題；另一個則是如何藉由拉長焦距，從一個人到看一個體系，讓人們關心問題。

這些概念的第一個是所謂的「可辨識受害者效應」。正如卡內基美隆大學（Carnegie Mellon University）學者黛伯拉・斯摩（Deborah Small）和喬治・羅文斯坦（George Loewenstein）在一篇重要論文寫道：

人們對可辨識受害者反應有別於尚未被辨識的統計受害者，特定的不幸受害者往往吸引特別的注意和資源。但是在發生問題前，要吸引注意或募集金錢，以採取預防人們變成受害者的行動，往往很困難。

斯摩和羅文斯坦的研究，證實許多新興思想領袖觀察群眾表情時的直覺：當你幫助人們從個人角度看問題時，人們的反應會更強烈與關心。在柯蒂的例子裡，每次她談論年輕女孩而非成年女性時，就能感覺到人們的姿勢縮小。談到女兒時，男人的防禦就會軟化。「一個六十歲的男人走到我的面前說：『噢，感謝上帝，很感謝你，這對我女兒和她的孩子非常重要。』她們打開心門。當我說：『你必須變成領袖；必須說這麼做是不對的；你需要做這個或那個』時無法打動的聽眾，那些對我完全沒有反應的人，突然敞開心胸了，因為我談到他們的女兒和他們女兒會有什麼機會。」

柯蒂想知道思想領袖能否善加利用這種回饋，如果你想談論性別歧視的結構性權力，要先讓人想到他們的女兒。「人們希望自己的女兒獲得每個機會，但是對於女性同事沒有同樣的感覺。」柯蒂說。對思想領袖而言，拉近焦距的好處是，把性別歧視、權力及體制的故事說成你女兒的故事，這是為了吸引人。但思想領袖可能知道或不知道的風險是，你調整焦距的做法改變了問題的性質。藉由塑造成他們女兒的問題，你縮小了問題。「人們不會把這個問題簡化到超越他們的女兒，因為他們的女兒和其他女孩不同。」柯蒂說：「這稱為次類型化。」種族歧視者說：「我的黑人朋友不一樣。」是一個由來已久的現象。

許多思想領袖屈服於這種壓力，而柯蒂堅持認為那不是因為他們不願意追求更大的改變，而是因為他們是人。「不是因為身為思想家的你忘記重要的是群體，你並沒有忘記。」她說：「當你對別人說話時，你希望得到回應、希望他們行動，你希望得到的不只是中性的臉部表情。你希望互動，渴望如此。所以久而久之，當你談論這些思想時，開始談到個人，人們突然開始鮮活了，你看到自己如何走上這條路，為什麼會走這條路。那不只是滿足，它帶給你希望，你真的感覺人們將會改變。我想這時候你會開始想著，**現在我必須把他們當成個人傳達訊息**。」

從柯蒂的話裡，可能了解市場世界菁英和他們的思想領袖間發展的共生關係。這些身為凡人的思想領袖在亞斯本思想節和TED等地方提出各式各樣的思想，並注意到哪些思想可以打動人，特別能打動聽眾的思想，是以不引起懼怕、片段式又容易消化的方式來描繪社會問題。思想領袖挑選這種方式，並且愈來愈用這種方式談論事情。聽眾的反應愈來愈熱烈，而問題真正的樣貌也變得愈來愈模糊。

這是柯蒂對第二個社會心理學概念可行性感興趣的原因，也就是涉及拉大焦距的概念，她覺得可能會打破這種拘束的共生關係，這個概念的正式名稱是「同化效應」（assimilation effect），發生在人們連結個人和具體的周遭社會背景時。你訴說一個女孩的故事，那些男人想到自己的女兒，但是這時候他們也「同化自己女兒的概念到其他女孩，同化到那些看起來不像他們女兒的女孩，那些有棕色皮膚與來自貧窮家庭的女孩。」她說。依柯蒂所見，挑戰在於如何把廣大的政治和社會問題人性化，而不觸發相反的反應，也就是「對比效應」（contrast effect）。「天啊！但我的女兒很特別。」柯蒂模仿對比的反應說：「她和其他女孩都不一樣，我必須保護她，我只需要保護她。」

當思想領袖從問題去除政治時，把重點放在可行動的修正，而非結構性改變上，並把作惡者從故事中抹除。這些思想領袖的演講邀約往往是由市場世界支付，他們的生涯是由市場世界造就的，因此他們被鼓勵用這種方式描繪事情並非偶然。訴說一個涉及富人女兒的問題可以刺激他的熱情；訴說一個牽涉所有人女兒的問題，而且問題的解決方法可能牽涉犧牲特權與耗用大量資源，則可能會刺激一個富人充耳不聞。

為了安撫自身的正直感，柯蒂希望找到避免落入這種陷阱的出路：專注於協助受害者，藉由拉近焦距吸引人們注意問題，但避免輕輕放過權力問題。「要怎麼做才能把兩者結合在一起？」她問：「有關自己人做了哪些錯事的訊息，除非有希望可以藉由簡單的方法讓人改過自新，否則我想這類訊息多半會遭到拒絕。」

如果一個社會裡不只有一個柯蒂，而是有數千個思想領袖各自進行私下交易、手下留情，以便被再度受邀、保持某些緘默，會有什麼結果？所有這些疏忽的累積效應會是什麼？

他們在某種程度上已促使稀釋的改變理論興起，這些理論的特性是個人的、個別的、去政治化的，尊崇現狀與體制，而且完全不具破壞性。較真誠的批評已受排擠，而較樂觀、可行動和要點式的思想受到吹捧，改變的思想變得愈來愈淺薄。當思想領袖去除問題的政治性與加害者時，往往取得更大的影響改變製造者平台的通路，但也增加由市場世界促銷的大量故事，告訴我們改變很容易，改變可以雙贏而無須犧牲。

思想領袖有意或無意地提供給市場世界贏家的，是表現出站在改變正確的一邊。在不平等時代裡，大眾偏好的改變——如不時反映在一些選舉政綱上的主張，通常無法被菁英接受。直接拒絕這類改變只會引起對菁英更強烈的敵視，被視為支持改變對菁英較有利，而這當然是支持他們偏好的改變。以在社會流動性下降的時代裡教育貧窮小孩的問題為例，真正的批評家可能會呼籲停止藉由地方房屋稅來資助學校，並效法許多先進國家透過全國性資金來源，較平等地資助學校；而思想領袖提供市場世界及其贏家的，可能是思想上的討價還價，例如，採用大數據（Big Data）給明星教師更高薪資和淘汰較差教師的構想。在極端財富不平等的問題上，批評家可能呼籲經濟重分配，甚至激進的補償措施；相對地，思想領袖可能會主張應該給基金會老闆更高的薪酬，讓貧民可以從最有能力的領導階層獲益。

當這種批評被削弱，發生在不只一個問題，而是每個重要問題時，思想領袖不只是在壓制自己的思想與直覺，也藉由對改變方法的表態，參與市場世界維護有問題的現狀。不久前，主持柯蒂ＴＥＤ演講節目的布魯諾．喬薩尼（Bruno Giussani）曾為自己在這種現象裡扮演的角色掙扎。喬薩尼是少數幾個ＴＥＤ組織的策展人之一，也是一些ＴＥＤ活動的主持人。柯蒂幾年前就是從喬薩尼的愛丁堡講台躍上全球明星的地位。來自瑞士的前新聞記者喬薩尼是少數的ＴＥＤ資深主管團隊之一，他們決定重要演講的人選，並指導演講者修改內容，協助散播他們的思想。在ＴＥＤ活動受到熱愛科技、擁護市場的思潮支配下，他以反對者聞名，但是顯然反對的程度還不到他不為ＴＥＤ工作。他是幕後的操盤手，沒有家喻戶曉的名聲，但卻協助許多人成名。

喬薩尼原本要遵守等待已久的安息年，但是數個月前又決定延緩，因為世界各地興起的民粹主義與激憤的政治抗爭，讓他擔心並好奇脫序的社會發生了什麼事。

剛開始對菁英的憤怒似乎令人困惑，因為在喬薩尼的社交圈裡，他看到許多組織和人對社會感到憂慮，並參與社會活動。「你參加任何晚宴，不只是在ＴＥＤ、史科爾基金會、亞斯本思想節或任何活動，而是這個圈子裡的任何晚宴。」他說：「你的右邊有人剛捐了一百萬美元給非洲的某個非政府組織，左邊有人的兒子剛在一所行動醫院工作六週回來。」喬薩尼開玩笑地說，有這麼多的菁英做好事想要改變世界，多到「如果每個人同時跳起來，地軸可能會傾斜」。但是看看世界上發生了什麼事——沸騰的民粹運動、憤怒、分裂、仇恨、排外與恐懼不安。

近幾年來，喬薩尼注意到菁英似乎愈來愈被導向精簡版的改變思想。這類思想大致上避免檢視市場及其贏家，儘管他們在決定人們的生活上擁有巨大權力，並支持創造龐大財富和極度排外的體系。喬薩尼表示，這類改變思想是由「過去二十年支配了思想假設」的綜合體形塑而成的。在這個綜合體中，「企業是進步的引擎，國家應盡可能做最少的事，市場力量是同時分配稀少資源與解決問題的最佳方法。人類基本上是理性、自利導向的行為者」。喬薩尼以世界上最有影響力演講平台之一的控制者身分發言表示，在這段期間，「特定思想獲得更久的傳播時間，因為它們符合那些智識假設」，其他思想則未能如此。

市場世界發現一些思想較可接受，比其他思想更不具威脅性，因此透過對思想領袖的贊助，協助傳播這些思想。例如，喬薩尼指出，架構成談論「貧窮」的思想比架構成「不平等」的思想更可接受。兩種思想彼此相關，但貧窮是剝奪的物質事實，而不怪罪加害者；不平等則是令人憂慮的事，論及一些人擁有什麼和其他人缺少什麼，暗示不正義和作惡的概念，有著關聯性。「貧窮基本上是一個你可以透過慈善解決的問題。」他說。有方法的人看到貧窮可以開一張支票來減少貧窮。喬薩尼說：「但是不能這樣解決不平等問題，因為不平等與施捨無關。不平等是關於你如何賺到用來施捨的金錢。」他說，不平等與體制的性質有關，對抗不平等意味著改變體制。對於有權有錢者，就意味著要檢視他們的權勢。而且喬薩尼也說：「光靠你無法解決。你只能與他人一起改變體制；而慈善基本上是，如果你有錢，就可以獨自做許多事。」

這個區別類似於柯蒂在TED演講中，重新建構她的反性別歧視訊息。她研究這個主題的動機是不平等，特別是一組學生缺少權力，是因為另一組學生（與類似他們的人）擁有權力。這是一個有受害者與加害者的罪行。這個思想來到TED時，我們所看到的不平等已經被重新塑造為貧窮。柯蒂說：「女性長期以來感覺比男性缺少權力。」罪行仍然是罪行，但是現在卻沒有嫌犯。

喬薩尼比大多數人清楚看到思想家被誘惑加入這種思想領導，而那並未困難到你別無選擇，只是妥協。你可以輕易地發展思想，並透過被喬薩尼稱為「邊緣雜誌」和「戰鬥會議」來推廣。如果你獲得像柯恩得到的思想，想以可口可樂（Coca-Cola）般的規模幫助別人，而且你知道自己的思想可以幫助別人，可能會覺得你的純潔會限制觸及的範圍，並因此傷害而非幫助所有需要你的人。喬薩尼表示，你的替代選項是做柯蒂做的事：忍住不說一些話，讓別人願意聽。「你可以把思想包裝成能吸引大舞台、高階聽眾或大群聽眾的話，讓你的思想被人聽到，並希望在這種環境下，你仍可以說出夠多能影響他們的思想，而不只是取悅或滿足他們，或只是讓他們保持願意傾聽的思想。」

市場世界的傾向是否認柯蒂和喬薩尼坦率承認的事，他們經常但不是永遠，必須保留而不說出一些想法，以便讓人們願意傾聽。「你必須和你的道德原則或信念做一些妥協，好更包裝你的思想，讓它們在這類環境中更動聽。」喬薩尼說。他表示，對許多思想領袖而言，這仍是很划得來的交易。「如果這是你的信念，」他說：「你就會希望下週和下下週能再度演講，藉由再度演講並強化，以及藉由繼續研究它和觸及愈來愈多的人，嘗試對創造變革有所貢獻。」

許多思想家與道德原則妥協，並以這些方式扭曲自己，因為他們在建立職涯時十分依賴市場世界的認可。有些人設法創造穩定的職涯，而不靠任何付費演講、孟山都（Monsanto）和百事可樂贊助的亞斯本思想節夏季研討會，也沒有利用像TED或臉書的平台，讓較樂觀的思想被更多人聽到。德雷茲納在《思想業》一書中表示：「仍有智識分子中產階級存在於學術界、智庫及民間公司。」但是他們很少有機會像思想領袖那樣迅速獲得如日中天的名聲和公眾知名度。「要留在超級巨星的行列，智識分子必須能流暢地對富豪統治階級說話。」德雷茲納還說：「如果他們想讓潛在贊助者快樂，未必能承擔對富人說實話的後果。」

沒有任何菁英曾打電話給喬薩尼，告訴他不讓哪個人登上講台。他說，實際的運作不會如此，而是會有一些無形咒語以隱晦的方法執行。喬薩尼表示，執行的方法之一是，近來流行偏好能讓贏家感到自我優越的思想家。傳統模式的批評家往往是輸家——有如芒刺在背，他們是局外的煽動者，潦倒的憤世嫉俗者。雖然新興思想領袖的產品是思想，不像批評家那樣，而是較像有權勢者的夥伴——在同樣的亞斯本商店購買皮衣，參加同樣的巡迴會議，閱讀同樣的尤瓦爾・諾瓦・哈拉瑞（Yuval Noah Harari）的書，同樣接受企業財務部支付的錢，同意同樣的基本共識，遵守同樣的智識禁忌。

「人都喜歡贏家，不喜歡輸家，這就是現實。」喬薩尼說，還有他知道有人會說，像他這樣的人應該抗拒那種偏好，而不迎合。「如果會議不讓輸家上台，他們永遠仍會是輸家。」喬薩尼表示，他預期他的批評者會這麼說。但是他告訴自己：「要求會議籌備人或《紐約時報》，解決因為人們喜歡贏家、不喜歡輸家，而存在於鏈結末端的社會問題，是不公平的。如果讓輸家上台，我自己也會變成輸家，因為沒有人會參加我的會議。」（喬薩尼說到「輸家」時，用引號來凸顯人們的看法，而不是自己的看法。而且持平地說，喬薩尼曾讓幾位批評家上TED講台，最著名的是教宗方濟各。）

按照喬薩尼的說法，維繫這些模式未必是敵意或憤世嫉俗，而是更加平凡無奇的東西。扮演全球菁英品味製造者的人——像喬薩尼這樣的人，和許多人一樣都在一個智識泡沫裡。「法國人有一句話叫**單一思想**（une pensée unique）。只用一種方式思考？每個人都以同樣方式思考。」喬薩尼說，在他的世界裡，那表示對某些思想有一種祕而不宣的共識（普遍被接受但非全部）：進步的觀點優於保守觀點；全球化雖然問題重重，但終究是多贏的策略；大多數長期趨勢對人類有益，讓許多所謂的短期問題終究無足輕重；多樣性與世界主義和人員的自由流動總是勝過其他想法；市場是把事情做好的最務實方法。

喬薩尼說，這種**單一思想**導致相同族群的人「忽視和他人有關，而與我們無關的許多問題。這種情況愈嚴重，我們就愈忽視許多這類問題，以及對問題的敏銳度，甚至於文化——推廣的文化終究會反噬，而讓我們困擾不已」。喬薩尼是指崛起的平民運動憤怒，而他以謙遜的方式怪罪自己。

當然，不只是像喬薩尼這樣的策展人和裁決者，會保護自己的世界觀並排拒其他人，只想聽見順耳言論的菁英聽眾也是如此。喬薩尼舉史蒂芬・平克（Steven Pinker）大受歡迎的TED演講為例，演講內容是平克根據所寫的著作《人性中的良善天使》（*The Better Angels of Our Nature*），談論暴力在歷史進程的沒落。平克是甚受尊敬的哈佛心理學教授，很少人會指責他放縱或屈服於思想領導的誘惑，但他的演講受到避險基金業者、矽谷人及其他贏家狂熱吹捧，不但是因為演講內容有趣、新鮮和論理清晰，也因為包含讓社會秩序保持現狀的合理化。

實際上，平克的觀點很狹窄、聚焦，還有確實的根據：以人際暴力作為人類問題的解決模式長期以來已大幅減少，但是對許多聽到演講的人來說，它提供一種社會接受的方式，告訴為當代的不平等抗爭的人停止抱怨。「它已經變成一種意識形態：今日的世界可能在許多方面錯綜複雜而令人困惑，但現實是，如果你採取長期觀點，將會發現我們現在有多好。」喬薩尼說。他認為，這種意識形態告訴人們：「你太不切實際了，而且你不是用正確的方式看待事實。如果你認為自己有問題，就應該知道你的問題與過去相比真的不算什麼，你的問題真的不是問題，因為世界愈來愈好。」

喬薩尼頻繁地聽到富人說這種話，所以為此發明一個動詞：他們在「平克化」（Pinkering）——用人類歷史的長期方向來微小化與去正當化無權力者的質疑。喬薩尼表示，他也常聽到經濟的平克化，也就是「告訴大家，全球經濟情勢大好，因為有五億名中國人已經脫離貧窮，變成中產階級。這當然是事實，不過如果你說這些話的對象是，因為工作已經外移到中國，而被曼徹斯特工廠解僱的工人，對方可能會有不同的反應。但是我們不在乎曼徹斯特的工作，所以這種意識形態有許多面向是用來正當化目前的情況。」

以下是社會心理學家海德特談到的例子。注意他有多麼精確地觀察在狩獵─採集期間，和當前的批評─羞辱期間的人類進步：

我們是這麼一個微不足道的部落物種，基本上只是用所有這類方式彼此痛毆與競爭，而不知不覺中，我們已大幅提升到遠遠超越自己設計的規格。我環顧四周，並說人類加油。我們太奇妙了。沒錯，有一個伊斯蘭國（ISIS），有許多壞人，但是那些以為世界很糟糕的人，你們實在要求太多了。

身為TED策展人的喬薩尼，是近幾十年來協助打造一個新智識界的許多人之一。這個新智識界把思想領袖變成我們最常聽到的哲學家，把許多人列入企業和富豪統治階層的發薪名單，作為他們的維生之計。它推廣一系列對當代贏家友善的思想，散播這麼多關於晚近世界變得愈來愈美好的思想，以至於它的天線無法接收到絕大多數人生活並未改善的訊息，而這些大多數人並不喜歡被平克化，因為他們知道自己看到的是，一小群參加會議的人及其友人囤積大部分的進步，並且宣稱進步是無可阻擋、取之不盡，而且所有人都能雨露均霑。

現在美國、歐洲和其他地方正在興起反抗風潮，人們開始反對喬薩尼描述的贏家共識。市場世界霸占與扭曲思想界是不是讓他感到困擾的憤怒原因？他說：「當然這種扭曲是原因，我甚至認為它是最大的推手之一。」市場世界菁英為自己編織思想的繭，並不斷反覆訴說反對變革的故事。喬薩尼表示，同時全世界數以億計的人「感覺他們有一大部分的現實遭受忽略、審查，甚至被嘲弄」。

到最後，他們將不得不設法解決這個問題。

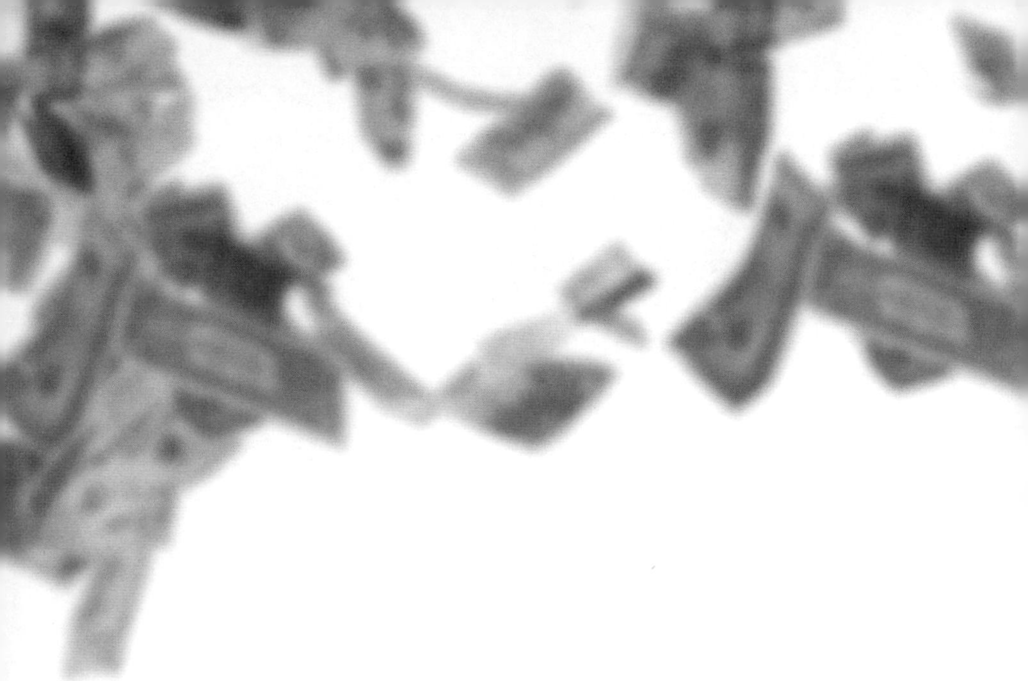

第五章

縱火犯是最好的救火員

在過去三十年，世界各地的許多人與機構相信，要解決貧窮和弱勢者的問題，就需要像辛頓召集的那些商務人士一樣提供意見。這種想法認為，改變的最佳指導來源，就是曾設計、參與並造成需要改變權力結構的那些人。但是借用蘿德的話，用主人的工具拆除主人房子行得通的說法向來就不一定正確。

沒有人比我更了解體系，所以我一個人就能修理它。

——唐納・川普（Donald J. Trump）

主人的工具絕不會用來拆除主人的房子。

——奧黛・蘿德（Audre Lorde）

隨著雙贏式的社會改變散播到世界各地，喬治・索羅斯（George Soros）始終扮演抗拒者的角色。擁有數十億美元身價的索羅斯是世界上最富有的人之一，也是最慷慨與最具影響力的人，創立一個計劃在二〇一六年捐獻九億三千一百萬美元的慈善帝國。直到最近，他捐獻的指導原則與市場世界的假設有些衝突。索羅斯年輕時在匈牙利曾是納粹統治下的猶太人，後來則是共產黨統治下的資本家，因此與許多富人相比，他對正義和運動、權利與政府治理更感興趣。他的開放社會基金會（Open Society Foundations）描述其宗旨為「建立活絡與包容的社會，其政府對批評保持負責和開放，其法律與政府對辯論和修正保持開放，其政治體制對全民參與保持開放」。該基金會計劃在二〇一六年捐獻一億四千二百萬美元給人權和民主行動、二千一百萬美元給新聞事業，以及四千二百萬美元給司法改革與法治。索羅斯把許多錢捐獻給未必會讓贏家受益的非市場導向目標。

但是隨著雙贏的福音征服愈來愈多領土，許多地區的人也愈來愈認為協助人群最好的方法是透過市場；新類型的改變有新的需求。在索羅斯團隊的工作中，他們遇見一名年輕的歐洲羅姆人（Roma）女性，她的態度代表一種文化的轉變。對方告訴他們，上一代的歐洲羅姆人想要權利，但是新興的一代想要成為社會創業家。這名女性是否具有代表性值得懷疑，因為社會企業可以說仰賴根本的權利，但也是時代的表徵。在市場當道的時代裡，一個為法治下人民權利與平等抗爭的組織，可能會因為未能投資在追求營利的社會正義企業而讓民眾感到失望。

該基金會的經濟進步計畫（Economic Advancement Program）誕生於二〇一六年，目標是回應這個時代迫切的需求。基金會以擁抱雙贏的措詞表示，這個計畫將「從經濟發展和社會正義的交會處著手」，並「以增進開放與繁榮社會的方式，鼓勵增進實質機會的經濟轉型」。過去索羅斯的基金會大多會避免這類工作，原因是顧慮可能會被視為利益衝突——一個還在市場活躍的人向一些國家倡議市場應該如何安排與規範。不過，避免已經不再可行。新計畫可以從事傳統慈善捐款、資助如何促進經濟體更公平與更具包容性的研究、借款給其他組織，並提供政府政策建言；此外，在最終的雙贏中，這個計畫將管理一個影響力投資基金，其任務是投資於促進更開放社會和「促進弱勢人口利益」的營利企業。

改變世界的新方法需要新領導者，因此該基金會僱用曾任職於麥肯錫、高盛及礦業集團力拓（Rio Tinto）的西恩·辛頓（Sean Hinton）擔任計畫執行長。辛頓及其團隊花費數個月確立一套促進更包容和正義的經濟體運作理論，用來指導他們的工作。現在他們需要對這套理論回饋意見，希望基金會外部的人協助辯論重要的根本問題，例如：他們如何協助快速成長的經濟體，同時又推廣正義、治理、賦權、社會和諧與平等？傳統的經濟進步工具如何變成用來協助又不傷害最無助和被邊緣化的人？

因此有一天，辛頓在曼哈頓第五十七西街樓上的一間會議室裡，召集一群他私人網絡中尊敬的人，包括一家專門投資金融業的私募股權公司資深顧問露絲，她曾投入時間在大型避險基金橋水（Bridgewater）和其他類似的金融機構，並曾在一個美國大城市擔任兩年的首席投資顧問；另一位是在私募股權業工作的保羅，他曾在一所常春藤聯盟管理學院授課，過去是投資家和管理顧問；奧瑞利安帶領一家綜合顧問公司，為大公司提供動盪市場情況下的策略諮詢，他是數家矽谷新創公司的創投合夥人，更早也曾是麥肯錫合夥人；艾伯特是力拓的品牌與公關主管；還有兩位有過世界銀行／國際金融公司（International Finance Corporation, IFC）歷練的專家，擁有這次會議討論主題的專業知識，其中查爾斯長期擔任這類工作，另一位胡安・巴勃羅（Juan Pablo）先後曾在思科（Cisco）和波士頓顧問集團工作。至於辛頓，在擔任這個職務前曾是礦業公司、銀行，以及在中國、蒙古和非洲的其他公司顧問。

當這群專家坐上環繞著蒙皮大桌的紅椅子後，把注意力轉向三面壁掛式的電視螢幕，螢幕上播放著一種證明是市場世界征服社會問題的解決方法不可或缺的利器：微軟PowerPoint。這些貴賓面對的正義與平等是人類已知最難解決的問題，所引發的爭議光是在二十世紀就曾造成數千萬人死亡。但是在這場會議的討論將不會根據對慈善的見解，或被援助者表達的渴望，或對權力結構阻礙正義與平等追求的分析，而是以做生意的方式，用圖表投影片的形式呈現在一群市場世界人士面前。建立更具包容性經濟體的問題將拆解成無數微小的類別，直到人的現實面完全消失。根本問題的面貌將模糊到無法辨認，正義與不平等將轉變成最適合私募股權主管解決的問題。

這種情況在會議中偶爾討論的內容是關於簡報本身時特別明顯，也在這類會議很常見。那些瀑布圖與二乘二矩陣，以及次次項目是如此複雜且需要專心觀看，以至於一切都要靠它們。**看那張投影片。能不能回到前一張投影片？這張圖表的歷史方向是什麼？**就像一對夫妻的爭吵不再與問題有關，而是變成與爭吵本身的進行有關，迴避根本的問題。**那張圖是否暗示經濟進步在兩極間占據一個中間位置，或是它真的整合所有四個部**

分？房間內的人開始討論那些只以最隱晦方式代表人類問題的圖形元素。那位私募股權的主管神采飛揚，因為現在她不但能有所貢獻，還能主導討論。而這個主題真正的專家與受到這些決定影響的人往往退居其次，張口結舌。問題已因為市場世界的作業系統而重新建構。

這些受商業訓練的問題解決者已經重新塑造問題，以適合由他們解決，還把能以舊方法思考它的人排擠到旁邊，他們現在站在一幅空白畫布前，可用自己的架構與偏見加以描繪。因此，在索羅斯的會議上，當討論轉向在印度偏遠地區的農產品供應鏈時，他們用的是商業語言，與會者談到供應鏈裡有太多的中間商：印度農民和印度消費者之間有太多交易商與掮客。商業式的解決之道是「去中間化」（disintermediate）。在第五十七西街似乎沒人想到，他們對印度農村認識錯誤的可能性。要是該地區的中間商多半是女性，雖然效率低落，卻是社會進步的據點呢？要是中間商能確保新鮮的農產品送到通往城市道路沿線的村落，因為大型卡車會略過小村落，進而增加他們對加工食品的依賴？要是有其他現實情況是房間裡的高盛—麥肯錫—力拓—橋水人看不到的呢？要是這些贏家並非全知全能呢？如果不在房間裡的局外人知道一些事呢？

在過去三十年，世界各地的許多人與機構相信，要解決貧窮和弱勢者的問題，就需要像辛頓召集的那些商務人士一樣提供意見。這種想法認為，改變的最佳指導來源，就是曾設計、參與並造成需要改變權力結構的那些人。但是借用蘿德的話，用主人的工具拆除主人房子行得通的說法向來就不一定正確。

在辛頓學會做生意的門道前很久，他曾走一條大不相同的路。辛頓是倫敦市政廳音樂及戲劇學院（Guildhall School of Music and Drama）的學生，成長於藝術家庭和劇院，主修科目是古典音樂與指揮。不過，他在學院第四年興起到蒙古的想法。他表示，想到在一九八〇年代末能進入那個封閉國家的唯一方法，就是到那裡學習民族音樂。因此，辛頓進入劍橋的研究所研究這個主題，並申請和獲得英國文化協會（British Council）的獎學金，前往蒙古學習傳統音樂。原本預定學習一年，結果除了幾段期間外，接下來七年都留在蒙古。

一九八八年十二月，辛頓前往烏蘭巴托。一開始，他被迫生活在蒙古獨裁政府的嚴格管制下，不能在沒有看守者陪伴下，離開首都超過二十公里，這讓他很難施展音樂理論學家的工作。但是民主運動在不久後興起，共產黨七十年的統治隨即終止。這場革命讓辛頓得以暢遊蒙古，他前往蒙古最西邊的山區，與一個游牧家族共同生活，專注研究蒙古西方部落的情歌與婚禮儀式。

辛頓喜愛蒙古到讓他在完成學業後仍留在那裡，而且革命也讓他得以留下。新興起的市場經濟讓創業化為可能。觀光客對這個新開放的國家感興趣，因此辛頓決定開設旅行社，協助人們體驗他曾有過的蒙古經驗。辛頓表示，當時蒙古沒有幾家外國公司，所以他變成如何在蒙古開創事業的專家。當美國駐烏蘭巴托大使館官員接到有關在當地創辦公司的詢問時，偶爾會介紹給辛頓。辛頓很快就發現他可以收費提供諮詢，並且真的開始這麼做，他變成另類顧問，不是用試算表和PowerPoint工作，而是協助人們認識一個變遷中的社會。

來到蒙古七年後，結婚並即將過三十歲生日的辛頓離開了蒙古，並開始找工作。「每個人都想請我喝啤酒，聽我說和游牧民族生活的故事。」他說：「但是每個人都好像告訴我：『不用說也知道，我們不能給你工作。』」只有麥肯錫雪梨辦公室例外，這不完全是偶然，辛頓的聰明和容易留給人印象，讓他成為麥肯錫僱用的理想人選。

新工作最令人眼花撩亂的，也許是學習與異國環境幾乎完全相反的事物。辛頓在麥肯錫的工作與在蒙古時有一個共同點，就是必須面對局外人，並且試著讓對方留下好印象，但是除此之外就截然不同了。

在蒙古，辛頓的方法是透過從旁觀察、了解他不知道的事物，向他研究的人學習。成功有賴其他人的引導，正如他回憶說：「我使用的工具大致上與認知和感覺有關；大致上與直覺有關；大致上與創造力和尋找連結有關；而且和人們的關係密切。」多年來，辛頓一直抗拒輕易做出假設，避免武斷，尋找線索，讓別人引導。他說：「在蒙古，當你走進一個蒙古包時，要注意所有的一切事：你坐在哪裡、把腳放在哪裡、什麼時候拿出帶來的禮物——我已經完全專注在這一切。身體語言——我做對了嗎？其他人都怎麼做？你變得全然專注於從周遭的人解讀這些訊號。」辛頓把這種面對異國環境的方法稱為謙虛。「如果你想到住在帳篷裡的生活，在一個外國文化裡，說外國語言，一個完全陌生的環境，你別無選擇，只能每天被教導謙虛。」他說：「你靠著這個生存，而且你的生存依賴於認識你不知道的事物，還有對一切事物保持絕對開放——吸收周遭的一切影響並傾聽。」

在麥肯錫，辛頓發現他被期待以大不相同的方式運作。他說：「幾個月後，我坐在一家澳洲重量級公司的執行長旁邊，我應該說出一個觀點，發表意見——對我們談論的問題做出初始假設。」一派頭十足、收費昂貴的顧問不需要傾聽、吸收、嘗試慢慢且謙遜地了解面對的情況，而被期待一跳進去就知道一切，甚至像辛頓這樣受過音樂訓練、是西蒙古情歌專家的顧問也被期待這麼做，因為麥肯錫教導旗下顧問一套作業程序，提供讓你跨入不知道世界的強力方法，然後重新建構它的現實，讓你比客戶的當地主管更容易找到解決方案。這套標準作業程序容許一種奇怪的自以為是。配備拆解問題、分析資料和達成結論的特殊方法，這位顧問建立權威。辛頓的工作正如他的描述，是「強迫並擁護對事實的崇拜——不容爭辯的、科學的、不帶情感又不受人牽絆的事實」。

這套作業程序容許這種確信的態度，就像拉丁文一樣，是許多方言起源的母語。這些方言有一個共同的目的：源自商業世界裡局內人和局外人的區別——顧問、金融家、管理學者，而非源自產業內部，提供聰明地認識其他人情況的方法。銀行業者試著計算一家即將上市化學公司股價的不一定是肥料專家；製藥公司從外面請來的企業策略師未必是藥物釋放載體的專家。這套作業程序——有些針對特定領域如金融或顧問，有些則跨越較多的領域，容許以圖形拆解問題，呈現新事實，製造見解，排擠其他人的解決方案，讓自己變成不可或缺。

辛頓學會這套作業程序的麥肯錫方言。在伊森・雷索（Ethan Rasiel）的著作《麥肯錫的專業思維》（*The McKinsey Mind*）中，該公司的作業程序被提煉出來：顧問要先根據對公司及其產業的評估來發現「企業需求」或基本問題，然後進行「分析」。這個步驟需要「架構問題：定義問題的範圍，並拆解組成元素，以便解決問題團隊擬出解決方案的初始假設」。這也就是立刻確認並提出假設的程序，然後顧問必須「設計分析」和「蒐集資料」，以證明這個假設，且必須根據結果來決定解決方案的理論是否正確。如果正確，下一個步驟就是以簡潔、明瞭、有說服力的「呈現」方式，說服客戶打消局外人所提的動聽構想。最後，解決方案透過「導向持續改進的重複說明」，進入「執行」階段。

辛頓面試麥肯錫的工作，一開始就讓他學到關於這種解決問題方法的教訓：重要的不是運用知識，甚至經常是不屑於運用知識，而是在於即使無知也能分析情勢和超越不熟悉。面試中讓辛頓驚訝的問題像是：**多少顆乒乓球能塞滿一架波音（Boeing）七四七？你如何估計玻利維亞鋼鐵業的規模？澳洲每年銷售多少刮鬍刀片？**辛頓開玩笑地說，他在聽到這類問題時，本能是打電話給工作性質與這類事實相關的朋友，但面試的重點不在於說出正確的數字，而是展現你如何根據所做的假設來推論。辛頓說，這個概念是「如果你把問題拆解成邏輯上有關聯的小片段，並對可得的事實做出合理推測，或是至少把蒐集而來的事實加以組合，就能從幾乎是任何問題中建構出合乎邏輯又有說服力的解答」。換句話說，辛頓加入麥肯錫，以及更廣泛來看這種作業程序後，被要求永遠必須對他毫無所知的事說出充滿自信的解答。

隨著辛頓適應麥肯錫之道，他學會許多說話的小原則與技巧，這些小原則與技巧雖然對許多顧問業的懷疑者來說是笑話，但對企業和更廣的世界卻是影響力大到令人難以相信的工具。例如，辛頓學會最好以三點來做說明，這是根據研究人如何吸收資訊得到的結論。如果你有兩個重點要說明，就必須加上第三點；如果你有四點，就要結合其中兩點，或是乾脆省略一點。辛頓也學會避免挑戰太大問題的戒律。不要「好高騖遠」，熟悉作業程序的人可能會如此告誡新手。作業程序告訴你限縮考量問題的範圍，減少處理的資料量，避免被你面對的現實量壓垮。除非你擔心限縮視野會減損處理問題的能力，這套作業程序提供八〇／二〇法則（80/20 rule）。在一九〇〇年代初，義大利經濟學家維弗雷多・帕雷托（Vilfredo Pareto）據說已注意到，八〇％義大利的土地由二〇％的義大利人擁有、他花園裡生產的豌豆有八〇％來自二〇％的豌豆莢。這些觀察促成許多「系統的二〇％創造出八〇％結果」的企業格言——舉最常見的例子來說，一家企業五分之一的顧客提供大部分的營收。這套作業程序告訴裝腔作勢的問題解決者有可能賭贏，只要找到那二〇％，在那個範圍做一些調整，然後公布好消息。這些技巧的目的不是整體、全面、從各種人的角度觀察問題，而是省略這些麻煩來得出結論。

在麥肯錫，辛頓學到所謂的問題樹（issue trees），用一個視覺圖幫助你透過界定範圍、八〇／二〇法則化、限縮規模，把問題拆解成元素。它從一個挑戰開始，例如，讓一家銀行賺更多錢。獲利增加可以透過第一層次項目的提高營收或降低成本，以公司的用語來說，每一層次項目必須「彼此獨立，互無遺漏」（Mutually Exclusive Collectively Exhaustive, MECE）；換句話說，提高營收必須完全不同於降低成本，而所有通往最終目標的路徑必須通過它們。現在每個次項目可以再拆解成次次項目——例如，以增加營收來說，可以來自既有業務或新業務。以此類推，直到次次次次項目為止。持平來說，這種做法可以讓人得到看整體時不可能看到的清楚視野，做調整可能相對容易，得到較大的效果——例如，關閉曼哈頓三家租金較貴的分行，可能創造八〇%必要的節約成本。但這種建構化無論是用麥肯錫方言或其他方言，有時候可能有武斷的缺失，項目的設置可能與現實不符，原本相關的事物可能被分割而未互相連結。空降者可能以一己所見與權宜方便的方法拆解事物，有時候把現實分解打碎成數百片，以形成一個解決方案，但實際上卻模糊了真正的問題。那些能指正空降者的人、那些擁有寶貴傳統與當地知識的人，無法以新語言談論問題，反而在自己的土地上變成一無所知。

最後，辛頓開始喜歡上麥肯錫的做法——他鄭重地說。進入這家公司對辛頓是一大震撼，他說：「但是也讓我感到刺激和興奮，如果這份工作不是剛好投合我的許多優點，我不會留在那裡。」他很快又補充說：「或是投合我的弱點。」經過這麼多年後，辛頓還是難以確定他真正學到了什麼。

辛頓學習的是讓他可以在商業競技場上致勝的作業程序，但即便他在吸收時，那些作業程序已經超越商業，以原子化的方法征服更為廣大的領域。這些作業程序已成長到用於解決商業以外的問題，而且市場世界人士愈來愈採用它們，排擠傳統上透過更有公共意識的行為者，以其他方式來考慮社會問題解決方案。愈多人接受這套作業程序是解決公共問題不可或缺的想法，市場世界就愈超越政府與公民社會，成為改變和進步的最佳引擎。

市場至上的時代已賦予這些作業程序不同凡響的好運，它們從原本用來專門解決特定商業問題的方法，演進成在許多人眼中解決一切問題的必要工具箱。這些作業程序正愈來愈被視為在慈善、教育、社會科學、醫療照顧、藝術、編輯室，以及無數過去習於使用自家作業方式的領域不可或缺的訓練。像蓋茲基金會（Gates Foundation）這類組織就僱用熟悉作業程序的人，以解決美國貧民兒童的教育問題。公民權組織把熟悉作業程序者安插在董事會裡，不僅接受他們的捐款，也接受他們的建議。正如同我們看到的，像柯恩這樣的年輕人被周遭的環境說服，只有學習這些作業程序才能協助數百萬人。

說明這些作業程序散播得有多廣的最佳例子是，新類型顧問公司的崛起，這些顧問公司專門以商業工具來為受壓迫者抗爭，其中之一是創立於一九六八年的TechnoServe，刊登廣告自稱為「貧窮的商業解決方案」，並提供一個例子說明如何藉由熟悉作業程序者提供自創的診斷來解決社會問題。TechnoServe宣稱「利用私人部門的力量來協助人們擺脫貧窮的領導者」。該組織開宗明義地宣告一套直接從市場世界搬來的改變理論：「藉由連結人與資訊、資本和市場，我們已協助數百萬人為他們的家庭與社會創造持久的繁榮。」我們可能解讀這種理論是說，人的貧窮是因為缺少這種連結，而不是因為種姓、種族、土地、少數人聚積財富、薪資、勞動條件及掠奪；不是因為任何人對其他人做了或正在做任何事；也不是因為社會做了某種可反轉的決定。

除了這是十分可議的社會理論外，也是一種精明的姿態，因為如果問題是缺少連結，那些擅長創造這類連結的人就會被提升到問題解決者的地位，而那些提議以其他方法解決問題的人——特別是藉由指向權力和資源，以及其他讓贏家感到不安的東西，將會被這種理論排擠在外。如果TechnoServe對貧困者的痛苦見識淺薄，原因可能出在於領導者。該組織的經理人大多來自大公司，從事如投資銀行、管理顧問、醫療照顧與基金管理等產業，以及來自知名企業如摩根士丹利、瑞士信貸（Credit Suisse）、孟山都、奎斯特（Qwest）、嘉吉（Cargill）、巴克萊（Barclays）和麥肯錫（是其他公司的好幾倍）。也許TechnoServe對作業程序的力量，可以治好不正義信心的最明顯訊號，是董事會組成，在網站上列出的二十八名董事中，截至上次檢查時有二十六位白人。

如果TechnoServe強調的是窮人與正確的資訊、資本和市場之間失落的連結，對手公司布利吉斯潘（Bridgespan）則宣稱太多好的解決方案規模太小了——另一項研究貧窮原因卻未追究富人責任的理論。如果TechnoServe經理人組成以前麥肯錫人為主，布利吉斯潘則是另一家三大顧問業者之一貝恩人的降落跑道。該公司表示，它的世界改變者「懷抱促進社會流動性與實現機會平等的熱情」。布利吉斯潘在宗旨中闡明一項改變的理論：藉由把現在協助窮人的做法規模擴大來協助窮人，方法是「面對複雜的問題，並找出務實的解決方案，以協助組織了解並克服擴大規模的阻礙」。布利吉斯潘的共同創辦人之一曾就讀哈佛商學院，另一位則在哈佛商學院教書，並寫過「轉型性規模」、「規模影響力」、「讓有效規模化」及「規模趨勢」之類的文章。做更多有效的事當然能讓市場世界接受。

諷刺的是，這些作業程序的傳播者興沖沖地投入打造問題的解決方法，但他們的方法卻是問題的共犯。來自能源和金融業的商務人士被招募進入慈善計畫，保護世界免於氣候變遷，雖然他們在白天的工作對獲利的思維是發生氣候變遷的罪魁之一。企業領導者被招募參與擬訂女性權利的策略，雖然他們的工具被怪罪是永遠在線（always-on）工作文化的禍首，讓許多女性難以主張權利，它們帶來的避稅也使全面日托等對女性友善的政策有名無實。而且正如在索羅斯召集的會議中，這些工具被視為提升平等不可或缺的，雖然它們的分析架構和原子化勞工與社會現實是加劇不平等的幫凶。

這些作業程序和採用者確實對社會問題界有許多貢獻：嚴格、邏輯、資料、快速做決定的能力。隨著它們散播到對抗疾病或改革教育的工作，可以做許多善事，並讓人們的金錢與時間發揮比原本更大的效益。但是這些好處都要付出代價，而代價的一部分是以作業程序重新建構問題，是根據贏家的觀點。畢竟，問題的定義是問題解決者所下，而且排擠其他看待的方法。非營利事業資深主管卡維塔・蘭姆達斯（Kavita Ramdas）尖銳批評，社會變革遭到「矯正問題」的心態征服，容許商務人士成功，就像避險基金經理人、資本市場投資人或軟體開發商那樣。她寫道：「這是一種目的在於得到可測量與相當快速解決方案的方法。」問題在於作業程序取代往往較平淡無奇的方法：

> 社會科學向來具有精細和謙遜的傳統——了解發展與人有關、與人和社會的複雜性有關、與文化和傳統現實有關，以及願意與難題和問題的多重面向對抗，但是在這種以量表導向、追求效率、著重科技方法進行的社會變革中卻完全看不到。

雖然辛頓看起來像是蘭姆達斯譴責那種人的原型，他後來也批評承認自己參與其中、同時想逃脫的大企業，他稱為「嘗試以造成問題的工具解決問題」。辛頓表示，這些作業程序的散播是「已開化白人的殖民帝國式傲慢的延續，以錢和科學，以及高貴與慈善的意圖，想要解決這些問題」。情況已不再是大英殖民者到你的國家恣意行事，而是穿著光鮮的人帶著筆記型電腦，提出解決社會問題的方法，通常是不需要了解情況的志工。辛頓擔心這種以PowerPoint潤滑的「問題解決法」雖然「更科學、更理性一些，卻只是那種傳統的延續」。

辛頓慢慢體認到這些隱憂。他在麥肯錫工作五年後離開，之後在倫敦工作幾年，經營一家電影製片公司，並創立一家綜合投資銀行，然後前往中國擔任複雜金融交易的顧問工作。這份工作帶領辛頓參與高盛和力拓的計畫，這兩家公司發現他熟悉作業程序並具備蒙古經驗，認為他能協助客戶順應蒙古的政治環境。蒙古正經歷礦業大榮景，大型公司紛紛與該國簽訂交易，開採銅礦和其他資源。據辛頓描述，他的任務是這些公司與蒙古的中間人，協助雙方了解彼此，以降低計畫的風險。畢竟，採礦交易出問題會讓投資人付出慘痛代價。

辛頓擔任高盛和力拓資深顧問，讓他置身雇主和熱愛的國家中間，而這個充滿矛盾的角色，即使在多年後仍讓他感到掙扎。「我的角色是反對的擁護者，但拿的是一家礦業與一家投資銀行的酬勞。」他說：「我沒有天真到以為自己的角色不是以滿足公司的需求和利益到相當大程度為原則，當然如此。」當時辛頓或任何人都還不知道，外國企業會不會履行承諾來協助蒙古，或是會像歷史上開採資源常見的情況那樣搜刮一空就逃跑，他收錢就要相信，並說服其他人，這些公司想要的和蒙古需要的是相同的東西——雙贏。辛頓受僱來協調也許是無法調和的事，他會發現這一點，也許是因為幾年前認識一位本身也有疑惑的作業程序傳播者。

哈佛商學院教授麥可・波特（Michael Porter）被視為現代企業策略的創始人，他在二〇一一年的一篇文章委婉批評企業界盛行的方法，在不習慣這麼友善批評的世界造成騷動，也吸引辛頓的注意。波特是企業界最常被舉出的作家之一，也是關於企業競爭如何運作和企業認為有競爭力的社會具備什麼條件——亦即社會如何才能吸引企業——亦即想吸引企業——理論的教父。除了教學和寫作外，他也跨入散播作業程序的事業，創立名為摩立特集團（Monitor Group）的顧問公司，並為許多醫療照顧改革的努力發聲。《財星》（*Fortune*）雜誌曾讚譽：「他影響的企業主管和國家多過地球上任何一位企業管理教授。」二〇一一年，波特和馬克・克瑞默（Mark Kramer）在《哈佛商業評論》（*Harvard Business Review*）上發表一篇文章〈創造共同價值〉，並吸引企業界注意。

「資本主義正深陷重圍」，波特和克瑞默寫道，令人聯想到一篇十九世紀的宣言。企業「被批評是造成社會、環境和經濟問題的主要原因之一」，公司「被普遍視為藉由犧牲社會利益而繁榮興盛」。誰才是罪魁禍首？「問題大部分出自公司本身。」他們寫道。他們怪罪公司採用「過時、狹隘的方法來創造價值」。公司變得太專注於「短期財務績效的最大化」，染上一種危險的傾向，就是「忽視市場上最沒有被滿足的需求，以及對它們長期成功更廣泛的影響」。僱用大批聰明員工與昂貴外部顧問的公司，做出的決定忽視「顧客福祉，消耗攸關其營運的自然資源、供應商的生存能力，以及製造與銷售的社會承受的經濟壓力」。波特和克瑞默批評的是一種已接管商業世界的文化：因為原子化而模糊整體現實的作業程序所塑造的文化。

辛頓最後與波特見面，尋求他建議如何以較非作業程序式和較人性的方式，擬訂他的公司在蒙古的交易。數年後的現在，波特坐在紐約華爾道夫飯店（Waldorf Astoria Hotels）精緻而熱鬧的大廳孔雀巷餐廳（Peacock Alley）包廂內，解釋他如何開始質疑作業程序的效用。在經濟大衰退後，他開始對不平等感興趣，尤其是看到一些資料顯示，許多美國企業和個人安然度過難關，但是一般人與勞工相較之下如何慘澹之後。他說：「我們開始嚴肅地深入思考在哈佛商學院都做了什麼？我們在那裡教導什麼？我們似乎遺漏了等式的一大部分。」這些問題帶領波特到「共享價值」（shared value）的想法——思考企業目標和做法可以採用新思維，以改善大公司與社會的關係。

波特出現在華爾道夫飯店那天，帶著充滿希望的看法，他不想談論人們做錯了什麼。「我的觀點是現在有一些可以善加利用的強大力量。」他說。人們知道用老方法做生意行不通，大家想要新方法。「所以問題在於，如何說清楚『應該』怎麼做，而非『不應該』做什麼。」他說。對一個仍然很市場世界的人來說，這種不情願談「不應該」並不難理解，但是波特對「不應該」的想法似乎還有更重要的意涵，因為顯然對市場世界以外的無數人而言，上一世代的商業作業程序已造成世界現在面對這麼多的問題，讓人不禁懷疑許多市場世界裡的人還不明白是怎麼一回事，也許聽到波特親口說，可以削弱他們否認的可信度。

波特以嚴謹、系統化的方法開始陳述過去三十年來，把企業方法用於生活，如何造成一些很嚴重的社會問題，而且現在企業認為自己就是解方。他陳述的核心，就是批評作業程序如何以排拒整體的碎片方法看待現實，而傷害社會大眾。

波特談到過去三十年的企業如何追求全球化願景，而在這種全球化中，企業對社會沒有責任。這主要是因為像他這樣在哈佛商學院等學府任教的教授教出來的學生，以及顧問業和華爾街等地方訓練出來的人，往往對當地一無所知。你分析資料，然後前往有商機的地方，這種追逐與你想為自己的地區做什麼，或是你對它的義務毫無關係。「傳統上，企業會做很多支持社會的事，從訓練人才到各式各樣的其他活動，都會承擔某種責任，我們稱為投資共有財。」波特說。他指的共有財是一個地方的共有資產，例如，讓產業與一般人互蒙其利的公立學校。「隨著人與地方脫離關係，企業逐漸停止再投資這些事物，認為自己的工作是全球化。」

波特所說的脫離關係，是因為作業程序的去背景化、去集結化、避免好高騖遠的方法——因為它們原子化的傾向而變本加厲。在作業程序支配商業世界前，公司可能從不遠的地方籌募資金，從不遠的地方尋找投入的原料，賣給不遠的顧客，繳稅給不遠的政府，並在營運成長時把獲利存在不遠的銀行，或投資設廠於不遠處的新事業。但是近幾十年，情況開始改變，科技讓公司更容易與遠方的實體做生意，隨著市場開放，以及很重要的金融巫師與管理顧問對董事會的影響力日增，這種趨勢也愈來愈普遍。這些熟悉作業程序的人迫使企業擁抱新哲學：在最能把事情辦好的地方做事，不管在什麼地方。你向南韓投資人籌資，從墨西哥買原料，賣到法國，在加勒比海國家繳稅，而在營運成長時，選一家瑞士銀行或以虛擬比特幣（Bitcoin）儲存獲利，或是再投資於地球上的任何承諾你最佳報酬率的事業。這是商業自由的擴大。不過，波特表示，它破壞有公民感企業的舊有行為模式。「這種全球化的觀念產生某種分離感，我們已不再是美國公司。」他說：「所以如果你的營運遍及全世界，可能並不覺得必須擔心密爾瓦基的事。」

波特說，在邁向全球化的途中，企業身為社會棟梁的自我形象已讓位給「我們現在已經全球化，那不再是我們的問題」的自我形象。他補充說：「剛開始是不接受對社會承擔的所有責任，因為並不認為那是分內的事，如果社會不想自己承擔責任，企業永遠可以搬遷到其他地方。」這是輸贏的情況：企業因為有逃避的自由而繁榮興盛，而社會卻無計可施。

波特批評的第二個部分與「最佳化」有關。一部分拜興起的作業程序所賜，新發展的企業文化強調公司活動的每個細微元素必須完美地最佳化，波特表示，這造成企業更容易虐待勞工，並忽視對更大體系造成影響的問題。這些新作業程序十分成功，因為在二十世紀下半葉征服的企業界往往比較排他、地區性和未最佳化。許多企業，甚至是大公司，都以家族方式營運（許多大公司現在仍由家族控制）：你不把產品銷售到所有能賣的地方，也不要求在每個地方賣到最好的價格；只賣到你認識的人認識其他人的地方，並且賣你猜想可以銷售的最好價格。當需求激增時，你不會支付工人更多金錢，需求減少也不會減少工錢，而是支付平穩的薪水。

管理顧問公司、融資併購公司、投資銀行及其他作業程序的傳播者，在過去數十年席捲這個相當老派的企業界，強迫這些做法都要最佳化。他們透過公司付費的顧問計畫、透過他們推行新強化體質計畫後進行的敵意併購，以及透過股東施壓要求拉抬股價等方法，達成最佳化目標。新的最佳化倫理傳遍企業界，至少就波特所見，剛開始似乎完全是好事。他說：「我們學到許多如何更有生產力的經營企業方法，如何經營供應鏈、更善用科技與管理採購。」經過三十年，這些努力——其中有許多發源自哈佛商學院，讓整體經濟變得更有生產力和競爭力。不過波特指出，這並非巧合，經過一段時期後，隨著他描述的「鬆弛變緊後」，許多勞工的生活愈來愈辛苦：「最後我們讓企業變得更有生產力，讓許多人的薪資增加，持續許多年，這是好事，但是也開始在不知不覺的情況下，造成企業和一般員工間脫節。」

波特舉星巴克為例，星巴克和許多公司一樣，開始以新流行的「動態排程」工具為員工排班，讓雇主可以更常變動班表，隨時最佳化。這協助公司支付最少的薪資，並滿足特定的需求量。這類工具讓公司賺更多錢，但是可能為員工的生活帶來混亂，他們再也無法確定特定期間可以有多少小時的工作，讓支付帳單和採購東西變得更複雜，他們必須快速安排好托兒服務。波特說：「人們似乎認為在追求效率、聰明與更有生產力時，就能不去思考人和體制內其他人的福祉。」波特說，同樣的短視近利從一些高獲利公司卻堅持低薪可見一斑，「我們把許多人商品化，只想為了自己最佳化，完全沒想到為了他們最佳化。因此有許多勞動做法，有許多你應該找約聘員工而不必給予福利的想法——這些做法實在太聰明了，而每個人都加以合理化，說：『我們是在提高生產力，是在讓報酬率最大化，那是我們的職責。』」

波特很清楚地指出，「企業」不是定量，可以用不同的方式達成，遵循不同的方法。近幾十年來發生的是，作業程序以一切最佳化之名接管了企業營運，並獲得忽視，甚至傷害其他人的執照。「我們好像畫了一幅諷刺漫畫。」波特說：「它的觀點是，如果你可以強迫員工加班而不必支付加班費，就應該這麼做——這是自由市場，這是利潤最大化。」

最後，波特談到作業程序的金融方言散播，如何造成公司經營愈來愈為了股東，而不是為員工、顧客或其他人。「在我剛開始教書時，」他說：「我們不談股東價值。」當時企業奉為圭臬的是什麼？「我想是：企業必須賺到持久的良好報酬，而且是在追求長期經營，是在打造一家好公司。」他說：「當時沒有股票市場每天投票決定你是否成功的概念。」在企業經營較地區化和較不講究科學方法的年代，是為許多人而經營。股東是這個組合的一部分，但股價的微波動不是企業成功的唯一指標，也不是企業如何經營的指導原則。當然，這種經營可能會出現許多浪費，許多資本的利用並非最有效率。然後在一九七〇和八〇年代，隨著新自由主義帶來的法律與文化改變，企業首要責任的觀點也變成股東價值最大化。「企業的社會責任是增進獲利。」芝加哥學派經濟學家米爾頓・傅利曼（Milton Friedman）於一九七〇年秋季在《紐約時報雜誌》上宣告道。受作業程序訓練的華爾街人士影響力隨著他們評估公司價值的方法而水漲船高，他們對企業應如何經營的觀點逐漸成為主流。

波特觀察這個經常被稱為「金融化」的現象，看到它把企業變成股東的僕人，無視於其他考量。「股東價值的心態變得非常、非常強烈。」他說，人們變得「執迷」於它；它造成人們的「短線」思維，促使企業做的決定可能暫時提高股價，但實際上卻傷害公司長期展望或是員工、顧客或社會。「我曾擔任許多公司的董事，」波特說：「我參加董事會時就有這種經驗，我們擔心每個小時的分數，然後開始聽計分員——資本市場，告訴我們該怎麼做。」

像是「我們必須支付員工穩定的薪資，雖然在淡季，會讓我們花許多錢，但將有助於我們長期留任員工」這種論調已經難以被接受；還有「我們需要支付員工穩定的薪資，雖然這會讓我們短期和長期都提高成本，但這是正確的做法」的說法也毫無勝算。「我想我們在追求效率、金融市場成熟度，以及模型等目標時，發現許多賺錢的方法，」波特說：「但是這些都與資本主義的最終核心脫節，這個核心其實是實體經濟。」企業的投資面已支配與製造東西、服務人群、解決問題相關的其他面向。

綜合來看，這些改變已為企業界帶來一個可從兩層意義來看的合理化：它們是企業營運合理化的工具，以及同樣重要的，它們是商務人士合理化自己生活的方式。波特描述的大多數情況是藉由原子化作業程序進入企業世界。在它們的協助下，企業在三十年間強化做法，分析並最佳化一切運作。波特現在認為其中的一些做法已經太過頭。「許多在企業各方面通常明智的做法，最後都做得太過火。」他說。

其結果是許多人生活的痛苦和混亂。現在這些作業程序正向基金會、政府機構及反貧窮顧問公司，推銷自己是這些災難的解決方案。

在與波特會面幾年後，辛頓發現自己坐在另一位擔心現代資本主義的資本家對面。

索羅斯需要有人管理他為建立更包容經濟體而推出的新計畫——最好是一個還沒有完全相信作業程序的人。一個在西蒙古有多年經驗、最後進入麥肯錫和高盛的民族音樂學家，似乎是完美人選。辛頓知道嚴格的商務訓練是他的優勢，卻又說：「可想而知，我到那裡的原因是自己以前做過的其他事，而且蒙古音樂學家的那部分可能也派得上用場。」

辛頓接受那份新工作，來回於紐約和倫敦兩地，首度前進社會部門的新世界。他很驚訝有這麼多以協助被壓迫者為職志的人，不管是在蓋茲基金會、歐米迪亞網路（Omidyar Network）或柯林頓基金會，是像他這樣出身於顧問業或金融業。他知道這些組織的運作方式。他說：「這種方法完全沒有考慮的一件事是，接受這類協助和這類建議的所謂受益者，可能對問題有著自己的解答。」辛頓描述指導那些作業程序散播者從事新公益任務的假設是：「如果我們集合夠多腦力與金錢，就可以拆解這件事，就可以解決這些問題。」然後這種解決方案可以「放大規模」。他表示，這種方式「未能認清，我們是試著利用當初製造出問題的相同工具和腦袋來解決這些問題」。

辛頓看到現在被用於對抗貧窮的作業程序，對市場世界可能會有什麼好處。「如果我們可以突然變成白馬騎士，以救世主的姿態拯救世界，也許世界本來就沒有那麼糟。」他指的是市場世界支持的系統與思想。「也許世界本來就很好，而這是資本主義救贖的機會。」

這些作業程序散播到社會問題，也給予菁英機會來限制解決方案的範圍。「你絕對限制了準備研究的解決方案範圍。」他說：「這很明顯，不是嗎？如果你的車上只有說英文的人，解決方案就會以英文達成。」從辛頓的觀點來看，那並不是出於惡意。「而是單純的疏失。」他說：「那不是邪惡，也不是有意識的自我檢查，而只是習慣。」辛頓提到那場他主持的西五十七街會議出席的非專門的專家。「那是我的錯。」他說：「我認識很多的人，但是當你找人時，會找像你一樣聰明、熟練的人。我是說，我們都是這樣，所以那是重複舊習慣。」

辛頓不知道會議背後的大計畫和基金會能否用不同方式經營，如果他相信作業程序的散播已變成殖民化，去殖民化會是什麼樣子？「我的假設是，殖民化是無可避免的。」他說：「我完全沒有獨立的想法，連問都沒問過這個問題，我覺得那很愚蠢。去殖民化會是如何？你如何扭轉趨勢？我想情況與討論的聲音有需要卻不一定要出現大幅轉變。」辛頓的意思是，他指的不只是尋常的促進種族和性別的多樣性，也不是維持象徵。讓基金會想幫助的人也加入領導階層會如何？他問道。

當時辛頓正在為經濟進步計畫組織顧問小組。「我甚至不懷疑尋找有豐富經驗和菁英資歷者的假設。」他說。但要是他放棄這個假設，並把一位小學老師（如來自印度）

納入小組呢？「事實上，我準備試試這個構想。」他說。辛頓表示將試著找一個能代表那些私募股權和顧問業者談論的普通人加入小組。這表示會議本身的性質必須改變，以順應更大範圍的背景，也許最好能避免使用PowerPoint，也許將必須以敘述性說話或故事或播放影片來做報告。各種構想紛紛被提出。

辛頓信仰巴哈伊，而這個宗教的最高組織世界正義院曾公布一篇宣言，闡述尋求改善社會和人類生活的正確方式：

正義有賴於所有人類的參與，因此雖然社會行動可能涉及某些形式的產品與服務的提供，它主要關心的必須是在特定的人群中建立能力，以參與創造更好的世界。社會改變不是一個一群人為其他人的利益而進行的計畫。

辛頓相信這個觀念。在他的人生中，覺得自己想成為改變力量之一的信心強烈到足以平衡企業的思維。他說，企業思維的缺點是「物質主義」，生意人傾向於以功利的方式看待工作，把它當成人們養活自己和取得東西的方法，但是其中還有一個精神面向：「工作可能是人們表達有生產力與服務社群的內在渴望，而不讓人實現這種渴望就好像不讓樹木生長果實。」他表示，許多企業思想的散播者，例如他，同時也過著宗教或精神的生活，「但是我想宗教或精神的思維從未與企業思想重疊。」他又補充說：「人們在工作生活中，不被允許思考這些事，我們已認定那是不同範疇的事，在我的圈子裡，談論宗教信仰被認為並不洽當。」

辛頓被僱用，是為了要他使用作業程序在解決企業問題上的技巧，他的價值觀是自己的問題。「那不是我被邀請參加宴會的原因。」他說。

第六章

慷慨與正義

慷慨往往發生在有權勢者聚集的所在，而不正義往往發生在看不見的地方；慷慨是以百萬美元計算，而不正義卻協助創造一百四十億美元的財富。

財富就像一個果園，你必須分享果子，而不是果園。

——卡洛斯・施林（Carlos Slim）

戴倫・沃克（Darren Walker）戴著一頂毛絨的蘇聯毛帽，坐在黑色林肯（Lincoln）轎車後座，車子正慢慢駛向西五十七街和他所稱的「野獸肚子」。他的豪華轎車正開往因《門口的野蠻人》（*Barbarians at the Gate*）而永垂不朽的私募股權公司KKR紐約辦公室——一家帶領大合理化風潮，進行一樁又一樁融資併購案的公司。沃克是福特基金會總裁，因此從事的是社會正義事業，他的工作是施捨金錢。

沃克的任務——在午餐會上向一群私募股權主席演講，因為數個月前他寫的一封信被公開而增添困難度。那封信打破慈善界向來帶給人的愉快感覺，以尖銳與挑釁的語言提出該如何因應不平等危機的問題。這個問題本身就讓許多富人感到不安，他們寧可談論消除貧窮或擴大機會，而不是可能需要有人犧牲的更徹底改革。沃克的信把罪責指向透過慈善回饋的菁英，因為他們忽視自己是想解決問題的共犯。

在寫這封信前，沃克在富豪統治階級受到一致的歡迎，雖然這並不表示每個人都不欣賞他寫的信。曾任職於高盛、花旗集團（Citigroup）及美國財政部的羅伯特・魯賓

（Robert Rubin）告訴沃克，他欣賞那封信，覺得「有新意又與眾不同」。魯賓表示，他「從未讀過任何像是那樣的文字」。不過，許多富豪統治階層的人反對把聚光燈照在不平等上，而不是他們談起來較自在的議題，如貧窮或機會。他們不喜歡沃克談論這個問題的方式，怪罪他們，而非邀請他們參與提出解決方案。他們不喜歡沃克把焦點放在金錢是如何賺來上，而不是錢如何向外施捨。「我只是認為你應該停止抱怨不平等。」一個私募股權業的朋友在ＫＫＲ活動的幾天前斥責沃克說：「那真的引起反感。」沃克打破在他的圈子裡很重要的禁忌：鼓勵富人做更多的善事，但是絕不要告訴他們少做一點惡事；鼓勵他們回饋，但是絕不要告訴他們少賺一些；鼓勵他們加入解決方案，但是絕不要指控他們是問題的一部分。

福特基金會網站上，沃克信函的標題寫著「邁向財富的新福音」。他試著修正和更新——或是顛覆，回溯到很像我們這個時代的舊福音，這個舊福音本身改變過去美國人協助人群的觀念。

已故歷史學家彼得・多布金・霍爾（Peter Dobkin Hall）是美國慈善傳統的權威，這個傳統可追溯到十七世紀末和十八世紀初，當時的殖民地商品貿易拉大貧富差距，製造出「愈來愈明顯的貧窮與仰賴救濟的人口，而公共部門被期待必須負責救濟」。霍爾寫道，在此之前，大部分捐獻是捐贈給公部門，給政府機構本身或像哈佛大學等「被視為公共法人、受立法部門監督的實體，它們都大力支持以立法部門撥款為形式的救濟」。但是霍爾指出，拜國際貿易、移民、新興起的市場經濟、人口成長和天花等疾病爆發所賜，社會與經濟日益複雜，因此鼓勵美國人接手救濟工作。他讚揚備受尊敬的新英格蘭清教徒傳教士科頓・馬瑟（Cotton Mather）以一七一〇年的小冊子《行善》（*Bonifacius*）重新建構當時流行的慈善觀念。

> 不滿足於把**行善**視為**人生職志**的人，將永遠因為愚痴而被視為可憐……只有**善人**是真正**生活**的人；人若是愈**行善**，他的**生活**將會愈真實。**其餘一切皆是死亡**，或必將死亡。

根據霍爾的記述，馬瑟對於何謂行善有具體的想法，馬瑟「提倡『友善地探訪』貧民，運用自願性社團提供相互支持、富人的慈善施捨以救濟貧民，以及支持學校、學院和醫院」。

美國在大慈善時代之前的慈善具有一個顯著的特色，就是由眾人協助眾人。以慈善為目的社團在十八和十九世紀增加數倍。霍爾寫到一個普遍的觀點是：「都市生活的危險與不確定性可以透過友愛的社團而紓解，這些社團在成員罹病和死亡時，會協助成員及其家庭。工匠的社團保護成員免於剝削，並尋求確保他們的工作獲得公平價格。」在一八三〇年代，阿利西斯・德托克維爾（Alexis de Tocqueville）從歐洲遊歷到美國後，發現美國人不會等待國王和教皇來協助人民，而是會組織「社團」——他讓這個詞彙變得家喻戶曉，「舉辦慶祝會、座談會、興建旅館、教堂、分發書籍、派遣傳教士到偏遠地區」。

隨著十九世紀結束，美國人生活的重大改變，協助發展出今日稱為組織性慈善的早期傾向。學者露西・伯恩霍爾茲（Lucy Bernholz）、姬婭拉・柯岱莉（Chiara Cordelli）和羅布・萊許（Rob Reich）在晚近編輯的書《民主社會中的慈善》（*Philanthropy in Democratic Societies*）中寫道：「人類仁慈行為的古老一如人類的歷史……另一方面，現代組織性慈善的起源則是相當近期的事。」在進入二十世紀前後，新的工業資本主義勃興，從鐵路、鋼鐵、石油及美國欣欣向榮成長的其他部分，創造前所未見的財富。與今日的情況相似，不平等隨著一些人把握新機會和其他人的錯置而擴大，憤怨升高，平民主義的衝動狂飆。許多人認為，在之前鍍金時代賺取的金錢多得離奇、得來的手段不公平，並帶給少數人的權力，在一個爆發新平民主義情緒的共和國終究難以維持。同時也滋養了慈善的新觀念：「不平等中的成長可能是公民禮讓的敵人，卻是私人慈善的朋友。」政治學家暨慈善捐獻的主要權威萊許在書中寫道。

當時，出於利他主義和想要安撫公眾憤怒的自保動機，一些年事漸長的大亨，如著名的安德魯・卡內基（Andrew Carnegie）和約翰・洛克斐勒（John D. Rockefeller）開始回饋社會。洛克斐勒的顧問弗德瑞克・蓋茲（Frederick Gates）寫信對他說：「你的財富滾滾而來，像雪崩般湧至！你必須跟得上它！你必須散布它快過它的成長！」這似乎意謂新慈善的成分之一是，那個時代的一股覺醒，至少一些慈善捐獻者知道必須安撫當時險惡的憂慮和憤怒。

萊許認為，那個時代誕生的新形式慈善是私人基金會，在規模和性質上都不同於過去的慈善：

> 這些基金會是具備董事會和宗旨的實體，目的在於支持其他機構並創立與資助新組織（如研究機構），尋求解決社會問題的根本原因，而非直接提供服務（以「批發」方式營運，而非「零售」），並交由私人、自治的託管人管理，聘請支薪的專業人員來執行公共任務。這種基金會的另一面是新的：龐大資源讓它們得以大規模運作，有別於其他較常見的捐獻基金。

換句話說，這些基金會容許少數像卡內基和洛克斐勒這種富豪，在公益上捐獻龐大的金錢，並且因此在國家事務上取得可與許多公共官員匹敵的決定權。大型的新基金會不自我設限於一般人群福祉的利基宗旨，而是像國家那樣關注廣泛的問題。新慈善由專業管理實體經營，類似於大公司和政府。由專家提供諮詢，不像較沒有章法的社團。洛克斐勒當時寫道，「妥善而有效地做這項慈善事業」是很重要的事。芝加哥大學（University of Chicago）歷史學家強納森・李維（Jonathan Levy）寫道，這種新興的慈善愈來愈與托克維爾看到的地方性穀倉募款以解決共同問題無關，而愈來愈變成「『非營利部門』的私人財富重分配——通常這些財富是私人資本家賺來的錢」。

儘管新慈善的規模擴大，但是社會仍有許多批評，其中一項批評是捐獻的錢是如何賺來的。萊許指出，新基金會備感困擾，「因為它們代表鍍金時代的強盜大亨可能以不公平方式賺進財富」。當洛克斐勒提議成立慈善基金會，以處理不斷湧進的錢時，遭致強烈抗拒的聲浪，譴責那些錢是不義之財。老羅斯福（Theodore Roosevelt）總統說：「不管用這種錢財做多少慈善，也絲毫無法彌補取得它們的惡行。」人們對洛克斐勒不怎麼慈善地壟斷石油和不怎麼慈善地厭惡工會仍然記憶猶新。查爾斯・畢爾德（Charles Beard）與瑪麗・畢爾德（Mary Beard）曾描述強盜大亨「粗糙的富豪統治」，和他們如何「想方設法尋找較體面的保證和補償作為遮掩」。揭弊記者馬修・約瑟夫森（Matthew

Josephson）在一九三四年寫的歷史書籍《強盜大亨》（*The Robber Barons*），被認為是創造這個名詞的人，書中寫道，他們如何「急於想捐出一部分掠奪而來的戰利品，好像害怕不交出多一點錢會招致上帝的憤怒」。

其他批評集中在新慈善不但漂白了以殘酷手段賺來的錢，而且將它轉變為對民主社會的影響力。萊許寫道，這些新基金會「引發社會不安，因為被認為是極度反民主的機構，除非受到一群特別挑選的託管人管理，否則可能是難以根絕且無法可管的實體」。萊許引述長期擔任美國公民自由聯盟（American Civil Liberties Union）論派牧師約翰・海內斯・霍姆斯（John Haynes Holmes）的批評：

> 我毫不懷疑現在指導這些基金會的人，例如，代表洛克斐勒基金會（Rockefeller Foundation）的人，是有智慧、有見解和有遠見的人，而且有最良善的動機……我的觀點是從民主的整體思想來看……從這個觀點，讓我認為這個基金會和角色一定很厭惡整個民主社會的概念。

正如萊許指出的，今日要聽到這種批評已經很難得了。「我們已走過漫長的一百年，」他寫道：「慈善在今日廣受尊崇，富人創立的基金會不再受到公眾或政治上的質疑，而是獲得公民的感激。」現在很難想像美國總統或許多具有影響力的記者，譴責富人捐獻金錢。的確，在偶有記者違反這個規則時，其他記者會很快強化這個規則。慈善內幕（Inside Philanthropy）網站創辦人，也是這個領域少數具有批判精神的有影響力記者大衛・卡拉漢（David Callahan），最近出版一本談論這個主題的書籍《施予者》（*The Givers*），《紐約時報》書評人也是一位同行記者的態度，透露出這些施予者藉由一個世紀以來的說服得到多少效果：「許多讀者會氣惱地雙手一攤：難道我們現在應該抱怨有錢人變得太有社會意識嗎？這個作家到底想要什麼？」

在二十世紀初對慈善的顧忌很普遍時，人們可能很難想像到了二十一世紀初的記者斥責同行記者批評菁英的權力。但是那個時代和今日不同，回饋金錢無法買到對施捨者的寬恕，無法讓人無視於金錢的來源並保持緘默，不會讓記者感覺對富人抱歉和急於為他們辯護，也封鎖不住人們質疑為富人製造財富的體制。當時的慈善文化是人們創造出來並逐漸普及的，而在創造這種新文化的思想貢獻中最具影響力的是，卡內基在一八八九年寫的一篇文章，當時他正是一個對未來會如何看待慈善最感興趣的人。

卡內基以〈財富〉為標題的文章，被後人稱為他的「財富福音」，這篇文章協助建立慈善的新願景，不僅反駁他和其他人面對的種種批評，並且有效地瓦解批評者與質疑者的正當性，還質疑他們質疑的權利。卡內基先澄清所有對他和其他施捨者如何賺錢的嚴厲指控，並紓解對私人權力支配民主體制公共事務的憂慮。批評者似乎想要一個卡內基和洛克斐勒不以極端手段奪取金錢的世界，如此將使他們擁有較少可以施捨的財富，進而限制他們可以發揮的影響力。如果卡內基想要反駁這一點，就必須辯稱先有極端的奪取，接著以極端的施捨是最佳選項。

發表在《北美評論》（*North American Review*）的卡內基福音，先聰明地指出批評者思想的謬誤，他宣稱不平等是壞事，但卻是真正進步無可避免的代價。「人類生活的條件不僅被改變了，而且是有了革命性改變。」卡內基寫道。不平等是比外表看來更好的東西，他解釋：「我們今日所見百萬富翁的豪宅和工人陋屋的對照，反映出文明帶來的改變。然而，這種改變不應該引起悲嘆，而應被視為十分有益且受到歡迎。」階層的形成是進步向前的代價。

當然，即使不平等是進步的代價，當時崛起的百萬富翁不一定要從他們的事業裡壓榨這麼多財富，也不必然要給勞工這麼低的薪資。如果沒有這種貪婪，勞工就能改善陋屋，即使不是升級為豪宅，至少也有像樣的房子。卡內基駁斥這種說法，他說，沒有別的選擇，你必須以最積極甚至吝嗇的方式營運，否則只有倒閉一途：

在競爭法則下，僱用數千人的雇主被迫斤斤計較經濟的計算，其中支付給勞工的薪水是重要項目，而且雇主與受僱者、資本與勞動、富人和窮人之間總是會有摩擦。

這是卡內基的兩步驟思想的第一步：如果你想要進步，就必須讓富人盡一切可能賺錢，甚至讓不平等擴大。他說，企業家值得擁有這個許可，因為「組織與管理是罕見的才能」，它的方法是不容質疑的。卡內基寫道：

因此，我們接受並歡迎一些必須容忍的條件；環境的大幅不平等；企業、工業和商業集中在少數人手中。

如果有人質疑這些企業管理者的智慧，卡內基說，他們的才能已被「擁有才能者總是獲得巨大報酬的事實所證明」。換句話說，富人必須可以盡其所能賺錢，因為當他們可以這麼做時，往往可以賺很多錢，進而帶來所有人的進步。

卡內基以這些概念來有效地宣稱，創造財富的經濟體制是無庸討論的。現在可以來談福音的另一半——施捨：

這引發一個問題，如果前面說的屬實，這是我們必須面對的唯一問題，就是在文明創立的法律下，集中在少數人手中的財富的正確管理模式是什麼？

卡內基權衡不同的施捨財富方法，並嘲弄其中最常見的兩種：交給後代子孫與在死後施捨。前者培養出庸弱的子孫，後者則是浪費潛在的協助時間，並且讓受益者等待富人死亡。事實上，卡內基有別於當時和現在的許多人，認為懲罰性的遺產稅可以鼓勵慈善，「在所有形式的稅法中，這似乎最明智」。如果富人知道大部分財產在死後會消失，可能會在活著時就被說服捐獻出來做善事。

主動施捨自己的財富，是卡內基唯一支持的方法，因為依他所見，財富屬於社會，擁有就是囤積。富人應實踐「適度、不浮誇的生活，避免炫耀或奢華」。對於保留的財富，他「只是比他貧窮同胞的代理人和託管人」。囤積因此類似於從公眾盜竊：

> 一輩子持續囤積大量財富的人應該知道，善用財富在公益用途將會造福社會，也應該知道以國家為形式的社會不能被剝奪應得的一份。

合理化極端奪取的人在這裡鋪陳一項極端施捨的理論，它很動聽，不只是因為施捨給大眾，還宣稱你不需要，而大眾可以拿來利用的錢**並非真的是你的錢**。卡內基提出一個你有權想盡辦法賺錢的極端思想，和你有義務回饋的極端思想。「它是一個奇怪、聽起來矛盾的畫面。」歷史學家李維寫道：「卡內基坐在書桌前，寫信給在卡內基鋼鐵公司（Carngie Steel Company）的助手，要求他們減薪，然後寫信給另一個慈善助手，給他錢（藉由減薪賺來的錢）任意施捨。」

所以，對卡內基來說，不平等只是奪取階段與施捨階段之間的短暫狀態。他寫道，回饋是「財富暫時不平等分配的真正解藥，是富裕與貧窮的和解——一個和諧的統治」。這種暫時不平等的思想很重要：對卡內基而言，不平等是短暫的——是進步所不可或缺，但是很快可以因為進步的果實而逆轉。

卡內基似乎預期人們會反對，如果窮人的薪水提高一些，可能就不需要這麼多施捨。他以充滿父權的語氣為暫時不平等辯護，寫道：「流經少數人手中的財富可以發揮提升群體的更大力量，勝過以少量形式分配給眾人。」他在後續的文字中說明「少量」是指薪水。卡內基舉彼得・庫柏（Peter Cooper）這位由工業家轉為慈善家、位於曼哈頓的庫柏聯盟（Cooper Union）創辦人為例，寫道：

> 以少量分配給眾多人的財富，大部分將被浪費在嗜欲的沉溺，其中有些是過度的，甚至以族群來看，一部分被用於最佳用途的金錢，例如，用來增加房屋舒適度的錢，

比起從庫柏研究所（Cooper Institute）流出與後世將持續流動的錢，能否對族群帶來任何益處是很值得懷疑的。

卡內基認為，他不能給支薪工人好薪水，不能對工作多少小時才算太長感情用事，因為將會傷害公眾利益，但是他能回饋給工人，為低薪工人最終的快樂和滿足，而資助圖書館、博物館與公共設施。他寫道：

這是富人與窮人間必須解決的問題。累積法則將保持不變，分配法則不變，個人主義將持續，但百萬富翁將只是窮人的保管人；受託暫時為社會管理增加的大部分財富，這是遠比社區為自己管理財富的更好方法。

這是妥協、停戰，簡單地說：不要在競爭的市場阻擋我們，我們將在獲得勝利後照顧你們。錢將會更明智地花在你們身上，勝過你們自己花錢。你將有機會享有我們的財富，以我們認為你應該享有的方式。

我們從中看到一個被日後的市場世界式施捨奉為圭臬的原則：以事後的仁慈來合理化為所欲為的資本主義；殘酷靈魂的麻木不仁和不正義，因為後來的慈善而獲得寬恕；

施捨不僅協助弱勢者，而且更重要的是，可藉此避免他們找強勢者的麻煩，特別是以慷慨作為替代手段，可避免社會需要更正義與平等的系統，以及更公平的權力分配。

卡內基的文章發表一百二十七年後，在紐約舉辦的一場慈善會上，似乎每個人都已內化它的核心原則。募款的組織協助遭遇困難、脆弱和貧窮的紐約人尋找工作、住屋、技術、夥伴及安全。整個晚上分成兩類舞台上的表演，以黑人與棕色人種為主的年輕人和被協助者，不斷為捐款人跳舞，然後在表演的空檔，年長的白人老人被帶上台讚美他們，並談論他們對慈善計畫的慷慨，並獲得聽眾的鼓掌。

大多數捐款人在金融界工作，包括企業掠奪者，他們藉由降低成本來提高利潤，是就業安定的禍首之一。他們是市區改建業者，協助推高房價，讓像這些年輕舞者的家庭更難在城市維持生計；他們是大幅降低投資績效獎金稅率的稅法受益者，但是公共財庫卻苦於稅收短缺，城市貧童學校的資金不足，因而導致他們流連街頭，偶爾才在幸運時得到慈善濟助。但是這些捐款人很慷慨，而為了交換他們的慷慨，這些故事將不會被提起。沒有人會說可以說的話：如果那些捐款給計畫的人以不同的方式投資、不同的方式經營公司、不同的方式管理財富、不同的方式捐款給政治人物、不同的方式遊說、對於住在佛羅里達州以規避紐約市稅法有不同的看法；換句話說，如果他們願意放棄珍惜的東西，這些岌岌可危的生活就不至於會如此岌岌不保。這是在一個城市的一個晚上，但它代表的卻是一個普遍、未被說出口的豁免交易：慷慨賦予贏家豁免這類問題的權利。

在邁向慈善界顛峰的路上，沃克參加這類場合的次數已多到數不清，也聽夠富裕白人在誇讚他的同時，卻拒絕看清他們的生活與他歷經艱辛的逃脫生活之間的關聯。這正是沃克寫下那封挑戰豁免交易信的原因之一，也解釋他如何因為義憤而打破禁忌。

「看看沃克。」沃克模仿他的仰慕者說：「為什麼他們不能像沃克？我是說，看看沃克，他有一個單親媽媽，打工賺錢完成學業。你知道，他沒有爸爸，甚至不知道爸爸是誰。」他們對沃克的一生提出的問題是：為什麼那些窮人不能都像沃克那麼成功？

有一天，沃克在他的福特基金會辦公室告訴我：「我工作的一部分是，提醒他們為什麼那些窮人沒辦法都像我這樣——我們做了哪些事，讓像我這樣的人，像我這種背景、我這種傳承的人，更難以有像我今日的成就，以及我們如何有系統地讓我的成功故事在未來不可能會繼續出現，因為我們正在做可怕的事。我覺得自己必須這麼做，我只是覺得自己就是必須這麼做。」

不過，這個衝動花費很久的時間醞釀，因為一開始沃克並不是慈善綜合體的批評者，而是慈善事業的樣板人物。他出生於路易斯安那州的拉法葉慈善醫院（Lafayette

Charity Hospital）。有錢人的家庭有自己的醫院與診所，而貧窮白人和非裔美國人則由慈善機構照顧。沃克的母親發現自己深陷艱困的處境：一個黑人媽媽「在這個小鎮、未婚、和一個男人生下兩個孩子，而且顯然這個男人不會娶她」。沃克說。沃克的母親「很了不起，雖然面對許許多多的挑戰，卻有先見之明與強烈的企圖心」，她知道「我必須掙脫困境」，於是帶著家人遷居到德州自由郡（Liberty County）的艾姆斯鎮（Ames）——沃克說那裡是該郡的「黑鬼（Negro）鎮」。

沃克的母親努力學習成為助理護士，並且很快取得證照。她總是在工作，但卻不足以讓她遠離貧窮。沃克記得，他們住在很小的房子裡，電力公司或電話公司的人會因為他們未繳費而來切斷服務，而他會與對方商量一段緩衝期，或至少有時間讓母親出去兌現支票再回來。

有一天，一個女人到家裡詢問，能不能讓沃克登記參加一個名為啟蒙（Head Start）的計畫。沃克的母親同意了，雖然她並不了解計畫的詳情。這是慈善再度眷顧沃克，雖然慈善在計畫中只扮演配合政府措施的小角色。從一九二〇年代開始，洛克斐勒家族和其他捐款持續資助對兒童的研究，主要地點是在愛荷華大學的兒童福利研究中心（Child Welfare Research Station），研究的學者在那裡證明當時備受爭議的「兒童的成功取決於得到的機會多過於遺傳」結論。這些學者在數十年期間的政治陰影下，默默建立他們的論證。到了一九六五年，慈善變成公共政策，詹森總統於五月十八日在白宮玫瑰花園宣布一項新措施，確保「貧童不再永遠淪為貧窮的俘虜」。政府將在幾週內啟動兩千五百個學前計畫，目標是讓五十三萬名兒童受益，為他們在秋季上學前做準備，並治療成千上萬名病童，而初期五十萬名入學的兒童中就有沃克。

沃克也從名叫梅傑斯太太的學校老師受益，這位慈愛又有智慧的老師告訴他，他有天分，但是他的行為可能會被安置在特殊教育班，那是美國教育系統安置許多黑人男孩的地方，他們幾乎沒有例外地最後會淪落到監獄。梅傑斯太太的社會學知識是有根據的，沃克說：「我有六個表兄弟曾坐過牢，其中一個在獄中自殺，他們每個人都走上那條路。」梅傑斯太太的警告警醒他回頭是岸。

沃克的經歷告訴他，干預的力量不管大小，都可以改變個人的一生。但是在過程中也有一些經驗提醒他，如果不改變整體體制，什麼也無法改變。例如，在十二歲時，沃克因為生活需要而到餐廳打雜，好幫助母親賺錢補貼家用。（多年後，他告訴福特基金會正面試他出任基金會領導者的受託人，餐廳的工作讓他學習到擔任領導者的角色遠勝於其他工作。）以沃克當時的年齡來說，他可能是非法打工，而且這份工作讓他深感悲觀，覺得自己好像活在人類社會的邊緣。這家餐廳代表沃克人生長期存在的抽象事實，並為他的精彩表現搭好舞台。「你走在奢華、富足的屋子裡，裡面盡是生財有道的人，他們賺的錢可以在外面吃飯，支付比食物本身昂貴的錢，吃一餐飯和喝好酒。」沃克說：「你繞著屋子的邊緣走，你是隱形的。即使你在客人離開後，收拾盤子和清理餐桌，你也是隱形的。你是隱形的，沒有人說『謝謝你』，沒有人知道你的存在。對我來說，那個經驗依然最深刻且最重要。」

儘管如此，沃克仍相信傑出人士能憑著勤奮和賺錢出人頭地的美國故事，在表兄弟輪流進出監獄時，他努力進入位於奧斯丁的德州大學（University of Texas），獲得學士學位與法律學位。他加入國際律師事務所Cleary Gottlieb Steen & Hamilton，而後進入金融服務公司瑞銀（UBS），在資本市場部門工作七年。受到社會精神的感召，沃克辭去工作，並在哈林區擔任一年志工。這段協助與他類似家庭的經驗，讓沃克深受感動。他加入哈林區的社區發展組織阿比西尼亞開發公司（Abyssinian Development Corporation），並專注在興建公共住宅和一所公共學校，然後他進入洛克斐勒基金會，那裡的一個同事告訴他，他不像一般「洛克斐勒人」，不是因為他是黑人（時代已經不同了），而因為他是同性戀者。最後，沃克找到福特基金會的工作，管理一個月數十億美元的投資組合。

沃克在工作上的表現，加上他令人愉快的魅力、謹慎的逾越與注意在場所有人，讓他攀升到紐約社會的上流階層，他是外交關係協會（Council on Foreign Relations）會員，也是紐約市芭蕾舞團董事、洛克斐勒慈善顧問（Rockefeller Philanthropy Advisors）及紐約市高架公園之友（Friends of the High Line）。沃克開始在人們的談論中被以名字直稱，「你知道的，戴倫那天說……戴倫和我在研討會裡，我們……」。前一天沃克參加歡迎中國國家主席訪問的白宮國宴，過幾天又在矽谷協助祖克柏回憶慈善史。

即使沃克在大慈善事業中力爭上游，卻仍然沒有一刻忘記他和同僚的努力始終未能帶來改變。有一天晚上，他在募款活動中接到妹妹的簡訊，裡面附上阿姨柏莎葬禮的照片。沃克注意到在其中一張照片裡，一位表兄弟穿著囚服，還有一個不認識的白人站在他的身後。沃克回傳簡訊問道：「這是怎麼一回事？」在路易斯安那州的妹妹回答，獄方偶爾會讓犯人參加親人葬禮，只要你支付服務費，就有一名獄警會戒護犯人奔喪。隔了一陣子，又有另一則簡訊，是另一場葬禮，沃克的另一個表兄弟死了，家裡沒有錢，所以沃克的母親出錢——用沃克為她繳款的信用卡。

沃克生活中的不一致愈來愈尖銳，他對自己是共犯的質疑也愈來愈強烈。他的年薪有七十八萬九千美元；他穿著華服、結交億萬富豪、參加鋪張的活動、在奢侈的餐廳吃飯、住在麥迪遜廣場的豪華公寓，還可因此享有一筆他不需要的減稅扣除額。減稅扣除額讓沃克覺得困惑，也讓他深感愧疚。他住在百萬富翁與億萬富豪間，他們為自己和他的公寓爭取到的減稅，是政府原本可以投資在他的表兄弟和所有他拋棄在德州其他人的金錢。他或其他人無論多有道德感，會放棄減稅扣除額嗎？當然不會，這是他開始談論體制的原因。「為什麼我們活在會發生這種事的社會？」他問道：「我們應該如何矯正？而我們這些較幸運的人必須參與矯正，因為我們一方面說：『紐約的平價住宅危機好可怕』；另一方面卻接受基本上已經腐化的體制。」

沃克沉思後說：「我真的懷疑自己的幸運，還有我是不是太習慣了？」他表示，他的愧疚「幾乎每天讓我感到不安」。

社會學家談到「個人信用」（idiosyncrasy credits），這是一種領導者享有的資源，讓他們偶爾可以創新，甚至違反群體的標準。沃克一直努力累積他的信用，「在你力爭上游時，必須善於分辨你必須選擇打哪些仗。」他說。現在，沃克在福特基金會也攀至高峰，「人們會回覆我的電話，我不必再求見魯賓和羅傑・阿特曼（Roger Altman），他們會來福特基金會」。事實上，這兩位數十年來輪流擔任政府最高階財政首長的人剛剛走出他的辦公室。

沃克的新地位讓他自問該如何善用，該如何在這個圈子裡「槓桿操作」他的地位，以協助被他拋在這個圈子外的人，這就是他在應徵福特基金會職位時，回答其中一位託管人的意思。當時沃克被問道：「你想當什麼樣的總裁？」他回答：「我想運用福特基金會總裁的平台，真正探究我們國家的結構與體制和文化操作，因為它們提高社會更不平等的可能性，並且更排擠與更邊緣化一般人，特別是低收入者和有色種族。」

沃克知道他想對抗的那種世界，知道有許多不同的方法可以投入對抗，其中之一是脫離讓他崛起的軌道，拋開他所稱的「在達沃斯、百樂宮（Bellagio）到亞斯本飛來飛去的、談論消滅貧窮的那些人」。沃克曾在這種矛盾中掙扎，但也很清楚自己的出身，他是那個憤怒的餐廳打雜工和瑞銀銀行家的某種混合。沃克得到的結論是，所能做的就是說服那些曾讓他進入這個圈子的贏家，可以說服他們，他們告訴自己和其他人的許多故事並非真實的，而且一個公平的社會是可能達成的。也許他們將看出自己改變社會的許多方法中自我保護的性質，也許。

沃克的信在二〇一五年十月上線，開始在慈善界瘋傳，有些人收到三、四個人轉傳這封電子郵件。它撼動慈善界，讓人們議論紛紛。沃克的新福音從他非談不可的卡內基開始。沃克表示，卡內基文章的內容是「現代慈善的思想憲章，而它的基本準則仍是美國慈善界的支柱，進而大幅影響世界各地剛興起的慈善企業」。沃克認為，卡內基文章的核心是，極端不平等是「自由市場體系不可避免的情況」，而慈善是有效的補救措施。

你可以想像KKR的主管讀到這段話，並頻頻點頭，**沒錯，是不可避免的情況**。但是沃克開始不照劇本演出，他寫道，慈善界必須「公開承認並面對讓少數人永遠享有特權，並把改進體制的任務交給有特權者的體制必定存在的緊張」。沃克已經打破了卡內基協議，他質疑富人是社會盈餘的最佳和正當管理者的觀念，拒絕把他的分析局限於財富在市場創造以後的情況，他感興趣的是這些財富如何創造，以及我們有哪些創造財富的選擇。「我們尋求改善的不平等背後有哪些推動的力量？」他問道。

沃克表示：「我們正逼近可以用十九世紀的慈善基本理論來敷衍的極限。」他也說，馬丁・路德・金恩（Martin Luther King Jr.）可能提出對卡內基層層虛飾的觀點有用的補充，金恩稱許慈善，但是並未忽略「經濟的不正義讓慈善變成必要的情況」。

金恩認為，檢視經濟不正義的情況可以發現，與擁有權力者有關，而真正的慷慨可能意味著受節制的奪取，不只是事後放棄一部分奪取的所得。從卡內基的觀點，不平等是進步的自然副產品。經濟改變，新科技被發明出來，一些人想出如何利用，讓他們的財富因而激增，其他人則被拋在後面，只能居住陋屋。沃克進一步描繪這種情況，認為「不平等建立在先前的條件上——已存在的條件，從根深柢固的偏見、由來已久的種族，以及性別和族群歧視，到累退稅政策等累積為孕育不平等的體系和結構」。他的意思是指，被拋在後面和被排除在外的人，因為未能把握改變的機會。許多人生來注定不幸，是因為他們、他們的父母或祖先的情況；他們居住的地方；他們的膚色或殘缺——也是因為社會的政治選擇決定要如何對待他們。從沃克的看法，這讓跨越卡內基的暫時不平等是進步代價的思想格外重要。有錢的個人必須捫心自問：「我累積財富的競爭環境公平嗎？體制給予像我這樣的人特權，所以讓我的優勢因而倍增嗎？」富人真的像卡內基形容的，是進步果實的短暫守護者，或者他們是代代相傳的進步果實囤積者？

沃克認為，社會不僅應該有權決定整體的財富如何分配，也有權決定如何創造整體財富。依他所見，若非如此，慈善家就是在做自相矛盾的事：讓他尋求協助的人永遠受苦，甚至加深他們的痛苦。

沃克繼續表示，享有優勢者現在進一步從他們的語言和心態，支配其他領域的優勢而獲得利益，不再只是滿足於擁有豪宅與轎車的優勢，現在還有權力影響許多公共問題要如何解決。「當我們談論經濟不平等時，」他說：「我們可能知道有一個隱藏的根本階層架構，讓我們把一切事情聯想到資本。在生活的大部分領域裡，我們把市場導向的金錢化思維放在高於其他價值理論和觀念之上。」

沃克把大慈善家的權力描繪成危險的權力，像他服務的基金會受到「傳承的、假想的父權支配本能」阻礙。西方慈善家往往視貧窮國家的接受者為可以任意使喚的屬民或執行者，而非夥伴。大慈善家必須學習「藉由傾聽、學習與激勵他人，建立我們希望達成的平等模式」。沃克寫道，像福特基金會這類靠著有權勢者的財富建立的機構，往往本身也有巨大的權力，必須嚴肅地檢視自己的權威與是否偏離現實：「我們的特權如何阻隔自己接觸不平等和貧窮最困難的根本原因？」

在兩千字的信中，沃克震撼市場世界的慈善長期以來建立的思想平台，發表這封信標誌與他長期以來的矛盾達成和解。和柯恩與柯蒂一樣，沃克同時為體制效力並深感憂慮，他曾為自己應該採取什麼立場而天人交戰，他不知是否該保持緘默，或掉頭離去，或加以挑戰。這封信因為沃克為體制工作的時間夠久，和表現傑出到被拔擢為福特基金會總裁，所以才凸顯其重要性，因為一個尚未升至高位、但是了解體制錯誤，並拒絕讓自己享受攀升高位而未善用的人，也可能會寫出像這樣的一封信。

林肯轎車慢慢行駛在第三大道中午擁擠的車流裡，沃克一邊想著前往ＫＫＲ的正確路徑。沃克內心的負擔已轉變成新福音帶來的自信，他已說出圈子內令人不安的真話，現在任務也已經改變：他必須留在這場競局中，讓有權勢者繼續聽他說話，他必須挑戰富豪統治朋友，而不嚇跑他們。

隨著林肯轎車加油往前又煞住，然後又往前再煞住，沃克思忖著從這些朋友得到的抗拒——拜託他「停止抱怨不平等」，多談一些「機會」。他好奇這些批評想告訴自己什麼，這些富人的內心深處是否贊成他的理念，想要他想要的那種社會，但是偏好用較溫和、較鼓舞的語言談論？或者他和他們想要的是完全不同的東西？

起初沃克為他們辯解，展現出多年來贏得他們信任的開放心胸。他說，他們可能不使用他談論不平等的語言，但是「他們真的會說：『不，我確實想要一個充滿機會的世界。』」他了解他們對「不平等」這個詞彙的不安，還有為什麼一些朋友會覺得他在「找他們的麻煩」。那是因為對沃克認識的許多贏家來說，他們對自己的描述並非享有特權，而是他們辛苦贏來的。「我不是什麼豪門子弟，」他想像他們說的話：「我工作得快要累死，使出渾身解數在這裡對這些笨蛋演講，試著向他們募款，或是試著販售我的產品或任何東西，所以別說我享有特權，我每天早上四點起床，從拉伊市（Rye）搭乘火車到紐約等。」

過了一會兒，沃克重新考慮自己的寬大。「我認為，要他們想要我想要的東西通常很不容易。」他說：「要意見一致很難，因為我想要的東西意味著他們必須放棄一些東西。所以這個難題是，為了降低不平等，我們實際上必須討論重分配。我們必須討論公平，而那將會影響他們。」沃克想要的東西，和他花了長久的時間才贏得機會想說的，是節制這一類人的權力。沃克希望他們繳納更高的稅。希望他們放棄在主要大學的遺緒優惠（legacy preferences）。他說：「當我的朋友想討論教育時，你說：『讓我們談談遺緒優惠入學計畫，你真的認為在我們取消平權措施後，不也應該廢除遺緒優惠嗎？』噢，當然不應該，人們會說：『噢，絕對不應該。』」

讓他的批評者最擔心的，可能是沃克對賺錢手段必須改變的看法，說富人必須繳更高的稅和停止從後門進入哈佛大學是一回事，但像他現在這麼說即將拜訪的公司是一家掠奪性企業，則是另一回事。「私募股權業的根本挑戰之一是，他們最注重的莫過於效率，和從他們的組合事業裡壓榨價值，並把這些原則變成以較低成本創造更高的生產力。因此，基本上就是裁員。」他說：「我們知道過去二十年來生產力提高並未造福員工，員工的所得一直都在原地踏步。」那些資源被「壓榨」了，並且展現在像ＫＫＲ這種公司的報酬率上，這些錢有一部分會捐出來，以撫慰它切開的傷口。

如果這是沃克準備在ＫＫＲ說的話，肯定會是ＫＫＲ歷來的午餐會來賓演講中較熱鬧的一場。

儘管這些想法可能較具爭議性，沃克確實比大多數人可能說服像這樣的聽眾，因為他知道如何對他們說話，也因為他相信他們不是壞人，他並沒有詆毀他們，認為他們困在假教條的陷阱中，就像市場世界中的許多人那樣。沃克歸結這個教條是：「你力爭上游，在這個世界盡可能賺最多的錢，盡可能讓這個資本主義系統運轉，然後你變成一個慈善家。它是有階段的，而且是分開的。」

沃克從觀察富人學到的是，這個教條如何讓人較容易感覺像是一個好人。「區隔化是應付的手段，」他在轎車後座說：「所以，當然有一些他們知道、每天看到的事會讓他們驚嚇，如果他們具有任何道德感的話。」但是他們告訴自己：「我要利用空閒的時間，加入哈林區那所學校的董事會；或是我準備教導貝史蒂社區（Bed-Stuy）的三個黑人男孩，而且準備讓他們就讀耶魯大學」。那會讓他們感覺像是盡本分的公民。沃克說：「但問題是，它容許你停止大腦、道德感和人性中會要求你採取行動、要求體制變革的那一部分。」

現代美國生活中很少人像薩克勒家族（Sacklers）那樣實踐沃克所說的一切，他們是美國最富有的家族之一，而且他們在慈善界裡的生活有許多點與沃克交會：他和他們捐款的組織；他從伊莉沙白・薩克勒（Elizabeth Sackler）擔任託管人的博物館獲得的一個獎項。薩克勒家族是卡內基舊福音的體現：施捨，而且是風光的、深思熟慮、慷慨的施捨，然後期待有關金錢的來源與容許賺這些錢的體制問題不被提起。

薩克勒兄弟——伊莉莎白的父親亞瑟・薩克勒（Arthur Sackler），以及雷蒙・薩克勒（Raymond Sackler）和莫提默・薩克勒（Mortimer Sackler）都是醫師，也是製藥公司普渡製藥（Purdue Pharma）的共同創辦人。這三兄弟大手筆捐款給紐約的大都會藝術博物館（Metropolitan Museum of Art）（該博物管因此開設薩克勒館）、古根漢美術館（Guggenheim），以及美國自然歷史博物館（American Museum of Natural History）；華盛頓特區的史密森尼學會（Smithsonian Institution）亞洲藝術博物館，該館宣稱擁有「一些全世界最重要的中國古玉器與銅器」；倫敦的泰特美術館（Tate Gallery）和皇家藝術學院（Royal College of Art）；巴黎的羅浮宮（Louvre）；柏林的猶太博物館（Jewish Museum）；哥倫比亞大學（Columbia University）、牛津大學（University of Oxford）、愛丁堡大學（University of Edinburgh）、格拉斯哥大學（University of Glasgow）和薩爾茲堡大學（University of Salzburg）；以及特拉維夫大學（Tel Aviv University）醫學院。

三兄弟不只自己捐獻，他們的公司也以備受讚揚的慷慨捐款給營運的社區，撥款給地方團體以「鼓勵年輕人藉由減少高風險行為，如藥物濫用來獲得健康的發展」；支援「提升全國性層次和在我們自己社區生活品質」的組織；資助教育計畫以「協助醫藥專業人員認識並減少藥物濫用」。在該公司位於康乃狄克州總部的支持下，贊助提供無家可歸者服務的斯坦福男孩女孩俱樂部（Stamford Boys & Girls Club）、一所圖書館、斯坦福皇宮劇場（Stamford Palace Theatre）、康乃狄克芭蕾舞團（Connecticut Ballet）、斯坦福交響樂團（Stamford Symphony）、斯坦福商會（Stamford Chamber of Commerce）、費爾菲德群企業協會（Business Council of Fairfield County）、斯坦福博物與自然中心（Stamford Museum and Nature Center）、海事水族館（Maritime Aquarium）、聯合勸募協會（United Way），以及抗乳癌健行活動（Making Strides Against Breast Cancer）。

在美國與世界各國的權力和影響力中樞，想不看到薩克勒家族的慷慨事蹟是很難的事。但是，沃克現在提出一個問題：施捨者是否不但有義務貢獻給解決方法，也必須回答他們在造成問題上扮演什麼角色？

在企業上，薩克勒家族參與的作為起初只是引人側目，後來則引發嚴重的法律糾紛。據《紐約時報》報導，亞瑟・薩德（Arthur Sadder）「普遍被推崇（有些人會說怪罪）為建立許多製藥業較具侵略性行銷技巧的人，例如：為醫生舉辦大會，讓參與者學習贊助公司的藥品療效」。侵略性藥品行銷影響後來許多藥品促銷的方式，但是普渡製藥及其關係企業影響美國社會特別大的，是它從一九九六年開始銷售的止痛藥疼始康定（OxyContin）。疼始康定是藥效很強的鎮靜劑，對嚴重的疼痛可提供十二小時緩解，剛開始，它的行銷宣稱是一項突破，能以緩釋配方，較不至於導致成癮和濫用。

《紐約時報》說：「這項宣稱變成關鍵，促成歷來由一家藥品公司為一種鎮定型止痛藥所做的最具侵略性的行銷廣告。」除了在大會上喝酒、吃飯外，疼始康定的行銷人員，包括普渡製藥的夥伴亞培實驗室（Abbott Laboratories）也展現招攬醫生的創意——根據藥品刊物STAT報導，包括一位不願撥出時間和藥品銷售代表會面的骨科外科醫生，直到他們找到該醫生的弱點。STAT揭露，藥品銷售代表在一份備忘錄中指出：「護士與辦公室員工告訴我們，要吸引他注意和發展我們的關係，最好的方法是透過垃圾食物。」銷售代表很快就按照建議行動。根據STAT指出，亞培實驗室的代表隔週帶了一盒甜甜圈和其他點心到訪，這些甜食還特別排成「OxyContin」。這一次，醫生聽到銷售代表說的話了。STAT報導：「此後每週亞培的銷售人員都來拜訪醫生，要求至少讓三名病患改用疼始康定止痛藥。」

普渡製藥也採用向全科醫生推銷疼始康定的策略，因為他們通常在治療嚴重疼痛和察覺病患濫用止痛藥上，比起像骨科醫生等專科醫生有訓練不足的缺點（或優點，視觀點而定）。全科醫生的人數當然比這類專科醫生來得少，為疼始康定投入大規模的行銷攻勢讓普渡製藥從一九九〇年代中期的一家小藥品製造商，到二〇〇一年盈餘激增到近三十億美元，其中有五分之四來自疼始康定。

疼始康定是一種威力強大的抗疼痛新武器，卻也很快變成廣泛被濫用的街頭藥物。它原本應該被吞服，以發揮延遲釋出的效果，但是根據《紐約時報》報導：「不管是藥物濫用的老手或新手，包括青少年，很快都發現咀嚼疼始康定藥片，或是搗碎它，以吸入粉末或用針頭注射，就可以製造有如海洛因的強烈效果。」因此，疼始康定開始製造出愈來愈多的使用過量與死亡，特別是發生在農村地區的窮人。這些在新千禧年前後的死亡事件，是幾年後所謂的全國性「鴉片類藥物濫用」（opioid epidemic）的初期跡象。正如《紐約客》報導：「雖然許多致死使用過量案例是非疼始康定的鴉片類藥物造成，但這場危機初期的快速惡化卻是處方文化轉變所造成——由普渡處心積慮促成的轉變。」疾病防治中心在後來的報告中說，鴉片類處方藥使用過量致死案例在一九九九年到二〇一四年間增加四倍，在二〇一四年奪走一萬四千條人命。在同一年，近兩百萬名美國人「濫用或依賴鴉片類處方藥」，且使用這類藥物於非癌症疾病的病患有四分之一必須極力對抗成癮。鴉片類藥物每天送超過一千人進急診室。在網路論壇上，有許多人交換心得，討論讓自己最亢奮而不送命的最好方法：

主題：咀嚼或吞服整顆？

千萬記住你的耐受力會增加非常非常快！

我今天早上十點吃兩顆八十毫克的，晚上十點吸一顆。

那是三年的經驗換來的，因為我有兩種嚴重的病需要疼痛治療，但二・五顆或二・二五顆應該就能應付。我週末會放鬆限制，但是也要看從事多少活動而定，像走路等⋯⋯

小心，我一開始每天吃四顆二十毫克的⋯⋯現在每天總共三百毫克。

你最好不要因為手邊沒有藥而藥癮發作，如果你去年十二月二十四日和我在一起，當時我會提早一週吃完藥，因為癮頭這麼大，所以讓我吃足苦頭，聽了你會嚇死。

有時候沒有人預見像這種大規模的社會問題即將發生，這就是一個例子。在二〇〇一年，疼始康定和其他鴉片類藥物的銷售飆升，西維吉尼亞州僱員醫療計畫的官員注意到發生奇怪的事。和州級僱員的保險公司一樣，他們會收到僱員死亡的相關文件，包括法醫的死因報告。根據ＳＴＡＴ報導，官員注意到死於可待因酮（oxycodone；疼始康定的有效成分）的人數大幅增加。這些官員對這種藥物很熟悉，因為客戶開立這種處方藥給病人的數量暴增，從一九九六年總值一萬一千美元激增到二〇〇二年的兩百萬美元。

這些官員很快公布這項資訊，要求立法規範醫生在開立疼始康定前必須先取得授權，限制這種藥物只用於真正需要的人，避免已知的藥癮者和其他有濫用紀錄者取得。但是ＳＴＡＴ報導，這些努力遭到普渡製藥激烈抗拒，使得普渡製藥在二〇〇一年的「第一優先」要務，變成擊退任何限制疼始康定處方的企圖。根據ＳＴＡＴ取得的一份備忘錄，描述該公司的西維吉尼亞州營運年度目標，其中最重要項目之一是，「阻止任何要求疼始康定事先授權的努力」；另一份備忘錄則提到與西維吉尼亞州官員的一場會議，目的是「阻礙」官員減緩疼始康定處方的任何努力。

正如一名前普渡製藥幹部向ＳＴＡＴ解釋：「我們希望讓任何藥物都不需要事先授權。」官員努力讓這個問題受到法規管制，但是普渡製藥卻發現一個巧妙的迴避方法，利用所謂藥品福利管理業者的第三方公司，確保西維吉尼亞州民可以不經事先授權取得疼始康定。普渡安排如果藥品福利管理業者可以無須事先授權處方疼始康定，即能獲得該公司支付的「退款」。

普渡製藥對社會大眾設法塑造遵循公司與創辦人慈善精神的形象，它的存在是為了協助人群，和該州一樣急切地想要避免藥物濫用和傷害。儘管如此，根據州檢察官提出的動議：

> 和普渡製藥企圖描繪的協助與合作形象相反，其雇主積極且祕密地試著阻止西維吉尼亞州實施對疼始康定銷售的任何管制。

據STAT指出，西維吉尼亞州麥克道威郡（McDowell County）變成「寓言中煤礦坑裡的金絲雀，預告全國性鴉片類藥物危機的興起」。二〇〇一年，保險公司開始發出警訊時，該州整體的鴉片類藥物使用過量為每十萬名州民只有六人死亡，麥克道威郡則已達到每十萬名居民有三十八人死亡，而這正是西維吉尼亞州未來命運的前兆，在後續十年，全州的死亡人數增加為超過三倍，成為美國所有因處方止痛藥致死比率最高的一州。如果該州官員規範疼始康定處方的立法沒有遭到阻礙，許多死亡案例原本可能避免。麥克道威郡警長馬丁・韋斯特（Martin West）對訪問的記者說：「我每晚在這裡聽警用無線電，第一個呼叫的都是用藥過量，這種情況實在很可悲。」

在此同時，《紐約時報》報導，當美國各地的其他公務員開始擔心這種藥物容易成癮和濫用的傾向時，普渡製藥展開反擊，「宣稱該藥品的長效性質讓它比傳統鎮定劑較不可能會被濫用」。美國司法部駁斥這種說法，當時擔任維吉尼亞州羅阿諾克（Roanoke）檢察官的約翰・布朗利（John Brownlee）表示：「疼始康定並非普渡宣稱的藥物。普渡聲稱疼始康定較不易成癮、較不致被濫用和不當使用是錯誤的——該公司知道說的是假話，普渡的錯誤說明造成這種處方藥的全國性濫用問題。」他補充說，這種藥品的詐欺式推廣「對維吉尼亞州與美國各地的許多社區帶來破壞性影響」。布朗利對普渡製藥提出告訴，普渡製藥在二〇〇七年同意和解，承認以「蓄意詐欺或誤導」方式行銷疼始康定，並同意支付六億三千五百萬美元的罰款和其他費用。

這是同類案件中支付罰款最高的一起訴訟，但與來自疼始康定的暴利相比只是小小的代價。二〇一五年《富比士》雜誌公布薩克勒家族是年度富豪家族排名中「最富有的新進榜者」，身價高達一百四十億美元。該雜誌指出，這個家族已超越「像布希家族（Busches）、美隆家族（Mellons）及洛克斐勒家族」，並問道：「薩克勒家族如何打造美國第十六高的財富？簡單的回答是：製造二十一世紀最受歡迎也最具爭議性的鴉片類藥物——疼始康定。」

這個問題的另一個回答可能是：藉由每次公共利益的守護者嘗試保護公民時橫加阻礙。後來的報導揭露，布朗利在獲得普渡製藥認罪的前一晚曾接到不尋常的電話。據《華盛頓郵報》指出，司法部資深官員邁可・艾爾斯頓（Michael Elston）用手機打電話給布朗利，並「要求他暫緩這個案子」。該報說：「八天後，布朗利的名字出現在艾爾斯頓列出的一張建議開除的檢察官名單上。」那是小布希政府嘗試大幅削減檢察官人數計畫的一部分。布朗利沒有丟掉工作，艾爾斯頓在這份名單公開後引發的爭議中遭到開除。那通電話談了什麼？根據艾爾斯頓的說法，他的上司法部副部長保羅・麥努提（Paul McNulty）在接獲代表普渡主管的辯護律師要求延緩時間後，要他撥打那通電話。

薩克勒家族只是美國眾多可能被沃克文章激勵而回顧過去的家族之一，沃克喚起他們注意的，不只是他們的作為，也是他們運作場域形成自身優勢的體制。

儘管疼始康定和薩克勒家族的資訊很容易獲得，但市場世界卻擁抱該家族的善行、對傷害保持緘默，對該家族成員最常見的形容詞是「慈善家」。

慷慨無法取代正義，但正如市場世界俯拾皆是的情況，在這個例子卻被容許發生。從薩克勒家族慷慨中獲益的機構，對於要求該家族補償挑起一場全國危機扮演的角色並不感興趣。慷慨往往發生在有權勢者聚集的所在，而不正義往往發生在看不見的地方，像是麥克道威郡；有關麥克道威郡的傳述幾乎不可能與餽贈大都會美術館一份厚禮的媒體報導競爭。慷慨是以百萬美元計算，而不正義卻協助創造一百四十億美元的財富。根據《紐約客》報導，從一九九九年以來，有「二十萬名美國人死於與疼始康定和其他處方鴉片類藥物使用過量」。

沃克在信中引述金恩博士，呼籲像薩克勒家族這些捐獻者不只要捐獻，也要「扭轉**需求曲線**朝向正義」，這將很不容易。

林肯轎車已來到四十九街和第三大道，沃克正談到他如何嘗試把訊息傳達給富人——不管像薩克勒家族的慈善家、ＫＫＲ裡的那些主管，或是他能打動的任何有錢有權的人。他以兩個大家愛聽的現代句子說，關鍵在於「設身處地認識人」與「不帶批判性」。沃克以一個比喻來說明自己看待事情的方式，當他在哈林區工作時，要讓父母帶小孩到約診的醫院很難。我們會忍不住批判和批評：**我們試著幫助你們，你們卻懶得從沙發起身**。沃克說，他知道那不是正確的方法，他知道他們會有自己的邏輯、自己的故事。「你不能登堂入室就說：『你們是輸家，你們不對……』你必須了解人的處境。」

「這是我很清楚的觀點，」沃克繼續說：「所以我們要設身處地來這裡認識他們。」他現在說的是那些有權勢者。「在他們的處境裡，他們真正相信自己正在行善，在貢獻給我們的經濟；在貢獻給稅基；在透過自己的個人捐獻與承諾給基金會或其他機構來貢獻給慈善，那就是他們的處境。」

這個比喻很發人深省，因為它證明一種被發展用來保護弱者的不批判，也能用來護衛強者。「在人的地方認識人」，用在哈林區一名有精神疾病的媽媽、做三份工作、照顧兩個孩子和應付醫院約診是一回事；但用在一個也不被批判的私募股權大亨時，則是截然不同的一回事，他真的應該像底層的貧民一樣，在他的處境被認識嗎？

沃克安坐在林肯轎車中，表示在我們的時代裡，財富和權力的集中正造成「中產階級的空洞化」和「民粹主義、國家主義、仇外的強烈反撲」。在世界各地，沃克說，憤怒與報復的政治情緒逐漸高漲，「因為人們真正感覺到從現代以來未曾感受過的痛苦。」不過，富人不想談論，他們想談機會。「好吧！我設身處地認識你，」沃克說：「讓我們談機會。」

儘管如此，要沃克在會議室或大廳繼續聽另一個繼承鉅額財產的年長白人大亨解釋「為什麼重點不是不公平」，仍然會讓他惱怒。他在轎車上說出沒有告訴那些大亨的話，但是似乎幻想著告訴他們：「你們很幸運活在不必應付現實的世界裡。」不過，沃克又說一次，一面打起精神準備面對ＫＫＲ：「我將設身處地認識你。」

許多市場世界的人不想問自己，沃克所問的錢從何而來的問題，但是也有一些人願意問這些問題，並且真正努力追求答案和擺脫自己的合理化羅網。

凱特·科爾（Kat Cole）是焦點品牌（Focus Brands）營運長，焦點品牌是一家私募股權的子公司，而私募股權則是由西那邦（Cinnabon）、Auntie Anne's、Moe's Southwest Grill、Carvel及其他食品業者擁有。有別於許多已經聚積財富的慈善家，科爾是仍有機會遵循沃克新福音中施與受觀念的女企業家。另一方面，她的人生提供一個研究案例，說明新福音所反對的論點和合理化。

科爾十七歲開始在Hooters餐廳工作，她加入一家長期以來讓某些人覺得有道德爭議的公司，理由則是和許多人一樣：為了生存。她在佛羅里達州傑克遜維爾（Jacksonville）長大，家裡原本屬於中產階級，父母擁有兩輛汽車，在眾多親戚裡是僅有的例子。他們從事白領工作，許多親戚則住在拖車停車場，在斷斷續續的工作（垃圾場、工廠、開卡車）、入獄、吸毒成癮中輪轉。科爾的父親酗酒，她說父親經常不在家，不再是可靠的丈夫或父親，讓妻子和家人過著悲慘的生活。

科爾九歲時，母親對她說：「我沒辦法了，不知道該怎麼做，但是我們非離開不可。」一向來以務實自詡的科爾記得，她一點也不生氣，「我只是想著，妳早該這麼做了」。科爾的母親很快陷入更貧困的家庭生活，她和三個女兒每週只有十美元的食物預算，飲食主要是午餐肉（Spam）、罐頭肉、Beanee Weenees罐頭豆及三明治。科爾的母親繼續做祕書工作，晚上與週末則兼職做其他工作。幾年後，科爾的母親再婚，家庭總算稍微穩定一些，但是之前幾年貧窮的生活塑造了科爾，讓她在展開職涯後，不斷思索對其他未被幸運之神眷顧或沒有更好選擇的人有什麼責任。

科爾十五歲時開始在商場賣衣服，高中一年級在Hooters餐廳工作，第二年從領檯晉升為服務生，這個新職務讓她收入足以辭去零售工作，而且存錢就讀大學。雖然這家餐廳以服務生的胸部作為賣點，並號稱「愉悅的粗俗卻不做作」，但是科爾卻發現這帶給她力量。她只是一個高中生，後來上了大學，每做一班工作可以賺取多達四百美元。（特別聲明，雖然可能不會有人相信，科爾堅稱這家連鎖餐廳從未促銷胸部，「而是促銷『整體的性感』」。）

科爾是一個優秀又能幹的服務生，如果需要有人到廚房烤雞翅，她可以做；如果酒保不在，她可以照料酒吧。這些技巧讓科爾受到經理人注意，當Hooters公司在尋找人才時，她的名字浮上檯面，在二十歲被拔擢進入總部的管理團隊。科爾周遊世界，開設新加盟店，她的薪資與職責逐年增加，變成一顆明星。

在後來擔任的職務中，科爾變成激勵女性領導者的楷模，她被要求擔任年輕女性的導師，並在集會中對她們演講。科爾是多才多藝的角色模範，因為她曾在Hooters擔任各種職務。

起初科爾看不出自己「透過Hooters得到的權力」和「Hooters是什麼」之間的矛盾，這家連鎖餐廳是傑克遜維爾的地標之一，她說：「在佛羅里達州，那不是多了不起的一家餐廳。」餐廳的地點離科爾小時候的家不遠。在高中時，那裡是每個人週六晚上會出現的地方，包括棒球隊員、足球隊員、啦啦隊員。「那裡給人的感覺不怪異、不陰暗、不是在剝削女性，因為你進去看到的那些女孩都很開心。而且在你是高中生時，看到那些漂亮的女性自得其樂，在自己的角色上握有掌控權，她們幾乎是以各自的方式成為小名人，看起來真的能夠激勵人。」她們看起來也比Applebee's的服務生來得快樂。

此外，這家公司隨著成長也讓女性擔任領導職務，通常是從內部晉升，而且大多數的例子是把穿著暴露的女服務生變成經理人。「因此，我從身歷其境中得到的第一印象是，『這是一個女性發展的絕佳職場』。」科爾說。偶爾會有喝醉酒的男人搭訕Hooters女郎。不過，科爾也有在Applebee's工作的朋友，那裡也會發生同樣的事，甚至一樣頻繁。「我看到的只有四周都是有自主權的女性。」她說。

科爾很感激Hooters為她做的一切，並極力為該公司辯護。當她晉升到管理團隊，並在會議場合遞出名片時，會看到人們眼中充滿批判。她還記得有一個女人說：「你只是為一家剝削女性的公司工作也就罷了，竟然還加入幫助成長！」科爾給對方一個自己深信不疑的回答：「我們不剝削女性，我們僱用女性。」

科爾正為合理化體系奠立基礎，那是許多商務人士必須建構，用來平息自己和其他人的懷疑所不可或缺的體系。她可以看到許多有形的好事，對她來說已經足夠。她沒有開放心胸，質疑公司對一個更大、更抽象又較難感覺到的體制做出的傷害。

科爾最後成為Hooters執行副總裁。在攀升到高階職務時，她的合理化是，無論別人感覺受到什麼傷害，都可以被善行抵銷。她靠著一個協助女性完成大學學業的學費償還計畫工作，建立一個履歷寫作計畫，協助離開Hooters的人「清楚表達她們有過的經驗，如何以最佳方法減輕所知她們會遭受的批判」。

不過，最後科爾決定不希望Hooters是她「唯一的故事」，她重回學校，藉著晚上和週末上課取得企管碩士學位（雖然沒有學士學位）。一家私募股權公司聘請科爾擔任旗下西那邦公司總裁，後來又被拔擢為母公司焦點品牌的資深主管。在西那邦的職務上，科爾需要新的合理化，當時她負責推出許多人們最好少吃的食品，她藉由堅持稱西那邦是一家「烘焙公司」來合理化。她說：「實際上，它是一家烘焙公司，已有數百年歷史。」科爾似乎聽到自己的話有問題，所以又補充說：「我們只是添加更多糖，這對有兩百年歷史的烘焙公司是有意義的改變。」

這個相當厚顏的合理化，和其他更動聽的說詞摻雜在一起，例如，既然一定會有不好的產業，應該讓好人來經營。「如果在自由市場社會有需求，不管是糖產品或酒，或餐廳裡有穿著暴露的女服務生，它就一定會存在。」她說：「所以如果它存在，重要的是如何存在。」這個合理化很重要，因為它暗示不只像科爾這樣的人貢獻，才能讓像Hooters或西那邦這樣的組織可以被接受，而且如果把才能用在更高貴的地方可能還更好。如果這種地方存在於自由市場，重要的是如何經營，不在那裡工作將無法解決問題；事實上，將會提高錯誤的領導者、採取錯誤的方法做事，而不是由你來領導做事的可能性。

科爾也告訴自己，她已藉由向大眾告知西那邦的肉桂捲實情而善盡職責。她說：「我們清楚說明它是什麼。我們告訴你，它用了很多糖和脂肪，被標示為放縱食品，我甚至會在媒體上表示，早餐、午餐和晚餐不應該吃這種東西。」同樣地，你必須拉近焦距，才能讓人忽視體制與結構的問題、更大和更複雜的不良飲食習慣，以及營養選擇與肥胖的問題。

科爾認為，她試著把有害產品透明化是較真誠形式的企業美德，勝過卡內基提倡的道德補償。她說，這讓品牌避開回饋它們可能協助造成的問題，因為依她所見，這種回饋是不對的：「支持青少年肥胖基金會的做法可能很虛偽。」她認為，告訴顧客，你的產品可能對他們有害與不能經常消費，在道德的衡量上可能是「制衡」廣告，並銷售給顧客的最佳方法。

科爾對自己的合理化是堅定而真誠的。如果沃克是想要改變賺錢的體系本身，改變企業的做法，他不僅是挺身對抗強大的企業利益和它們的遊說者，也是在對抗成千上萬像科爾這種人的心理，以及一種無須憤世嫉俗或麻木不仁就能造成傷害地看待生活方式。這種看待事物的方式，讓看待者習慣於四周的更大體系，不把這些體系視為你的問題。

在沃克拜訪ＫＫＲ幾個月前，他坐在辦公室裡思考慈善家羅莉・提施（Laurie Tisch）那天晚上將在現代藝術博物館（Museum of Modern Art）頒獎給他。提施在頒獎後，也將「在聖瑞吉斯酒店（St. Regis）舉辦八十人的小型晚宴」。沃克很興奮，因為和ＫＫＲ的午餐會一樣，他覺得這類活動是「破壞的機會」。「我不是要說『你們這些富人真可恥』，」他說：「我只是要提出問題，質詢並談論一些讓人不舒服的事，例如：財富、種族、特權和正義，以及我們所有人在促進與削弱正義上扮演的角色。」

市場世界神廟之一的阿斯彭研究所所長華特・艾薩克森（Walter Isaacson），將在台上訪問他，而沃克很清楚艾薩克森想聽到他奇蹟般的人生故事。「我可以保證艾薩克森會提出這個，他向來如此，這沒有什麼問題。」沃克說：「這就是目的，所以我的方法有一部分是給他想要的東西，就是告訴他一個故事，提醒人們，我們住在一個像我這樣的人可以實現夢想的國家。」但這只是沃克想說的一半，「在此同時，我們必須說：『好，所以你相信這個故事，對吧？』」——他模仿大多數是白人的群眾讚嘆的聲音——「**是的，我們相信這個故事，我們相信**你的**故事**。然後你必須協助人們描繪一個景象，說像我這樣的故事在未來要達成與實現的機會將會很小。我的歷程、我的故事今日可能永遠不會發生，原因是我們所知的一切事物。當我搭上流動性的電梯後，在這段旅程中以各種方式幫助我上升的事物不是已經消失，就是已經變弱，甚至變得會讓我下沉。」他說，在這樣的場合下，微妙的技巧在於讓富豪統治階層「感覺美國真好」，讓他們「覺得自己真棒」，然後用這種感覺軟化他們，說服他們，他們的美國必須改變。

提施是一位對沃克呼籲的根本改變與正義新對話心動的慈善家，但是她也掙扎於要如何達成目標。提施繼承的家族財富估計有二百一十億美元，她已故的父親普雷斯頓・羅伯特・提施（Preston Robert Tisch）是洛茲公司（Loews Corporation）創辦人，家族藉此賺進大部分的財產。這個家族是美國以慷慨知名的家族之一，尤其是在紐約，提施的名字出現在每個慈善活動裡。拜樂善好施所賜，她是惠特尼美國藝術博物館（Whitney Museum of American Art）託管董事會共同董事長、林肯中心（Lincoln Center）託管董事會副董事長、阿斯彭研究所託管人之一，以及曼哈頓藝術教育中心和兒童博物館（Children's Museum of Manhattan）前董事長，同時也是紐約巨人（New York Giants）足球隊共同業主。

以和她一樣的富豪統治階層標準來看，提施對她的財富有矛盾的感覺。不久前的某天早上，她坐在紐約洛茲飯店（Loews Hotel）麗晶燒烤酒吧的角落長沙發上，談論她常認為自己是家族「局外人」的原因。也許是因為她成長時是同輩提施家族中唯一的女性，被兩個兄弟和四個堂兄弟包圍。她驕傲地說，她是第一個姓提施的女性，因為提施是從一個太長的外國姓氏縮短而來的，是祖父母在二十世紀初從俄羅斯移民到美國，在布魯克林區本森社區（Bensonhurst）重新扎根時的改姓。

約六十五歲的提施回憶，她在密西根大學（University of Michigan）求學時正值越戰最後一年，她涉入含糊地稱為「有點激進的政治活動」——校園示威之類的，「不是丟擲炸彈」，她和夥伴試著阻止大學儲備軍官訓練團（ROTC）在密西根大學招募。雖然提施來自當代的大新富家族，卻認為資本主義「是骯髒的詞彙」。大學期間，有一天她通知父母，準備開車到華盛頓參加一場示威遊行。「讓我弄清楚，」她記得雙親之一回答說：「妳準備駕駛我們買的車，到華盛頓高喊『解散大企業』，是這個意思嗎？」一輛拜他們的公司生意興隆所賜而買的汽車。最後提施打消計畫。

當時的提施既反對體制，卻又是她反對體制的體現，而且她笑著說，它意味著「隨時都會覺得頭痛」。儘管她的思想和對策多年來不斷改變，這種衝突與頭痛的感覺卻從未消失。

衝突帶來愧疚感逐年加深，那是一種富人朋友在告訴提施去哪裡做臉、坐飛機去水療、買哪一幅畫——這些富人告訴她：「妳當然應該這麼做，妳值得享有」時似乎感覺不到，甚至不了解的感覺。這種愧疚讓提施自問：「我值得享有，因為……？因為我繼承了很多錢？」她曾向沃克提到這種愧疚，沃克事實上認為這種愧疚很合理，並把他的職涯押注在施捨還不夠的想法，但是他太心軟而沒有這麼告訴提施。「他叫我不要有愧疚感。」提施說。為了平息她不正義的共犯感，沃克稱讚她的慷慨：「那種感覺很荒謬，看看妳正在做的事！」但即使是沃克也不夠迷人到去除她的罪惡感。提施表示，她大半輩子為此所苦——「內心交戰，有點精神分裂，有點虐待自己」。提施喜歡開玩笑說，想向她募款的非營利組織應該追蹤她的信用卡帳單，因為每當她的支出激增時，愧疚感也隨之上升，捐款的意願也會跟著變得強烈。

不過，對提施來說，這種愧疚不只是一個要管理的情緒問題，也是一種刺激，督促她相信和做自認為正確的事。「妳什麼時候才能擺脫愧疚感？」一個朋友很久以前曾問她，畢竟她已捐出這麼多錢了。「但願永遠不能。」提施回答：「它是我的羅盤。」愧疚感並未讓提施停止從一個她認為不正義的體制中獲益，但是讓她避免忘記這個事實，並激勵她做能做的事。提施表示，她成立個人基金會的原因之一是，「去除愧疚感，轉變為更有用的東西，但是它將永遠留存一些。」它會留存的部分原因是，提施知道她的施捨「不是體制性改變或系統性改變」，她說：「我要把這個工作留給子女。」

但是如果提施夠誠實的話，愧疚也給予某種她不願意割捨的東西——一種比沒有愧疚的富人和比她更放縱的人更優越的感覺。提施的愧疚與共犯的感覺，讓她變成沃克新福音的目標——一種以較公平、較少引起愧疚的經濟體系，而不只是事後的施捨。但是在真正面對一種不同的體系會對她有什麼影響時，提施的自我保護本能開始壓倒那些愧疚。

提施真的認為遺產稅應該課得比現在重——就像許多國家那樣嗎？她開始局促不安。「我的意思是，理想上絕對應該，富人和窮人不應該有這麼大的差距，不該如此。」她說。不過她是否認為，如果她不能繼承擁有那麼多的錢，社會會更好嗎？這對她比較困難。「我很幸運能做我可以做的事。」提施指的是繼承的金錢讓她得以參與慈善。「但我是否認為它是最公平的體制？可能不是。」

所以提施應該繳更多稅嗎？她的子女繼承的財產應該繳更多稅嗎？「你必須比我多學一點歷史。」她說：「我的意思是，那是一個令人鼓舞的夢想。」提施似乎在暗示，對像她這類人的家族課重稅理論上是對的，但是也許僅止於理論。而有時候她也不確定這個理論是否正確：如果富人的子女不繼承大筆財富，不就不會繼續追逐財富，到華爾街或其他地方，而且沒有那麼多的時間花錢來協助其他人嗎？

提施相信一個較少繼承財富的社會會更好嗎？「會不會更好？」她說：「我是說，也許不貧窮會更好。」

那麼，提施會支持這種變革嗎？「所以我才說自己沒有學好歷史，因為那是令人鼓舞的夢想。」她說。換句話說，那是一個烏托邦的想法，聽起來很美好，但是她堅持知道得不夠多而不足以擁抱它。過了一會兒，她又說：「但是在比較接近這個理想的國家，是不是較好的社會？也許。」

但是我們也必須知道，在像斯堪地那維亞國家等較少貧窮的國家，像提施這樣的人必須拿來施捨的閒錢也會較少。「你沒有施捨那麼多錢的需要。」她說。當不幸較少時，你不必解決那麼多問題。

然而既然我們的體制如此，提施是否看到調和她的抽象立場與實際生活方式的方法？她似乎並不這麼認為。「我想那像我們的上一任總統或任何總統很支持公共教育，卻把小孩送到私人學校一樣，這是同一層次的問題，我沒有簡單的答案。」她說。

在和她同樣的富人對政治影響力上，提施的生活和理想也一樣矛盾，她是否認為這種影響力應該被節制？「你認為理論上這很棒，但卻不想變成唯一不這麼做的笨蛋。」她說。她認為競選財務體制不公平，並且了解這種不公平與被淹沒的聲音，和她後來透過慈善紓解的社會排擠間的關係。但是當談到支持希拉蕊參選總統時，她說：「我參加過多少場二萬五千美元和五萬美元的募款會？」提施的前夫唐納．舒斯曼（Donald Sussman）一直公開為一種邏輯看似很扭曲的反鉅額捐款的鉅額捐款辯護。舒斯曼是避險基金經理人，據說獻金四千萬美元給民主黨的超級政治行動委員會（PAC）和其他外圍團體，讓一些人宣稱他是二〇一六年希拉蕊的最大支持者。他告訴《華盛頓郵報》，他的動機是想消除像自己這種鉅額捐款人的影響力。「如果你的目標真的是讓金錢退出政治，捐數百萬美元是很怪的事。」他說：「我是公費競選的強力支持者，認為要達成這個目標唯一的方法是，支持像希拉蕊國務卿這樣的人，以承諾解決由倡議法院在**聯合公民團體**（Citizens United）案中製造出來的不幸災難。」為了改變現狀，你不得不向現狀屈服。

逃脫現狀的困難，對提施來說特別明顯，尤其是關於讓她最有愧疚感的財富：她的香菸錢。據《紐約時報》報導，一九六八年洛茲公司曾「利用大眾對抽菸的健康隱憂日甚的機會，以低價買進一家香菸公司」。被收購的公司是生產新港（Newport）香菸的羅瑞拉德（Lorillard）公司，這家公司以一種比大多數產品更吸引人又更有害的香菸，瞄準非裔美國人而備受爭議：摻入薄荷口味讓它更容易吸引人開始吸菸，而且超高含量的尼古丁更容易上癮。一九九四年，當七家菸草公司的主管並排坐在國會否認香菸對健康有不良影響時，提施的堂兄弟安德魯・提施（Andrew Tisch）也是其中之一。在被問到他認為吸菸和癌症是否有關時，他說：「我相信沒有。」次年，她的叔叔羅倫斯・提施（Laurence Tisch）——當時擔任哥倫比亞廣播公司（CBS）董事長，封殺一集有關菸草業吹哨者的《六十分鐘》（*60 Minutes*）節目而引發公憤。（後來拍成的電影《驚爆內幕》〔*The Insider*〕曾描寫該吹哨者；那集《六十分鐘》節目在洛茲公司宣布將出售哥倫比亞廣播公司後才播出。）

提施知道這些事，並且必定知道有人因為那些香菸與那些自保的欺騙而死。她有時候在人們感謝她推廣藝術、投資在年輕人，或捐款給哈林區這類非裔美國人社區以支持健康食物時，就會想到那些香菸。沒有人知道那筆債能否償還，或是拯救的人命能否彌補被偷走的人命。但是提施表示，當感謝的人不知道那些香菸錢時，她總會有愧疚的反應。她說，在不同的情況下，「他們知道那些香菸錢，我反而會想為自己辯解」。她自問：「香菸比酒精不好嗎？酒精比糖不好嗎？所以當我為這件事被批評時，也會想為自己辯解——說我的家族不應該捐錢給醫院做這麼多事。」當她聽到人們說香菸錢不配捐給拯救人命的醫院時，就會感到不平，為什麼她的家族是唯一被批評販售有害產品的笨蛋？

儘管如此，帶著愧疚羅盤的提施大聲為自己辯解。「我認為誠實的好人也可能把利用體制合理化。」她說。他們要怎麼合理化呢？他們會告訴自己，這就是我們的體制。「本來就是如此，」她說：「為什麼我要當唯一的傻瓜？」

在她的不願意當唯一傻瓜中，提施顯露現狀對她的掌控。她一再地談到一種最終不情願犧牲的理想。對她來說，感覺比富人朋友更優越很重要，但卻不願意帶頭衝出去，當唯一不利用她知道錯誤的體制的人。提施再三承認不願意帶頭實現她深信正確的世界這件事，對沃克傳達了一個訊息：如果他想要一個更公平的體制，像提施這樣的人將不會跟著一起追求；他可能得到他們的道德支持，但卻不能指望他們決定要改變造就他們一切的體制。

「既然可以利用體制，為什麼他們會想要改變？」提施說：「他們可能捐出更多的錢，但卻不想激進地改變。」

她能不能想像有任何事能說服他們改變想法，能激勵他們追求更公平的體制？

「革命，也許吧！」她說。

最後，沃克的轎車停在第五十七西街九號前，他被指引上樓。神情愉悅的接待員接過他的駱駝毛外套和呢帽。ＫＫＲ的投資人關係部主管，也是傳奇華盛頓權力掮客弗農・喬丹（Vernon Jordan）的女兒珍妮絲・庫克・羅勃茲（Janice Cook Roberts）與沃克笑談她父親的事。然後沃克遇見另一位主管梅爾曼（Ken Mehlman）。梅爾曼曾在擔任共和黨全國委員會主席時，協助共和黨推動反同性戀運動，直到幾年前被爆料本身就是同性戀而下台，然後開始為同性戀權利而努力。和卡內基一樣，他做了不得不做的事，現在是在贖罪階段，雖然這種贖罪是在ＫＫＲ工作中進行。

會議在一個大房間舉行，一側是一個長條自助餐檯，房間擺滿優雅的白色皮椅。與會者大多數是年輕資淺員工，看起來都像是生活在還沒有爬到充滿活力的階層。沃克曾說，根據他的經驗，許多這些員工出現在這種場合是因為懷抱辭職並實踐行善的夢想。但是就目前而言，只覺得他們充滿厭倦與疏離，一如你感覺到沃爾瑪員工感覺的高階版。你藉由一次又一次做出正確又審慎的選擇，而走進這個房間。和科爾一樣，你學會拉近焦距與不過問關於你所助長的更大的事情。由於公司知道這一切需要你做某種程度的心理犧牲，會好心為你安排一系列的演講活動，讓博物館主管、醫療專家和基金會總裁——那些生活得比你接近他們真實世界的人，提供給你一些激勵。對他的使命充滿熱情的沃克為聽眾提供鮮明的對比。

沃克是否將告訴他們，要為全球性國家主義崛起負責，說他想要的那種世界會讓他們的地位降低一些？是否會說他們的企業做法是問題的一部分，或是他們必須繳納更高的稅？他是否將「設身處地認識他們」？他是否可能做到這一切？

至少他在那一天並沒有做到，沃克在開場白中提到幾次KKR創辦人之一亨利・卡維斯（Henry Kravis），說他是「慈善家」，不再是一個企業掠奪者，就是沃克在轎車上感嘆的那種壓榨價值的始作俑者。沃克談到自己在金融服務業的經驗很寶貴，給予他許多「技巧」——猜想其中有些是他現在可以告訴自己，應用在服務弱勢者的作業程序，教導他如何同時做很多事，管理複雜的計畫組合，模擬資料並變成洞察，遵循紀律。沃克並不是在奉承聽眾，而是在訴說為什麼這麼多像柯恩的人渴望協助數百萬人，卻會先來到像KKR這種地方，然後才展開改變世界的工作。

沃克嘗試藉由把慈善轉變成一個相對概念，來讓房間裡的氣氛更自在。「如果你談到美國的慈善事業，它代表許多不同的事物。」他說：「意謂像卡維斯和許多你認識的人，以及你們其中許多人做的個人慈善，因為你們之中有許多人是慈善家，雖然你可能並不這麼自稱。」

最後，沃克談到已經準備好的主題。「我們面對著美國和世界極度的不平等——我不是有意誇張，但是我認為這真正對我們的民主帶來威脅，因為美國故事的核心在我們的民主體制下是很簡單的機會概念。」沃克的做法就是這樣：用一種可能讓他們不滿意的思想輕戳他們，然後很快設身處地替他們著想，使用市場世界熟悉的機會說法。

然後不讓人意外地，沃克談到拉法葉慈善醫院和其他故事，提到「一部我可以搭上的流動性電梯」和「美國社會的機會槓桿」。他在轎車上曾說到，富人認為美國有機會的問題，但不是不平等的問題，他們「有能力生活在不必面對現實的世界」，現在面對著新一代的「門口的野蠻人」，他設身處地了解他們。「我們的體系愈不平等，我們有的機會就愈少。」他說。沃克拉近距離，以更個人的語調說：

> 我每天挑戰自己擁有的特權，並說：「你知道，你享受別人無法想像的特權，你的表兄弟絕對和你一樣聰明，結果卻鋃鐺入獄。為什麼會這樣？」所以我滿腦子想的都是特權，和我身在這種地方，與像你們這麼聰明、有抱負、想改變世界又享有特權的人在一起。

事實上，在房間裡的人是不是想用沃克建議的方法「改變世界」並不清楚，直到問答時間才解開謎底。第一個問題是，關於他的領導風格與如何激勵員工：一個生意人試著向他學習如何更好地做生意；第二個問題是關於全球安全；第三個問題則是關於是否有太多慈善的金錢追逐太少有能力的行善者。沃克很委婉、近乎沉默，避談在轎車上談到的私募股權業是不平等的共犯，以及他們必須少做哪些事，而他的委婉加上聽眾的無動於衷，可以確定他說的話並沒有人真的聽到。

回到轎車上，沃克說，可以感覺聽眾並沒有真的聽懂他的新福音或產生共鳴。不過，他很安慰地發現後排兩位女士「對所有這些問題頻頻點頭」。他說：「前排桌子的白人似乎毫無動靜。」除了有一個人聽到「不必繳稅」這個句子在說明成立福特基金會時被提到幾次時點頭外，他們一直沒有反應。

沃克當然知道聽眾是KKR的夥伴，而不是公司的「造雨人」。他演講的對象還在人生的恐懼與攀爬階段。他說，要對造雨人說話，必須在較私人的場合。「你只能在一對一或有活動時接近這些人，你知道的，像是不久前的一個晚上有幾個很有錢的白人。」他說：「他們正在某人的家裡聚會喝酒，那裡很安全。」過了一會兒，他補充：「這些人不會沒事參加圖書館座談會。」

這些話讓沃克想到，現在美國正在私人化。美國大眾在混亂的民主中進行重大對話，而菁英則是自己持續不斷地聊天。他談到思想沙龍在社交圈裡逐漸擴散，有人花費數萬美元買大批的戲劇門票，邀請導演到他們家裡，在戲上演前為他們的客人做預演解說。這讓沃克想到，有一次他到巴西認識一個從小在有著嚴密守衛社區長大的人——這在巴西並非不尋常的事。讓他感慨的是，那個人和朋友小時候在家裡就有自己的迪斯可舞廳。「他們不能到城裡的迪斯可舞廳，因為太危險了。」他說：「所以就蓋了自己的小型迪斯可舞廳。」

沃克觀察今日的美國，看到富人朋友興建自己的象徵式社區，以門牆包圍，屋內有自己的迪斯可舞廳。有門牆的社區、家庭劇院、私人學校、私人飛機、私人管理的公園，以及不讓被拯救者參與的私人拯救世界計畫。「人愈來愈在門牆後生活，」他說：「愈來愈多公民活動與公眾活動變成私人活動。」

不平等給一些人資源，以建造自己的迪斯可舞廳，讓他們隔離在室內。但是這需要更多文化的成分，讓這種生活方式變得更愉快，人們選擇用這種方式生活，是因為對門牆外的大眾缺乏信心。他們有這種感覺，是因為在我們的想像中「大眾」（public）的地位淪落為比「私人」（private）低下，扭轉他們在過去的位階：正如法律學者傑迪戴亞・波弟（Jedediah Purdy）指出，我們在過去曾經熱愛「大眾」，愛到足以把最崇高的希望寄託在共和國（republic），而「私人」則讓我們想起它的表親「貧苦」（privation）和「匱乏」（deprived）。現代化的成就向來是逐漸說服人民擴大關心的範圍到家庭和部落之外，納入同胞。不平等正在逆轉潮流，侵蝕沃克熱愛的國家。政府仍然有責任，但卻逐漸由富人來制訂規則。

人們不免會懷疑，沃克是否有足夠的持久力與能力讓這個世界眾多的薩克勒、科爾、提施及KKR接受他的想法。在他提出新福音近一年後，百事可樂宣布讓沃克加入董事會。這件事引發一些批評，部分原因是這位對抗不平等的戰士，每年將從福特基金會總裁和這個只要偶爾出席的新職位賺進超過一百萬美元，部分原因則是他對百事可樂所作所為將要承擔正式責任，包括該公司持續銷售有害的含糖飲料。批評者可能從沃克的例子並非唯一而感到安慰或沮喪：數家大基金會的高層主管也擔任像花旗集團、臉書這類公司的董事。令人擔心的是，市場世界終將滲透並贏得勝利。「一位前福特基金會主管告訴《紐約時報》：「最好的戰術是讓你的批評者加入。」」但是沃克承諾且似乎相信，他將改變他們，而非反過來被改變。「我將帶入自己身為社會正義組織領導者的觀點。」他告訴《紐約時報》：「我將帶入殷切關注貧民和脆弱社區的觀點。」截至目前為止，沃克唯一的妥協是把他喝健怡可口可樂（Diet Coke）的習慣改為輕怡百事可樂（Diet Pepsi）。

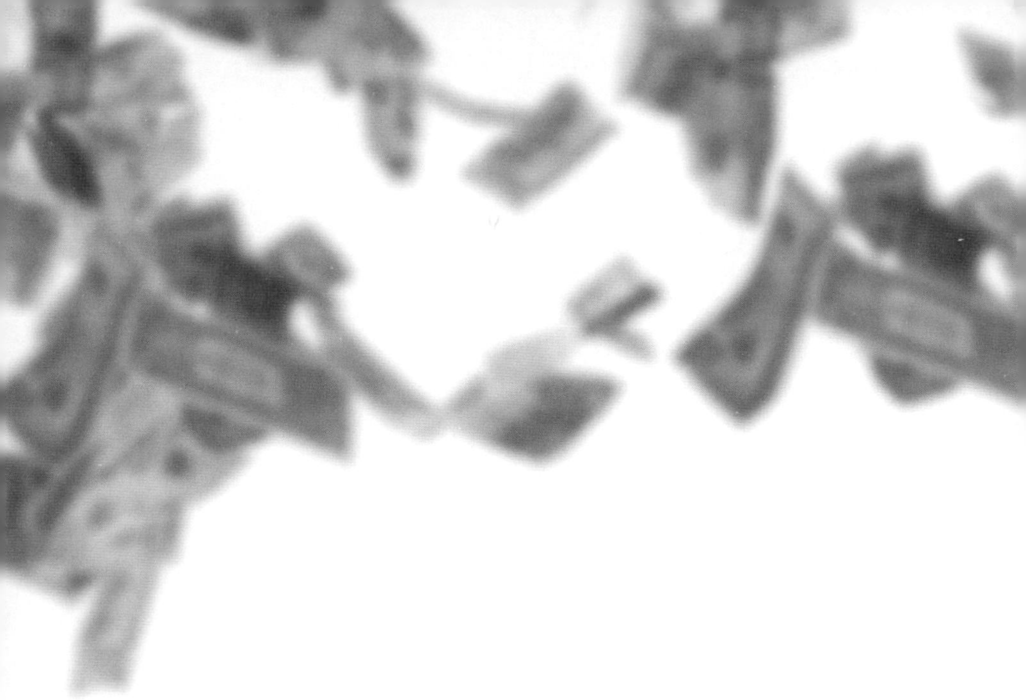

第七章

現代世界的運作

這個時代的贏家必須把勝利擴及他人這件事做得更好，但這是一個容易的解答，逃避贏家面對的更難、更迫切問題。而這個問題與造成今日情況的罪責，還有他們及其監管的體制是否必須改變有關。

這些人中有許多參加柯林頓的會議已行之有年，雖然他們常賦予自己施予者、慈善家、社會創新家、影響力投資人等稱號，但是近來的政治紛亂卻給這類人一個逐漸固定的新稱號，他們的朋友和敵人都知道，就是所謂的全球主義者（globalist）。二〇一六年九月，那天早上出席柯林頓全球行動計畫的人都期待著，他們將度過像是全球主義者家族的團圓週，但他們也感覺到是在一個自己愈來愈遭到鄙視的時機舉行這場會議。環顧世界各地，一股懸疑揮之不去，成群的特權者在私人祕密會議嘗試解決人類問題似乎已經變成一個問題，而無法帶來解決方案。

這場會議是在所謂聯合國週（UN Week）——有點無政府主義意味的名稱，舉行的許多活動之一。聯合國週的名稱來自世界主要國家元首在紐約市舉行會議，在聯合國大會（UN General Assembly）前逐一舉行，在它著名的綠色標誌前向世界喊話。因為這些會議，紐約市的安全警戒在九月這個早晨達到近乎戰備狀態，處處可見穿著暗色服裝的安全人員巡視可疑跡象。每隔幾分鐘就有車隊疾馳而過專為國家元首或部長保留的車道。在第二街，有一群示威者試著警告來訪的貴賓「不要干預敘利亞」；在另一個街角，兩個穿著西非長袍的女性拿著寫字板，尋求為一項關於健康的請願簽名。他們都距離聯合國的安全警戒範圍很近，也許沒有人告訴他們，但是主要拜柯林頓所賜，聯合國在聯合國週期間並非眾人聚焦所在。

柯林頓在二〇〇一年一月卸下美國總統職務時，已是一個等待贖罪的中年男人，他撐過醜聞纏身的兩個任期、一次眾議院彈劾投票，以及一次可疑的特赦與偷竊白宮家具的指控。新聞記者喬・寇納森（Joe Conason）在報導柯林頓卸任後內幕的《世故之人》（*Man of the World*）中，描寫這位前總統新生活的前幾個月充滿苦惱與備受指責，醜聞的談論持續不斷——先是特赦案和家具事件的餘波，接著是用公帑在曼哈頓中城的建築設立辦公室，那裡的租金超過四位前總統辦公室的總和。柯林頓後來藉由把辦公室設在哈林區一百二十五西街，在該區引進採用作業程序的企業顧問，以協助支持公益商店而平息爭議。儘管如此，負面形象仍舊難以擺脫。柯林頓的演講經紀人以高達一場二十五萬美元的價碼為他安排演講，但是有許多演講因為寇納森所說的「被大眾的嘲笑淹沒」而取消。不過，很少外國的邀約取消。柯林頓從中學到教訓，寇納森寫道：「他和幕僚很快發現，不管他的受歡迎度在國內如何低落，世界上其他地方都歡迎，甚至讚譽他。」

在這個發現的指引下，柯林頓展開卸任後首度的前進海外，並因而為他變成全球慈善的偶像鋪路，最後成為一部以《世界總統：比爾・柯林頓現象》（*President of the World: The Bill Clinton Phenomenon*）為名的電視紀錄片主角。他為印度古吉拉特邦（Gujarat）西部的地震募款，為調降開發中國家愛滋病藥價格撮合複雜的交易，然後在二〇〇五年順應當時的世界潮流，柯林頓認為如果你想改變世界，就需要企業與富豪統治階層的協助，因此需要在市場世界舉辦自己的會議。

柯林頓的構想是在紐約聯合國週期間主持一項會議，利用所有世界領導者齊聚紐約市的機會，把他們當作吸引富人和慈善家到紐約的誘餌。柯林頓把選在這個時機舉辦會議的功勞，歸功於長期助理道格・班德（Doug Band）。柯林頓後來回憶自己的反應，表示：「我說：『很好，這樣每個人都會開心地在聯合國大會開幕時開車遊紐約。』然後我可能做了一個衝動的決定，說：『我要來試試。』」

在二〇〇五年一月，達沃斯世界經濟論壇（World Economic Forum, WEF）——市場世界初始的會議之一，企業人士支付高昂費用以便與政治領導者和其他高階社會人士攀交情的場合中，柯林頓宣布建立柯林頓全球行動計畫。他說，這個計畫將會和在達沃斯舉行會議類似，但將要求參與會議的富人與權貴承諾以全球慈善為目的的有形計畫作為與會條件。據寇納森的描述，柯林頓說：「我是達沃斯的忠實支持者，但是不分富國和窮國的世界領袖每年九月都會來參加聯合國大會。所以今年我想我們會舉辦一個縮小版的世界經濟論壇，但將聚焦在所有與會者都能做的具體事項。」決定與行動、實際解決問題，將是柯林頓全球行動計畫和其他論壇不同的特色。「所有與會者必須事先知道，將被徵求該怎麼處理愛滋病、肺結核的意見；私人部門能為全球暖化做什麼。」他說。此外，「你將被要求參與對這些事情做出很具體的決定，並做出很具體的承諾」。

第一屆柯林頓全球行動計畫獲得許多熱烈的評論。資深雜誌編輯蒂娜・布朗（Tina Brown）寫道：「柯林頓似乎已找到他的促進長角色，呼籲我們拋開全國死氣沉沉的被動性，開始為自己思考事情。」她直率地評論道，柯林頓全球行動計畫是公共、政府解決問題方法的替代選項，在一個月前卡翠娜颶風暴露的嚴重國家失能下尤其明顯。她說：「透過公民行動取代政府角色，突然感覺像是一種極有力量的概念——當發現自己受困於洪水，在屋頂上揮舞襯衫時的替代選項。」的確，隨著柯林頓全球行動計畫的發展，凝聚愈來愈多對「取代政府角色」感興趣的人：投資人、創業家、社會發明家、倡議分子、藝人、慈善家、非營利事業主管、嫻熟作業程序操作的顧問等，紛紛前來腦力激盪新的雙重底線獲利基金（double-bottom-line funds），計劃對抗瘧疾，同時因為都已齊聚紐約市，所以也順便進行自己的交易。每過一年，他們日增的能見度似乎已經轉移了聯合國週的重心。

隨著柯林頓全球行動計畫發展，夥伴關係和承諾這兩個詞彙逐漸變成它的特性。柯林頓邀請來自各界的人——創業家、慈善家、政治領袖、工會、公民社會，共同研擬改變社會的計畫，並公開承諾計畫達成的目標。這個方法代表一個柯林頓大力背書和積極宣揚的新興觀點，當年柯林頓是一個耶魯大學法學院的年輕學生，在經歷數十年後的今天，他追求透過政治與法律的工具來改善世界。他曾擁抱作家納森・海勒（Nathan

Heller）所說的「建立系統哲學」的自由主義，它的精義是「如果不加干涉，社會傾向於朝著失序和極端發展，不是因為人類天生無可救藥，而是因為他們以局部方式思考」。海勒寫道，我們不能指望個人看到社會的大圖像，但是「像政府這種較大的實體則能看到」。柯林頓在擔任公職之初，深信公眾問題最好的解決方式是透過公共服務和集體行動。不過，在他主掌白宮期間，甚至後來更重要的時期，博得激賞的理論是最好透過市場和私人與公共實體的夥伴關係來解決問題，如此才能找到共同目標和共同擬訂雙贏的解決方案。

剛開始，柯林頓不知道人們會不會來參加一項以要求他們捐更多錢，以及志願帶頭做事為目的的活動。「我是說，有誰聽過支付會費後，還被要求要花更多金錢或時間？」他開玩笑說。

柯林頓低估自己了，承諾能帶來報償。如果你為一家消費者產品公司工作，並承諾提供數百萬人淨水器，或是一家基金會承諾協助成千上萬人恢復聽力，可能會被邀請登上柯林頓全球行動計畫的講台。柯林頓將站在你的旁邊，大聲向在場聽眾宣布你的承諾並加以讚揚。這個時刻在這群相信藉由行善成功的人中，將會是備受欽羨的生涯高峰：那些有影響力及／或富有，但相對不知名的人將沐浴在名人般的榮光中。如果你正在為新基金尋找投資人（舉例來說），那也是一個在眾多有錢有權者中露臉的好方法；如果你擁有一架飛機和可以用來承諾慈善的許多錢，像加拿大礦業大亨法蘭克・吉斯特拉（Frank Giustra），可能很快發現自己暢行無阻，由柯林頓扮演你的引薦人和拜把兄弟。你將為他的基金會提供助力，他將讓你進入他的小圈圈，而進入他的小圈圈，可能讓你在下一次競標一個礦業計畫時蒙受其利。

根據柯林頓的估計，十二次柯林頓全球行動計畫大會激發約三千六百項承諾。他的基金會宣稱，這些承諾已改善一百八十個國家，逾四億三千五百萬人的生活——一個令人刮目相看卻難以證實的數字，因為這種新形式的拯救世界方法都是私人、自願性的，不對任何人負責。其中一項名為「與大企業共創繁榮」（Creating Prosperity with Major Corporations）的承諾是由TechnoServe提出，這是一家反貧窮顧問公司，與沃爾瑪、可口可樂、嘉吉、麥當勞（McDonald's）及南非美樂（SABMiller）有夥伴關係；TechnoServe後來提出一份進度報告，宣稱「已為『金字塔底層』的創業家舉辦一項企業計畫競賽」。另一項名為「WeTech」的承諾，則是結合麥肯錫、Google及高盛等夥伴，為女孩和女人尋求科學與科技生涯提供教育與指導課程。

這種改變方法侮辱柯林頓在位時的作為與主張：倡導全球化、擁抱市場、悲憫、宣告終結勞資對立、承諾富人和窮人一起提升——堅稱放寬管制對華爾街有利，也對一般商業有利；推銷大企業要求的貿易協議對勞工也有好處。當時美國距離對柯林頓主義進行公投只剩兩個月，希拉蕊已擊敗主張節制「億萬富豪階級」讓勞工階級出頭的伯尼・桑德斯（Bernie Sanders），相對於她談論希望讓所有人雨露均霑。現在希拉蕊發現自己面對一個毫不留情的終極對手，一個煽動種族對立、獨裁主義、族群民族主義型的對手。川普成功地利用人們的直覺，這種直覺看穿那些認為你既可以投入追求正義，又能變成超級富豪；既可以拯救生命，又能擁有權力和捐獻許多金錢，可以魚與熊掌兼得的人的虛偽。川普出乎許多人的意料，成功地利用這種感覺，儘管他本身也是自己譴責的假關心體現。

對柯林頓全球行動計畫所作所為及其代表事物的批評已經蓄積多年，助長這種批評的是對「慈善是與會者的目的或自保的手段」從未停止的質疑。「它是社會行善版的達沃斯會議。」沃克在聯合國週的某天早上坐在福特基金會的辦公室說。新聯合國週活在「行善與藉由行善成功的交會點」。他稱許柯林頓帶來的改變，福特基金會也參與贊助這項活動。「的確是透過柯林頓全球行動計畫這個平台讓許多新參與者動員起來，帶進許多不同的新形式，如影響力投資——呈現百花齊放的局面。」柯林頓運用超凡的凝聚力把不可能的夥伴結合在一起，各種解決貧窮和苦難的方案因而誕生。不過，沃克說：「慈善家與企業把柯林頓全球行動計畫視為可以利用來同時行善和建立品牌的平台，也是不爭的事實。」根據沃克的看法，結果是自利與柯林頓全球行動計畫的利他主義糾葛不清。為什麼這些執行長會不遠千里來參加會議？「他們飛來這裡是因為看到投資機會；他們看到建立品牌的機會。」沃克說。柯林頓的聰明之處，是利用他的會議「作為給人們資歷的方法」，如果他們同意助人的話。但是沃克認為，這讓柯林頓全球行動計畫施捨的動機蒙上陰影。現在其他人正仿效柯林頓全球行動計畫把自己綁在聯合國週的做法，並帶來沃克有點誇大的「數百種副作用」。他說：「危險之處是善行可能會被抵銷。這個構想是，你可以支持奈及利亞尼日河三角洲的一項健康計畫來消滅疾病或痢疾等，也可以投資在一家汙染尼日河三角洲的公司。」

在柯林頓全球行動計畫的播種下，公益和私人目的在聯合國週期間的模糊化，已不再局限於聯合國週。的確，其他根據這個模式的公共－私人混合的改變世界方法，即使規模遠不及它，也紛紛在紐約市各地出現，數量逐年增加；一項會議取名「做出改變：帶來影響力的投資」；GODAN高峰會邀請你「加入開發資料革命以終結全球饑餓」；另一項索羅斯基金會的會議稱為「利用SDG促進包容性成長」（SDG是永續發展目標〔Sustainable Development Goal〕的縮寫）；匯豐（HSBC）推出「永續金融」的會議；在可口可樂和摩根大通（J.P. Morgan）贊助的康科狄亞高峰會（Concordia Summit），「思想領袖與創新者」齊聚一堂，以「檢視世界最迫切的挑戰，並辨識合作的機會」；由花旗銀行、瑪氏（Mars）和南非美樂贊助的活動稱為「企業合作實踐永續開發目標」；此外，還有一個非洲另類投資密集論壇（Africa Alternative Investment Intensive Forum）；透過慈善與影響力投資觸發氣候變遷創新；稱為「清潔經濟規模化」的網絡活動，由國際法律事務所Baker McKenzie主持；美國非洲商業論壇（U.S.-Africa Business Forum）由彭博慈善基金會（Bloomberg Philanthropies）召集；以及每個婦女每個兒童私人部門創新高階午餐會。

社會公益高峰會（Social GoodSummit）是另一個這類私人改變世界的祕密會議，為期兩天的議程聚集「活躍的全球領袖與草根倡議分子社群，以討論我們時代裡最大挑戰的解決方案」。這項在曼哈頓第九十二Y街舉行的會議，向與會者承諾，將「團結一致以釋放科技的潛力，讓世界變成更美好的地方」。和許多其他會議一樣，公共與私人的混合在這項活動中處處可見。該高峰會是由目標百貨（Target）、耐吉及塔克貝爾基金會（Taco Bell Foundation）贊助，但是在數位媒體休閒館（Digital Media Lounge）裡發現M&M's巧克力，卻都印上聯合國永續開發目標的小標誌——是那一年聯合國週的主題之一。在活動開始時，先有一段為艾蘭・庫迪（Alan Kurdi）默哀片刻的時間；庫迪是在地中海淹死的敘利亞男孩，吸引全世界的注意，默哀是藉此提醒難民危機。然後是一連串商業演講：「為了在二〇三〇年達成我們想要的世界，合作和共同設計是關鍵。」與會者也學到「塔克貝爾基金會相信年輕人需要遠大的夢想」。

這些各式各樣的活動——柯林頓的活動和從他的例子中獲益的其他企業贊助拯救世界大會，形成某種以市場世界人士為中心的平行聯合國週。距離柯林頓全球行動計畫只有幾哩的朗廷大廈位於中央公園西側，是一棟法蘭西第二帝國風格的建築。在一棟私募大亨之一擁有的高樓公寓裡，一些非洲人被邀請來與想投資非洲的有錢人談話，晚宴的共同主人則是一家專以解決貧窮為宗旨的麥肯錫式顧問公司。在一邊吃著雞肉咖哩和生菜沙拉時，談話的主題轉移到非洲有哪些交易機會，以及法規的愚蠢與規模的重要性，然後酒足飯飽的賓客搭上在樓下等待的黑色巴士。

巴士載送這些乘客到城裡一個向非洲致敬的宴會。車上有一位高大、削瘦的Uber主管，他自稱負責為公司開發非洲市場。接下來的事顯示出包容性的人道努力，在這個擴大的新聯合國週中是如何被定義的。這輛巴士停在格拉梅西公園酒店（Gramercy Park Hotel）前，酒店大廳裡人聲鼎沸，傳述有人看到歐巴馬總統在附近一家餐廳吃飯，他到紐約市參加聯合國週，並準備在美非商業論壇上演講。巴士上的賓客來到頂樓，加入一場由第五大道新非洲中心（Africa Center）舉辦的宴會。

宴會裡都是自稱住在兩個地方「之間」的那類人。雞肉香腸和魔鬼蛋端進端出，一位知名的Google主管正逗得一名奈及利亞女人哈哈大笑，一家美國大報業的副董事長拍著宴會主人的肩膀，詢問她父親在哪裡，她叫哈黛兒・伊布拉欣（Hadeel Ibrahim），她的父親莫・伊布拉欣（Mo Ibrahim）據說是非洲首富，宴會的共同主人雀兒喜・柯林頓（Chelsea Clinton）則沒有露面。前愛爾蘭總統瑪麗・羅賓森（Mary Robinson）從旁邊走過。賓客短暫地向非洲中心與非洲敬酒，然後回到原先的交談。有人小聲對另一個人說，他應該認識站在她後面的人，因為他在瑪莎葡萄園島（Martha's Vineyard）有一個很漂亮的地方，那棟房子實際上是三棟不同的房子連在一起，而且他喜歡邀請有趣的人到訪。

當晚的宴會裡，有幾個人為反貧窮顧問公司道爾伯格（Dalberg）工作，而對道爾伯格來說，這當然也是重頭戲的一週。道爾伯格在聯合國週期間宣傳一連串場外活動（或主場活動，視你的觀點而定）。在它的日程表上，右邊欄註解該不該參加，或如何參加各項活動。有八項活動可以免費登記，八項要付費登記，另有四十八項僅限邀請參加。這個比例透露出有關這個市場世界領導的新聯合國週的一個事實：當私人行為者介入公眾問題的解決方案時，解決方案變得愈來愈與公眾無關。

柯林頓基金會活動的私人性質多年來引發許多批評，究竟施捨金錢的人是誰？他們的動機為何？他們的施捨是否有一部分是為了獲得未來希拉蕊政府裡的影響力或職位？一部分是因為這些批評——對希拉蕊很快會勝選的預期讓這些批評更加猛烈，這場讓聯合國週的面貌為之改變的第十二屆柯林頓全球行動計畫大會將是最後一次召開。因此，當時柯林頓全球行動計畫充滿緬懷及憂慮的氣氛。許多社會正激盪沸騰的憤怒，部分原因是人們感覺從世界各地飛來參加這場大會的菁英，近幾年來在保護自身利益的表現遠比改善世界來得好。

市場世界人士正逐漸察覺這種憤怒，借用哈佛歷史學家弗格森的形容，二〇一六年發生的事件已變成「全球菁英覺得可怕的一年」；弗格森是傑出又收費高昂的思想領袖，也是備受全球主義者族群尊敬的一員。他在《波士頓環球報》（*Boston Globe*）上寫道，他和同儕如何在一月的達沃斯會議上嘲笑川普，但是不久後就看到川普獲得共和黨提名；接下來幾個月，穿梭於亞斯本、科莫湖（Lake Como）及瑪莎葡萄園島的菁英都未嚴肅看待英國脫離歐盟（European Union）運動，結果卻看到公投通過。全世界的菁英遭到怨恨，而這種怨恨似乎與他們不知人間疾苦有關。弗格森宣稱，「無根世界主義者」族群別無選擇，只能同意德國財政部長的評論：「人們愈來愈不信任菁英。」

在紐約聯合國週之前，這種不信任飄浮在一些籌備議程的晚宴、沙龍、小組討論會及董事會上，常被問到的問題是：為什麼他們怨恨我們？「他們」是指無根的世界主義者較單純的同胞，他們在困頓中逐漸靠向國家主義和受到煽動與充滿怨怒的排外主義，並拒絕菁英最珍視的一些信念：無國界、市場萬靈丹、無可避免的科技進步，以及良好的技術官僚方式來治理。

部分菁英相信，必須向民眾重新解釋他們的美好夢想。世界一家、開放國界、科技進步、資料統治、市場世界至上的版本並沒有錯，只是行銷的方式不對，他們用足夠的熱情來行銷全球化並開放國界和貿易。他們沒有好好地磨平改變的稜角，例如，用留住工作來說服那些被裁員的人。

市場世界人士有另一個陣營已開始懷疑全球主義者的夢想本身就大有問題，這並不是說這個陣營的人是國家主義者，而是他們傾向於受到藉由行善成功和全球主義的觀點影響。但是街頭的憤怒同時在這麼多地方發生，開始讓他們清醒，發現自己和菁英夥伴未能看到數十年來的挫折不斷累積，直到最近對變革的忿恨才變成頭條新聞。他們知道抗議者也希望世界變得更好，但他們希望對如何改變有更大的決定權；人們相信民主承諾會在乎他們的想法，不管這些承諾的履行有多麼不足。就在那個秋季，當市場世界人士發現自己熱烈討論人們的憤怒時，有人提出：**也許問題出在我們身上**。

究竟真正的問題是在哪裡？許多市場世界人士公開探討這個問題。

對弗格森來說，他和市場世界菁英同伴已加入一場新階級戰爭，不再是富人對上窮人，而是宣稱屬於每個地方的人對上困在某個地方的人——呼應他的同僚波特的「某個地方的人和每個地方的企業」概念。弗格森在同一篇文章中描述，問題是困在某個地方的人已不再被屬於每個地方的人表現的關心與慈善所愚弄，他們的人數終於追上屬於每個地方的人：「猜對哪一個族群人數較多並沒有獎金，不管全球菁英捐獻多少錢，透過慈善或政治都一樣，永遠無法彌補那個差距。」

和波特批評的作業程序導向的公司一樣，弗格森說，市場世界的贏家放棄對地方的所有忠誠。問題在於世界仍然由地方統治，因此菁英把忠誠和計畫放在全球層次，基本上是遠離了民主本身。而一些最好戰的全球主義者現在也承認如此。曾任美國財政部長和哈佛大學校長的經濟學家勞倫斯・桑默斯（Lawrence Summers）在《金融時報》（*Financial Times*）為自己辯解，呼籲結束「反射式的國際主義」，以迎接新的「負責任的國家主義」。

> 新方法必須從政府的基本責任是最大化人民福祉這個概念出發，而不是追求某種全球公益的抽象概念。民眾也想要感覺正在塑造他們生活所在的社會。

桑默斯在哈佛大學的同事丹尼・羅德里克（Dani Rodrik）在聯合國週前的週六於《紐約時報》發表一篇文章，告誡市場世界人士不要假設對他們有利的事，也會對所有人有利。他說，全球化亟待救援，其危險「不只來自民粹主義者，也來自它的啦啦隊」。他寫道：「全球化的新模式顛倒了它的優先順序，實際上讓民主來為全球經濟工作，而非反過來行事。」

海德特在那一年提供另一套哪裡出了差錯的理論，他在一篇文章中表示：「如果你想了解國家主義和右派民粹主義為什麼這麼快就變得如此強大，必須先看看全球主義者的行為。從某種意義來看，『始作俑者』就是全球主義者。」根據海德特的觀點，這些人之所以是始作俑者，是因為他所稱的「新世界主義菁英行為和說話的方式，侮辱、排斥並刺激他們的同胞，特別是那些對獨裁主義原本就反感的人」。對海德特而言，全球主義者是理想主義者，他們相信改變與未來，是「反國家主義和反宗教者」及「反地方者」，認為「任何把人區隔成不同群體或身分的事物都是壞事；撤除國界與區隔是好事」。海德特又說，他們的對手可以被理解為對艾彌爾・涂爾幹（Émile Durkheim）在劃時代的著作《自殺論》（*Suicide*）中，辨識的「根」有一種直覺的聯繫。海德特解釋說：「與家庭、宗教及地方社會有緊密聯繫的人有較低的自殺率，但是當人們在『混亂』或不正常的世界逃脫社會的束縛時，自殺率就會升高。」

在海德特的分析中，全球主義與反全球主義都是有說服力的世界觀，各有合理的論證和資料的支持。一個自由而容許人們往來與移動的世界有其優點，而穩定且關係緊密的社會則有不同的優點。但根據海德特指出，全球主義者是如此相信自己篤信的開放、自由及世界一家的道德優越性，以致他們無法了解這些事物引發數百萬人恐懼的事實。

這些懺悔有時候忽略不談的是，極為強烈的種族歧視、仇外、反猶太、男性沙文主義，以及民粹主義者煽動和助長的詆毀移民。這些情緒是真實的，並且在政治動盪的故事中扮演重要角色。但是有些人會說，市場世界的罪惡——弗格森和其他人道歉的那些罪惡，也要讓右派民粹主義者、族群國家主義者和其他人有機會負一部分的責任。

在柯林頓全球行動計畫結束後不久，但在總統大選之前的一次電子郵件訪問裡，柯林頓提出他對民粹主義憤怒激升背後因素的看法。「我們看到在選舉中反映的痛苦與街頭憤怒已經醞釀很長的時間。」他說。他認為這種憤怒的「部分原因是，感覺政治、經濟和社會裡最有權勢的人不再關心他們，或輕視他們，他們想變成我們進步邁向共享機會、共享穩定及共享繁榮的一部分」。但是當談到柯林頓的解決方案時，聽起來很像他已經投入的解決模式。「唯一的解答是建立積極、有創造性的夥伴關係，由政府、私人部門與非政府組織參與，讓它變得更好。」換句話說，唯一的解答是在傳統公共論壇之外追求社會變革，政治代表只是參與者之一，還有其他幾個參與者，而企業在是否贊助特定計畫上有很大的決定權。當然，高漲的民粹主義憤怒有一部分是針對柯林頓尋求聚集的那些菁英，而柯林頓卻把他的後政治問題解決理論押注在這些人身上，雖然這些人已失去數百萬感覺遭到背叛、漠視與輕蔑者的信任。

從美國、英國、匈牙利和其他國家人民的觀點來看，他們拒絕接受把追求獲利置於民眾需求之上的全球菁英統治。這些菁英似乎效忠於彼此勝過效忠自己的社會；這些菁英往往對遠方人道使命的興趣超過對周遭同胞的痛苦。受挫的大眾覺得他們無力影響揮舞試算表與PowerPoint的菁英，反而受制於這些菁英影響他們的權力，不管是任意調換他們的工作班表、自動化他們的工廠，或悄悄為他們孩子的學校安排一套億萬富翁製作的新課程。

他們不感恩的是，世界的改變沒有他們的參與。

在反全球主義起義的風雨飄搖下舉行的最後一屆柯林頓全球行動計畫，籌辦者認為有必要成立一個決定主題的小組，而且籌辦者顯然決定小組成員都由全球主義者擔任，無需反對者代表。（這不是唯一排外的表現：那些受主題激勵來到會場前排的人將發現，前面幾排座位大多空著，保留給那些深口袋的贊助者，包括麥當勞和洛克斐勒基金會。）

會議的正式名稱為「全球繁榮的夥伴關係」，更適合的名稱應該是「為什麼他們恨我們？」柯林頓主持這個小組，名單上有前企業家並曾打敗阿根廷勢力龐大的民粹主義者而當選總統的毛里西奧・馬克里（Mauricio Macri）；以支持市場的進步主義、遵循柯林頓稱為「第三條路」著稱的義大利總理馬泰奧・倫齊（Matteo Renzi）；前奈及利亞部長暨世界銀行官員，常出現在亞斯本、TED等市場世界圈，不久前加入投資銀行拉札德（Lazard）的恩戈齊・奧孔約－伊衛拉（Ngozi Okonjo-Iweala）；倫敦市第一位穆斯林市長、支持英國留在歐盟運動的大將薩迪克・汗（Sadiq Khan）。小組成員跨越左派和右派，而且每個上台的人都是最近遭到嚴厲批評、由市場世界推廣與贊助的全球主義、世界主義、技術官僚、雙贏共識的一分子。

柯林頓讚揚馬克里把常識帶進他形容為深陷「完全信譽破產的經濟和政治情勢」的國家，然後邀請馬克里與聽眾分享「你發現什麼、你試著怎麼做，和其他人要怎麼支持你，特別是來自私人部門和非政府組織部門的人」。

馬克里說：「主席，你也知道阿根廷數十年來飽受民粹主義之苦。」他描述支持企業的運動獲得勝利，是因為阿根廷人集體決定「我們值得過更好的生活，我們想成為世界的一部分，我們想終結孤立主義」。馬克里知道他的聽眾對讓世界變得更美好感興趣，所以決定專注談論在阿根廷消滅貧窮的計畫。儘管如此，馬克里幾乎並未碰觸平等、正義與權力的概念，沒有突然轉移話題到像土地改革或財富集中在少數家族等話題，反而談到讓做生意更容易。「我們知道——我們都知道消滅貧窮必須創造好工作、優質的工作。」他說：「而要做到這點，你必須創造信任、有信心的環境，必須向投資人保證你將遵循法治，你很可靠。」

馬克里談論的是典型的市場世界雙贏主義，並摻雜全球主義：對阿根廷最貧苦的人最好的東西是，任何能讓外國投資人和國際機構最自由自在的事。他說，這就是他做「艱難決定」的原因：統一阿根廷的匯率，放寬海外股息支付，解決該國與外國債券持有人的爭議。他對不久前帶著國際貨幣基金（International Monetary Fund, IMF）的代表團到阿根廷感覺自豪，也為了上週主持一個企業與投資論壇，吸引十幾個國家的數千名企業人士參與而感到興奮。「我們需要所有的全球公司都到阿根廷，協助我們發展國家。」他說。他認為良好社會是一個讓外國資金安全地方的願景，對於大眾怨恨全球主義者和改變贏家的問題是奇怪的解決方案。

柯林頓接著介紹倫齊出場，稱讚他有勇氣在義大利實施支持市場的政策——改革其勞動市場，舉行一場充滿爭議（最後以失敗收場）的公民投票，以減少國會議員人數並鞏固他的權力。倫齊正好是在場聽眾最愛的那種好像穆迪（Mood's）高評等的政治人物，而且他說了所有正確的話，同樣以經濟取代政治為主題。倫齊表示，義大利不能再只有偉大的藝術品和文化了，它必須接受「改變的挑戰」。

倫齊不經意地談到一個話題，這是關於他的勞動市場改革話題反映全球主義者共識的另一面。他說，義大利在一年前修改僱用和解僱的法律，讓該國終於趕上德國與英國的標準。他補充說：「顯然美國在二十年前就已經達到這個水準。」全球主義者認為公共政策有「正確的解答」——讓投資人感覺安全，也就是馬克里擔心的事，以及很有彈性的勞動市場，讓僱用和解僱員工更容易也是正確解答之一。然而，在過去，這個正確的解答並沒有以民主方式獲得，在二十年的「延誤」期間，並不是義大利人藉由行動或不行動所選擇的解答，當時那只是盤旋在義大利的一套全球主義老生常談，等著該國進行其他計畫，並接受世界的審慎做法。當它終於實現時，國家總理可以描述那段義大利人採用不同做法的二十幾年是延誤，不以準時聞名的義大利人延誤了達成全球主義者「正確解答」的時間。像倫齊這種領導人認為多邊機構與外國投資人推動的計畫清單，具有他同胞的民主選擇所沒有的道德正確性，因為它們對效率和成長來說是壞事。

現在柯林頓轉向薩迪克・汗市長，稱讚他是「一個正面相互依賴的絕佳例子」。市場世界相信相互依賴，因為它反映世界一家的情況，也因為它被解釋為更多可供企業進入的市場。（我們常見到抱持國家主義的人，卻很少見到抱持國家主義的企業。）柯林頓知道這個願景正面對威脅，因為正如他描述的，現在「抗拒我們聚集在一起的人感覺的強度，超過聚集獲益的人感覺的強度」。

讓實際感覺到那股正撼動世界怨恨的人上台，應該有點幫助，然而上台解釋它的卻是汗。他被問道：「英國脫歐（Brexit）投票對全世界正在發生的情況有什麼意義？」汗回答道：「在公投運動期間，那些抗拒把子女送到地方名校的人、擔心健保醫療的人、擔心買不起房子的人，都被誤導到恐懼政治的道路上，被灌輸你們的質疑和問題都是因為歐盟，都是因為別人的問題。」換句話說，投票贊成英國脫歐的人都是很容易被誤導的羔羊。

柯林頓在這個錯誤認知的說法上，加上「所有這些英國的郡投票放棄來自歐盟的經濟援助，而它們需要，但卻不知道自己在做什麼，只想關上大門，有一種情緒性區隔我們和他們的心態正在滋長」。這是一個前美國總統在英國出乎意料成功脫歐幾個月後、在他的妻子出乎意料地被一個與英國脫歐運動結盟的民粹煽動家擊敗前兩個月，對於這件事的判斷。這群以了解周遭憤怒為己任的人，卻先入為主地認為這種憤怒不可能有理性的根據或是有意識的選擇，他們無法理解看待世界的方式與市場世界人士有根本歧異的人，而且無論是否被誤導，這些人希望有人聽到他們的聲音。

「我真的很驕傲倫敦是英國投票支持留在歐盟的地區之一，而且是很堅定的支持。」汗說：「依我所見，這不是一場零和遊戲，而倫敦的表現很好並不是以英國其他地方為代價。如果倫敦的經濟很好，英國其他地方也會共享榮景。」

這個概念是，對一個繁榮、全球連結的大都會區，住滿有錢負擔居住成本的銀行家和其他受過高等教育的專業人士，以及推升房租卻對居住所在的經濟、稅基或社會沒有多少貢獻的沙烏地、俄羅斯與奈及利亞親王——對這樣的大都會好的任何東西，就一定對英國好；而不難想見的，這個概念的狂妄自負正是一些選民在面對英國脫歐的選擇時拒絕的部分原因。舉一個反例來說，英國近幾年來進行關於緊縮財政的政治辯論。倫敦市銀行家菁英支持的財政「紀律」，結果就是削減教育和醫療，以及降低社會流動性，讓民眾感到憤怒與懷疑的是政府為什麼花大錢幫助外國人。但是汗的願景裡裝不下英國與世界各地數百萬市井小民生活疾苦的概念，因為一切對菁英來說都太美好和容易，也偏袒菁英的利益。他提供馬克里與倫齊主張的另一個版本：全球化的贏家絕不是問題的一部分；如果我們幫助他們贏，人人都是贏家。

從這個小組可以看到代表的柯林頓全球行動計畫價值綜合體：做對市場友善的事，而不要做理想主義者的事；把人們假想的經濟需求置於他們的政治需求之上；相信正確、資料導向的技術官僚解方可以不證自明；從投資人的報酬率判斷政治人物的成功；把市場力量視為必須服從、讓開及適應的絕對真理。

這四位小組成員和柯林頓推測「這些人」（以奧孔約－伊衛拉稱呼他們的用語）憤怒的原因，並得出想當然耳的理論。柯林頓說：「在經濟困頓時，衝突模式的效果較好。」奧孔約－伊衛拉認為，讓疫苗更容易取得（她身為全球疫苗免疫聯盟〔GAVI〕領導者的職責）可能有助於紓解憤怒。（她並未提到現在效力的銀行家，以及如果這些銀行家為他們的罪惡受到懲罰，可能也有助於紓解憤怒。）奧孔約－伊衛拉以市場世界人士能懂的語言談論疫苗：它們不僅拯救性命，也是一項投資，因為健康的民眾意味更多成長、稅收及創業。她說，疫苗是「今日經濟中最好的買進標的」，因為「投資一美元在疫苗上可獲利十六美元」。她滔滔不絕地說：「這種報酬率非常高。」

片刻後，奧孔約－伊衛拉表示，在場的全球主義族必須「拆穿那些利用他們作為平台的人」——「他們」是指憤怒的選民，那些人被利用，是鄉巴佬。她完全拒絕接受那些憤怒的人是主動、一致地試著告訴他們的同胞一些事，不管方法是否有瑕疵，而且他們沒有機會到這裡親自告訴在場的人。

小組成員認為，自己超越且不干預可怕、衝突的政治，他們的政治是以技術官僚方法，專注於發現正確的解答，而且這些解答是可知並存在的，只需要分析和運用試算表就能找到。他們的政治是從商業世界的雙贏和互利共生方法借來的。令人訝異的是，五位政治人物共享一個舞台，而且沒有一刻真正發生爭論，似乎都假設好社會是創業家的社會，他們的成功等同於社會本身的成功。世界是由最重要的人類活動構成的，政府應扮演私人部門的夥伴，而非與之抗衡的力量。

觀看這個文明人的族群，可能會讓我們忘記傳統政治充滿爭辯是有原因的，並不是政治人物不知道要和氣親切，而是政治的基礎是一大群混雜的人掌握自己命運的概念。政治天生就是充滿利害衝突，必須談判與妥協不相容的利益，去異存同以達成可被接受的計畫。它解決問題的方式是每個人被邀請參與，而且每個人平等又有權利抱怨未受到照顧與重視。聚集多樣利益的人在一起，必定要在談判桌上交涉犧牲。要在全由贏家參與的論壇高唱雙贏很容易，他們的共識是一個提醒，要我們想想所有未被邀請參與的人和觀點。

不過，小組成員知道他們活在巨大的憤怒中，而且似乎極力探索因應之道。「更重要的是，與其利用人們的恐懼，倒不如解決它們。」汗市長說。柯林頓承認，他擔心市場世界的贏家在面對圍繞的憤怒時會逃避。「當我思考我們真的必須解決世界各地的問題時，其中一件事是，不要讓我們都市裡多樣、年輕、經濟成功的地區實際上感覺『這太費事了，我要避開農村地區，要逃避這一切』。」對菁英逃避的憤怒會不會鼓勵更多的菁英逃避？波特譴責的企業逃避主義與弗格森同輩贏家的世界一家逃避主義，在造成許多社會關係疏遠並激發強烈不滿後，現在會不會因此反轉歸正，或者覺得更合理化？柯林頓說：「這是對我們所有人的一大考驗。」

無國界的夢想瀰漫在柯林頓全球行動計畫，想想主持小組會議的大衛・米利班德（David Miliband）是前英國外交部長，現在擔任國際救援委員會（International Rescue

Committee, IRC）執行長，會議主題是救援。這種複雜的全球問題就是一條便捷的道路，讓市場世界人士凌駕國家民主體制。西聯匯款（Western Union）執行長賀博睿（Hikmet Ersek）坐在小組成員同伴瑞典總理旁邊，說：「沒有不敬的意思，總理先生，政治人物的問題之一是，你們是地方人民選出的，但是你們要對全球事務負責。」經常出席市場世界聚會的約旦拉尼婭王后（Queen Rania）聽到後也說：「讓我感到挫折的事情之一是，環顧世界大部分的領袖困在線性思維模式與傳統方法中，或許他們是受制於很急迫的事務，例如，選票和短期政治，所以他們沒想到世界正在發生的破壞，和它們未來將對我們帶來的影響。」

這確實就是柯林頓全球行動計畫，一位執行長怨嘆代表一個真實地方的一群真實的人的政治人物；一家匯款公司的執行長當然會有不同觀點，他代表無所不在的資本流動，並且對無國界有強大的財務利益關係，但這是否讓代表特定人群的民選領袖變得近利短視？還有一位王后認為，政治人物太受制於選票，以致無法清楚思考世界的問題。對拉尼婭王后來說，投票的大眾不是她或她丈夫（他也出席柯林頓全球行動計畫）要擔心的事，西聯匯款執行長也無須擔心。不必擔心選票是當國王或執行長的好處之一，這暴露出全球主義的反民主特性。全球主義者提倡的是一種凌駕、超越、自外於政治的解決問題方法，他們對讓政治運作得更好不感興趣，而是堅持以專屬的力量給世界需要的東西，但不見得是世界想要的東西。

如果柯林頓全球行動計畫的籌辦者真正對人們為什麼憎恨全球主義者感興趣，可能會邀請羅德里克這位寫過幾本全球化書籍的土耳其裔哈佛經濟學家。羅德里克的雙文化生活體現全球主義者的世界一家，但是他後來變成嚴厲批評全球主義者高貴意圖破壞民主的批評家之一。

「沒有人比我更稱得上是全球公民。」羅德里克於甘迺迪學院的辦公室裡，在電話中說：「我對世界其他地方的了解超過對美國的了解，我有兩個國家的護照，而這裡的朋友大多數不是在美國出生。」一般人可能以為羅德里克會像許多全球主義者那樣，在英國首相德蕾莎・梅伊（Theresa May）詆毀「世界公民」時感到難以承受。梅伊在英國脫歐公投運動醞釀期間，取得權力後不久說：

> 今日太多有權勢者的行為好像他們與國際菁英的共同點，多過於與平民百姓和勞工的共同點，但如果你認為自己是世界公民，你實際上是無根的公民，並不了解公民的意思。

羅德里克觀察和他一樣受過良好教育、周遊世界的菁英，對這些話立刻產生的激烈反應，這些全球主義者幾乎一致認為梅伊的說法有誤又惡毒：「她只是想要訴求群眾最基礎的本能。」讓羅德里克訝異的是，「這種反應千篇一律地否定某種在我看來是極為明顯的東西」。就梅伊嘗試迎合仇外情緒的潮流來說，她的想法也許是有問題的，但是羅德里克認為，它也與一個真實的問題有關：許多空談改變整個世界的菁英，通常立意良善卻很少參加社會的集會；許多宣稱感覺與所有人類連結的菁英，選擇只居住在和他們相同階層的地方。「柯林頓全球行動計畫的參與者或自由派的全球主義者，告訴自己，他們真的在改變世界的故事，」羅德里克說：「但他們並非真正是政治程序的一部分。政治程序要求你和其他公民競爭並測試構想，公民的定義是既存的政治社會成員，而我們顯然還沒有全球層次的政治社會。」換句話說，政治與實際的地方、實際的共同歷史有關。追求每個人夢想的全球主義，有不屬於任何人的危險。

對羅德里克來說，不只是解決全球層次的問題缺少正當性（在沒有一個世界政府的情況下，解決問題往往意味著用私人方法，而私人方法往往意味著富豪統治階層的方法）。往這個方向推動解決問題，給予全球主義者「道德掩護，以逃避他們身為國家公民的國內責任」。或是更簡單地說，這麼做容許他們逃避與自己國內各階層的同胞互動、學習自己社會所面對問題的責任，以免連累他們、他們的選擇及他們的特權——相對於像氣候變遷或偏遠地方，如盧安達的咖啡種植園這種全球性挑戰，在後者的情況下，擴散或距離可以避免他們感覺有人用手指戳自己的臉。

羅德里克說，全球主義者擁抱一種與時代事實不同步的進步理論。「對在那種計畫背後的世界如何運作有一種普遍的看法，而我認為那是假的。」他說：「這種看法是，世界苦於缺少真正的國際合作。」對一些問題來說，這種看法完全正確，例如，全球瘟疫與氣候變遷。「但是在大多數其他領域裡，你可以深入思考，不管是國際金融、經濟發展、商業和金融穩定，或國際貿易，在我看來，問題不是我們沒有足夠的全球治理，或沒有充分的全球合作或共同努力，而是國內治理做得不夠好。」他補充說：「世界經濟面對的許多問題，不管是貿易管制或金融穩定，或是沒有充分的發展和全球貧窮等所有問題，如果我們的國內政治運作良好，許多問題事實上會變得輕微許多。」

他繼續說：「你以為可以從外面發展出這些解決方案、可以空投這些方案到某個地方，或是可以透過這種跨國努力繞過當地政治，在我看來，這種想法雖然立意良善，而且絕對值得當作補充做法，但是如果變成替代做法，取代我們應該依循國內政治程序進行的種種努力，我認為它很可能會帶來反效果。」羅德里克認為，全球主義者推銷的行善就能成功的反政治方法，與二〇一六年的混亂有「直接關聯」。「世界的金融、政治及技術官僚菁英，」他說：「自己疏遠與國內大眾的距離，而結果是信任的喪失。」

納埃梅卡（C. Z. Nnaemeka）幾年前在《ＭＩＴ創業評論》（*MIT Entrepreneurship*

Review）中撰寫一篇有先見之明的文章討論這種疏遠。她批評二十幾歲和三十幾歲的菁英忽視所謂的「尋常的下層階級」——不夠富有到成為全球菁英，也不夠貧窮到吸引全球菁英注意的人。「解決加爾各答、基貝拉（Kibera）或里約貧民窟居民大問題的人，很可能多於解決像是西維吉尼亞州、密西西比州或路易斯安那州生活困頓居民大問題的人。這種偏袒遠方需求與暫時解決問題的傾向，可能加深人們覺得所有全球主義者彼此串連起來，忽視他們的同胞。這種感覺受到一種普遍的憤世嫉俗情結刺激，引發出陰謀論和假新聞效應。此外，這種感覺也因為過去三十年來真實世界的改變而加深——這些改變意味影響眾人生活的決定愈來愈不是在國內做的、他們小孩的玩具愈來愈是在不知道如何拼音的城市製造的，還有愈來愈多關於他們閱讀什麼內容的決定是由看不到的人創造的演算法做的。

這些改變有助於解釋許多活在這個時代的人為什麼會失去方向感，以及為什麼原本應該是菁英贏得同胞信任的絕佳時機——還有為什麼他們不信任菁英會帶來如此激烈的動盪。羅德里克談起希拉蕊，他說：「她的政見對中產階級與中下所得階級的好處，會遠比川普的提議來得多，但是她一直使不上力，我想就是缺少信任感，因為他們與一群全球主義者菁英關係密切，或是只與高盛之類的人來往，所以不管你的政見有多好都無濟於事。基本上，如果政見來自你基本上不信任的人，如果你不認為他們在乎你的利益，這些政見就不會被當真。」

由於全球主義者傾向和其他全球主義者在一起，有把自己困在回聲室的危險。「有一些故事傳述全球化應該如何運作，而這些人不斷說著這些故事給彼此聽。」羅德里克說：「這是一股升高所有船隻的潮水，而這個故事不斷被轉述，因而被強化，任何反對這個故事的人基本上都被視為只顧自己利益的保護主義者。」

「如果你對世界的了解有瑕疵，要如何發現這個問題？」羅德里克回答自己說：「在理想的民主世界裡，公民權得以完全實現和參與，你可以透過國內的商議程序來測試理念，和其他國內公民的理念競爭，而且你了解『好，等一等，我想那是一件好事，但是在北卡羅萊納州發生什麼事，那些人因為北美自由貿易協定（NAFTA）而失去工作？也許我們沒有實施必要的保護措施，我可以了解這一點，但是我們真的沒有提供這種風險和這種挑戰的保護。」

羅德里克表示，任何批評全球化的立場必須與全球主義世界一家的道德光環鬥爭。團結聽起來總是比分隔好，參與總是比劃界線動聽。柯林頓本身是架構全球化的大師，不是出於選擇，也不是可以用各種合理方式達成的特定政策與誘因安排，而是因為無可逃避的道德進步。「我尊敬反全球化人士，而且我認為他們的許多批評是正確的，但是他們想把我們帶回一個從未存在的時代。」柯林頓曾在一場演講中說：「人類歷史是從隔離到相互依賴，再到整合的歷程，一個分隔的世界是難以永續且危險的。反全球化人士想從相互依賴回到隔離，那是不可能的。」曾經相當狹隘、以讓企業更容易擴張和讓作業程序最佳化更無縫作為核心的全球化觀點，已被這種修辭粉飾為道德進化，這讓它得以輕易把批評形容為仇恨，即使批評與仇恨毫無關係。你想限制某個地區和墨西哥貿易？**什麼！你恨墨西哥人？你相不相信我們都是上帝的子女？**

對羅德里克來說，全球和諧的夢想是可敬的，而且由像柯林頓全球行動計畫這種活動所彰顯的慈善與社會關懷有著不容否認的好處，但他擔心的是這些全球主義者的活動，同時也在破壞政治是塑造世界最佳方式的概念。「我想，政治發生的地點是這裡的關鍵問題。」他說：「正確的政治發生地點是在哪裡，誰是做決定的當局？是這些網絡和這些全球性集會嗎？或是在國家的層次？」誰應該進行變革，還有他們應該在什麼地方進行？

當羅德里克說這些話時，已經可以聽到全球主義者的反對：**不過我們到柯林頓全球行動計畫、達沃斯、阿斯彭研究所或史科爾基金會集會時，並不是在參與政治，只是在助人。**「也許在這些集會聚集的人不認為是在參與政治，」羅德里克說：「但那當然是政治，只是這種政治發生的地點不同，而且對哪些人重要和如何改變事情的觀點不同，以及有不同的變革理論與變革的行為者。」換另一種說法，如果你試著塑造一個更好的世界，就是參與一個政治行動——這引發你是否採用一種合宜的政治程序來指導變革的問題。羅德里克表示，全球主義者的世界公民透過夥伴關係改變世界的問題，在於「你不對任何人負責，因為只是有一群像你一樣的全球公民作為聽眾。」他又說：「有政治組織、有人民的整個概念是，其中有可責性，那是政治體制確保的東西，而這些機制則沒有。」

羅德里克談到的政治體制，不只是國會或最高法院，而是所有這些行為和其他事物。它是公民生活；它是在公共領域中，透過政府的工具和在公民社會的管道中共同解決問題的習慣；它解決問題的方法是，給你協助的人在解決方案中有發言權，而且提供每個公民有平等的發言權，容許參與商議的管道，或是至少提供有意義的回饋機制，以反映哪些方法沒有效果，而不是在會議中重新想像世界。

分組會議取名為「超越平等：凝聚女孩與婦女的力量以追求永續發展」，小組主持人梅蘭妮・弗維爾（Melanne Verveer）在開場中說：「歡迎來到柯林頓全球行動計畫裡，我們的日出服務（sunrise service）。」她說，她的小組是那天議程的代表，因為聚集關於女性平等多重觀點的多樣利害關係人。這些多樣的利害關係人集合三位企業主管與一位聯合國的男士，小組中沒有女性主義思想家、倡議分子、律師、民選領袖、工會人士或其他各種女性救援者。嚴肅的女性主義者可能會覺得這些專家代表有問題，但是以柯林頓全球行動計畫的標準來說，這不是一個隨便組成的小組，和討論全球主義及其仇視者的小組一樣，反而是一個可以期待能提供足夠刺激，同時絕對無須擔心的小組。

像這樣的小組是探討羅德里克提出的一個問題的絕佳所在：這種民主有問題，但立意良善的全球主義者私人努力，是在「補足」尋求解決問題的國家，或者不經意地「取代」這些國家的機制？

表面上看來，答案似乎很明顯：一個私人群體怎麼可能聚集取代一個國家的民主？當然，他們有錢有權，但是國會仍有自己的運作。當然，議程是國會決定的。

情況未必如此單純。兩位史丹佛大學社會學家亞倫・霍瓦斯（Aaron Horvath）和華特・包威爾（Walter Powell）研究這個問題，並得出令人意外的答案。當菁英以私人方式解決公共問題時，可以用有利於民主的方式，也可以用破壞的方式進行。前者發生在當菁英協助「貢獻給與擴大國家提供的公益，和照顧國家尚未提供的利益」時；但是同樣的菁英協助，在同樣高貴的意圖支持下，在以「為特定公共目的而進行各種私人計畫取代公共部門」時，也可能會「破壞」民主，這些私人計畫並非只做政府無法做的事，而是「排擠公共部門，進一步削弱公共部門的正當性與效率，並以效率和市場的狹隘考量取代公民目標」。

霍瓦斯和包威爾最有趣的分析是，關於菁英如何排擠龐大的國家機器。私人飯店舞廳的聚會如何能讓擁有自己常備軍隊的民主國家聽任擺布？熟練而機靈的私人世界變革者往往尋求改變「哪些社會議題重要的公共討論，設定討論它們多麼重要的議程，並指定誰是更好的服務提供者，以解決這些問題，而無須參與任何公民社會的辯論程序」。最聰明的這類菁英救援者知道，他們生活在民主體制中並尊重這一點，他們不忽視公共輿論，但並不表示他們會根據這種輿論提供協助。霍瓦斯和包威爾寫道，破壞性方法「並不徵求公共意見，而是藉由尋求影響或改變公共輿論和要求」來提供私人協助。

所以有人可能詢問小組，像是它是否只尋求增補公共問題的公共解決方案？或是從事霍瓦斯和包威爾描述的操作手法，藉由扭曲人們的思考與談論，尋求引導議題並提出偏袒菁英利益的解決方案。

從一開始，主持人的選擇就提供任何尋求解答這個問題的人一個線索。以市場世界的標準來看，弗維爾是一個審慎的選擇，她曾任全球女性議題的美國特使，在柯林頓政府期間，擔任第一夫人希拉蕊的幕僚長。弗維爾因為是安全的、企業支持的女性主義者而受邀參與這種會議。（你不會在這類會議遇見像凱瑟琳・麥金儂〔Catharine MacKinnon〕這種女性主義法律學者，或像維吉妮・德邦特〔Virginie Despentes〕這種女性主義作家。）弗維爾曾積極參與三十年前的民權運動。如果企業的小組成員在會議前調查過她，並擔心她潛在的政治傾向，也會因為她經營的策略顧問公司網站而感到寬心，因為它引述可口可樂執行長的一段話，談論「女性已是世界上最活躍與最快速成長的一股經濟力量」。（市場世界是一個小世界，這位執行長也是Even應用程式公司共同創辦人的父親。）弗維爾的公司自稱是「思想領導的中心」，提供建議並為客戶舉辦「影響力集會」。該公司明白表示，並不從事實質的結構性改變，借自波特概念的宗旨為「創造共享價值——提升女性和女孩，同時促進永續的結果」。在市場的時代裡，女權如果無法也增進企業獲利，一些女性主義者認為，要求平等是一件強人所難的事。

弗維爾的女性平等小組成員有肯亞行動電話供應商薩法利通信（Safaricom）執行長鮑伯・科里摩爾（Bob Collymore）、聯合國祕書長的永續發展與氣候變遷特別顧問大衛・納巴羅（David Nabarro）、寶鹼（Procter & Gamble）北美區負責人卡洛琳・塔斯塔德（Carolyn Tastad），以及銷售護膚產品的德卡（Dermalogica）創辦人珍・伍爾萬德（Jane Wurwand）。他們做了開場演講後不久，討論逐漸歸結到問題（在這裡是婦女平權）的解決方案是創業。「對我來說，一切都關係到就業。」伍爾萬德說。她指出，美容業為女性創造的工作占極大比例，賦予女性權力的最佳方式，也就是「關係最大」的一件事是讓她們在美容業就業，並協助她們擁有自己的沙龍，最能解放女性的事剛好就是德卡所屬產業的成長。

「好極了！創業！」弗維爾回應說。他們原本是談到女性的平權問題，但是現在似乎已局限話題在就業及各自產業的成長，談論女權的條件是他們站在獲利的這一邊。

市場世界的思想推廣透過宣傳與作假進行的，不如透過這種限制來得多。它的武器不是說話，而是沉默、不邀請的人、在談話中的意在言外。這種方法可以避談專業知識，以免形成對市場世界較不友善的反應。在沒有多樣聲音的情況下，任何對這種小組的批評可能會容易引來奚落：**什麼！你不認為女性可以擁有自己的美容沙龍？什麼！你認為女性沒有工作較好？**因此不讓贊同這種批評的人進入小組很重要。

例如，你不會在柯林頓全球行動計畫上聽到：美容業是否助長造成女性不平等的女性商品化？在真正性別平等的世界裡，美容業是否可能萎縮？小組成員宣稱想要的平等世界是否可能會讓根據修剪指甲、做頭髮販售的瓶瓶罐罐美容品減少數百萬銷售？娜歐米・沃爾夫（Naomi Wolf）在她的書《美貌的神話》（*The Beauty Myth*）中寫道：「所有女性有深度、重要的特質——女性生活中的表達、身體的感覺、胸部的形狀、生產後皮膚的轉變，都被重新歸類為醜，而且是像疾病一樣的醜。」她指出，這種認知的醜對商業是好事，因為像零售與廣告等產業——沙龍和整形外科自然不在話下，「因為性的不滿足而更加興旺」。女性真正的平等不正是女性的贏、德卡的輸嗎？

你不會在這裡討論到像這類令人激動的結構性問題，那樣會進入某個人的進步是另一個人生意損失的範圍——這場聚會的演講人及／或贊助人的生意。而因為幕僚已把各自的工作做得很好——從主持人到小組成員的挑選，再到話題的擬定，因此有人提到這類問題的風險很小。小組研討會本身是永遠充滿光明、沒有衝突的地方，鮮少看到真正激烈的哲學辯論，這對女性平權的話題來說是了不起的事。偶爾兩位小組成員出現極細微的意見不同時，有技巧的主持人就會像弗維爾在這場小組研討的做法一樣，匆忙說：「我不認為科里摩爾和納巴羅的看法彼此衝突。」

不讓爭論出現在小組座談，不只是一個保持外表漂亮的決定，它以很不明顯的方式改變世界運作的方式，因為塑造哪些思想可以談論；哪些解決方案將在人們走出這個房間後被執行；哪些計畫獲得資助，又有哪些計畫無法獲得，以及哪些新聞被報導和哪些不被報導，而且把天秤再往贏家傾斜一些，確保那種友善的、雙贏的解決公共問題方法將會持續占優勢，質疑根本體制與想像替代系統這種大問題的人將不會參與其中。

市場共識也扮演拉抬特定類型解決方案勝過其他方案的角色，以賦予某種「好管家」標章。例如，小組成員談到多樣性，主持人告訴大家，她的顧問從告知人們「多樣性不只是多樣性，還可以賺錢」而賺大錢。「多樣性的優點是真正的優點。」她說。他們把話題轉到聯合國的永續發展目標。寶鹼的塔斯塔德試著表示支持，她說：「永續開發目標在根本上與我們公司的核心目標一致，就是賦予人權力。」很高興知道這一點。

然後主持人以另一種方法表達相同的概念，詢問小組成員是否把女性平權視為企業策略根本的一部分，或者應該讓它繼續是主要由慈善家和企業社會責任部門苦思解決的社會問題。伍爾萬德認為，女性平權是一個競爭優勢。「賦予女孩與婦女權力是當紅的新品牌建立法！」她解釋說。在市場世界裡，這是必須向聽眾強調的重要事項。「所以那不只是一件正確的事，」弗維爾說：「也是聰明的企業策略。」這是對一個使命的最高讚譽。

女性平權現在被視為總值二十八兆美元的商機，這在市場世界裡幾乎已經成為一句琅琅上口的口號——「女性」、「平權」及「兆美元」幾個詞彙可以任意組合。如果我們時代的法則可以應用到更早時代的事實，有人可能會提出一份報告，主張終止奴隸制度對降低貿易逆差有幫助。薩法利通信的科里摩雷接著說：「當然，你應該這麼做，因為那是一件正確的事，但是它還有強力的商業理由。」換句話說，當然你應該做，因為道德是足夠的理由，但是既然我們都明白道德實際上還不夠，你應該知道商業是很美妙的理由。

現在是問答時間，而共識的狂熱崇拜持續不墜。愉快的氣氛只中斷一次，一位自稱來自世界療癒飯店（Healing Hotels of the World）、有著德國腔調的女士站起來發表評論，談到小組想幫助的女性，她說：「有時候我認為，雖然我們有著種種理念，但卻是加害她們的人。」

這個簡單的陳述暗示各種可能性，如果這些抱著藉由行善成功的人是錯的呢？如果他們的排外、不邀請和沉默是錯的呢？如果那些忽視與隨他們高興提供大量財務支援的做法，會對人們的生活有真切的影響呢？如果近幾個世紀以來，世界各國紛紛拒絕未經民選、不負責任的人舉行祕密集會來為人類做決定的原因，是他們為惡可能多於行善呢？民主政治的崛起不就是因為人們明智地對這種集會心生疑懼嗎？如果一個非經民選的組織做出錯誤的決定，影響廣大的社會，並禍及數百萬沒有權力、關係的人，以及代表他們利益與心聲的人是不公平和不正當的呢？如果在這種會議室重新想像世界實際上是聰明的商業行為，但卻不是在做的正確的事呢？

世界療癒飯店女士的評論是小組研討會唯一被忽視的評論，主持人傾聽、點頭，然後繼續下一個討論。

這些有關憤怒、參與和民主的質疑盤旋在會議上方，懸浮在柯林頓全球行動計畫最後一天最後一場會議的空氣中。這場會議名為「想像所有人」（Imagine All the People），最重要的部分是各方期待由柯林頓發表的告別演說，他希望為柯林頓全球行動計畫遺緒留下他的第一篇紀錄。

柯林頓演講一個多小時，也許是對仍然愛他的世界的最後一場演講，他敘述柯林頓全球行動計畫模式的歷史並稱許它的成就，最大的貢獻是吸引私人部門行為者進入解決公共問題的領域。不過，難以判斷的是何者影響何者較大，柯林頓談到持續創新、影響力、可擴展性、利潤、數量，這都不是他從耶魯大學法學院畢業和競選阿肯色州州長時說的話。在他成年期間發生的重大文化演變之一是，政治領袖面對日益增加的壓力，要求他們如果想被市場世界嚴肅看待並獲得協助，就要減少使用政治語言和多用商業術語。柯林頓和許多領袖一樣接受這筆交易。那是他推廣的新慈善模式對公共生活帶來破壞，而非有所貢獻的另一種方式：私人部門不僅增加在公共領域的活動，還改變了公共領域思考和行動的語言。

當然，在柯林頓全球行動計畫沒有人會被發現詆毀民主。柯林頓推廣的另類解決問題模式目的，並不是要與民主衝突，而是要增進民主。他描述柯林頓全球行動計畫的民主附加夥伴關係模式是，「好人致力於創造性合作的鮮活證明，為協助今日的人群帶來幾乎無限的有利影響，並帶給孩子更好的明日」。然後他又令人驚訝地附加一句：「這是在現代世界唯一行得通的模式。」

根據這位歷史上最強大國家的前領導人——一個從政治左派變成中間派的領袖，他的妻子在幾個月後也將角逐相同的大位——的說法，現代世界唯一行得通的方式是，私人藉由捐款資助的拯救世界法充滿善意，但不對公眾負責，透過企業、慈善家和其他私人行為者發起的雙贏夥伴關係進行，並且（有時候）受到公共官員的祝福。所有行得通的計畫都不在公共監督的範圍內，並在思科（Cisco）、帝亞吉歐（Diageo）、寶鹼、瑞士再保險（Swiss Re）、西聯匯款及麥當勞等公司舉辦的論壇上草擬。根據柯林頓的說法，唯一在現代世界行得通的解決問題方法是，人們事後才知道，雖然能幫助人，但是人們的心聲卻無法被聽到。

柯林頓談到全球主義感覺受到圍剿：「此時此刻不是這類言論風行全球的時候。」他談到他們的思想。「今日在世界各地，」他說：「有許多人忍不住誘惑說我剛才告訴你的話：

『不，你錯了；人生是一場零和遊戲，而我輸了。你錯了；我們的差異比我們共通的人性來得多。去他的人類基因組計畫（Human Genome Project）發現我們有九九・五%相同。不，選擇憎恨勝過和解；選擇憤怒勝過解答；選擇否認勝過賦權；選擇圍牆勝過橋梁。』

這些都不是正確的選擇，你們在這裡十一年來的選擇才是正確的選擇。」

這是唯一形成選擇的方法嗎？社會想抗拒全球主義是否有正當的理由——一個值得從它們的角度被聽到的理由，而非被空洞地詆毀成支持憎恨和差異？柯林頓的全球主義者夢想值得敬佩，但是也與其他夢想不相容。它要求做出艱難的選擇似乎不可避免且不難理解，尋求模糊恰好與在場的富豪統治階級有利與對一般人有利的區別，宣揚另一種改變世界的願景，而這種方法卻棄根本的制度於無用。柯林頓表示，他的哲學遭到抗拒是正確的，但是他並未善盡職責地解答遭到抗拒的原因。他創立基金會根據的雙贏理論不僅不流行，還是讓大眾覺得在決定自己前途的事務上遭到排拒，因而反抗的原因之一。

八個月後，柯林頓在他紐約市郊區查帕闊（Chappaqua）住家附近遛狗時，遇見一位鄰居，對方是熱烈支持川普的「愚蠢」右派分子，在柯林頓全球行動計畫最後一次會議後幾週，如願以償地看到他的鄰居希拉蕊敗選。這位鄰居與柯林頓常常各據不同立場，彼此開玩笑。因此柯林頓回憶說，那天他和這位鄰居又在笑談時，對方說：「歐巴馬和希拉蕊發動了第二次內戰。」

柯林頓在位於曼哈頓的四十層樓高的基金會辦公室裡，一邊啜飲著不加奶的茶，一邊敘述這個故事。他已經有六個月的時間，可以反省那場讓美國落入川普時代的敗選。

如果他妻子因為身為政見不得民心的候選人，而是受害最深的人，那柯林頓則是以一種不同、較抽象的方式受害：川普擊敗了希拉蕊，但助長他「美國優先」（America First）競選聲勢的，卻是柯林頓不遺餘力帶頭倡導的全球主義者共識遭到拒絕。

「我的整個從政生涯是政治型態的縮小版，展現是今日仍在延續的劃時代包容性合作——牽涉網絡與多樣的人群為共同目標努力——與部落式國家主義復興之間的全球性競賽。」在世界鼎沸，甚至連美國優雅的查帕闊也感到到某種內戰時，柯林頓無法逃避所屬陣營正在輸掉這場標記他生涯的「劃時代全球性競賽」。他的鄰居如果愚蠢的話，至少近來也得到作家潘卡吉・米什拉（Pankaj Mishra）分析的支持。米什拉論及全球面臨恐怖暴力、仇外情緒及政治動盪的爆炸性時刻，表示：「未來的歷史學家很可能看到以這種不協調破壞進行的第三次——也是最長且最奇怪的——世界大戰：一個近乎遍及各地的全球內戰。」

世界正處於「強烈的憎恨期」，柯林頓說：「在一個極端憎恨的時代，恨你所恨的事物和人，對人們變得更重要。」他指的不只是美國選舉，也包括英國脫歐、歐洲興起中的極右派民粹運動，以及正在菲律賓和其他地方脫序的反毒聖戰者，而他的結論是，儘管他的新哲學散播的繁盛和承諾，「世界上仍有如此強大的零和陣營」。相信「輸贏」的人認為他們的進步只能來自別人付出代價。柯林頓仍然相信進步與無國界的必然發展；他相信世界總有一天會清醒，並重申經常說的話：正確的方法卻無法矯治世界是很正常的事。

這種信心反映米什拉稱為「憤怒年代」的標準市場世界反應：是的，這個時代的贏家必須把勝利擴及他人這件事做得更好，但這是一個容易的解答，逃避贏家面對的更難、更迫切問題。而這個問題與造成今日情況的罪責，還有他們及其監管的體制是否必須改變有關。部分菁英贊助柯林頓的使命值得欽佩，但是這些菁英對於這種因為不信任菁英所助長，而在美國和世界各地沸騰的憤怒是否有責任？「是的，絕對有。」柯林頓說，「但是……」

「是的」是因為全球化贏家對雙贏的過度自信。「我想有許多生活在舒適環境中的人理論上知道有一些流離失所的人，」他說：「但卻認為贏家永遠會比輸家多。」這個假設未必是真的。至於「但是」這部分，柯林頓怪罪他的右派政治對手。「我也相信，當艱困時期來臨時，至少在美國，我們陣營這邊的人不管是富人或中產階級，都較願意想辦法解決問題。」他說：「相對於另一個陣營的人發現，如果他們什麼也不做，就可以怪罪我們，而且可以因為他們錯誤的行為而得到報償。」他補充說：「所以我們有責任，但是那些不願意解決問題的人更有責任。」

柯林頓表示，以後見之明來看，他和全球主義者同伴應該更努力協助一般人吸收變革的衝擊。他在擔任總統期間簽署北美自由貿易協定時，應該堅持限制某些自由。他不知道是否該對把工廠移往海外，造成國內工作減少，並把海外產品進口到美國的公司課徵關稅，以及他是否應該以這種關稅作為支持北美自由貿易協定的條件。他想像這種立場可能是：「好，我很樂意簽署這項協定，但是我想對出口商收費，以便照顧因他們遷移而失業的人。」他應該在協定簽署前，更努力爭取保留就業的錢，並提供更多企業把工作留在美國的誘因。他也表示，當歐巴馬總統推動全球氣候協定時，也應該為煤礦等產業可能失去工作的工人提供更多保障計畫。柯林頓承認應該為了未能做這些事負擔部分責任，但是他合理地指出，他做的每件事幾乎都受到共和黨對手杯葛，所以這些遺憾可能只是假想的情況。

儘管如此，他擔任總統時的政治對手並未說出近幾十年來，對成千上萬美國人來說如此艱苦的根本原因。和後來的歐巴馬一樣，柯林頓在富豪統治階層的捐款人支持下，對抗軍方的保守派人士與自由放任主義者，這些富豪統治階級厭惡公共和政府式的解決問題方法。嚴格來說，主要就是這個運動造成市場至上支配美國，並造成數百萬人的前途悲慘暗澹。但是共和黨代表不到一半的美國人，而民主黨有機會支持一種健全體制以取代市場霸權。而你可以說，就某種程度上來說，民主黨確實是在這麼做，只是在柯林頓和歐巴馬主政下，民主黨通常採取溫吞、對市場友善、支持捐款人及對仇視政府者大幅讓步的方法，以至於努力失去熱烈的使命感。

耶魯政治學家海克曾被封為民主黨的思想「金童」，他在受訪中表示：「許多進步派人士仍認為政府的角色是很根本的，但是他們已失去對政府能力的信心，而且在許多例子裡喪失談論它的語言。」他說，共和黨人很直率地表達對政府的輕蔑。民主黨人，尤其是柯林頓派的中間派人士意見分歧、玩弄友善市場的政治，並未以積極擁抱政府的策略對抗這種輕蔑。海克說，像希拉蕊這些候選人以「朦朧的」語言談論「讓跨越種族和階層的人團結一致」，和「以曖昧的方法一起解決問題」，但是繼續「相當不情願談論運用政府本身」。他們繼續以這種方式競選，儘管政策仍承諾採取政府行動，甚至在提倡的政策反映猶豫不定：全民健保，但不是由公共提供；協助支付大學學費，而不是免費就學；私立學校，而不是平等就學。柯林頓以一段著名的話淡化這種猶豫，這段話的第二句很少被引用：「大政府的時代已成過去，但我們不能回到讓民眾自己保護自己的時代。」

海克認為，這種猶豫和「對政府喪失信心」，已「對兩黨帶來巨大的不對稱效應」。他說：「對共和黨人與右派來說，對他們的目標有利——在大多數情況下，但是不必然如此，因為如果政府什麼也不做，和他們想見到的情況一致；但是對左派與民主黨而言，卻是巨大的損失，因為他們的美好社會願景是有許多寶貴的公共財和福利來自政府行動這個根本。」

為了說明海克的論點：柯林頓的心臟病帶領他實驗較健康的飲食，因為這件事，他決定解決兒童肥胖問題，而這個問題當然是因為加工食品與軟性飲料製造商有很大的政治影響力，並且有辦法把他們的產品帶進公立學校。

我們可以預期，右派對這個問題的答案會是讚美自由市場，而左派則會提議集結政府和法律，以保護兒童免於企業的毒害，因為兒童既無法投票反對企業，也難以自行組織反制的力量。對一個沒有法定權力，但仍有能力為運動加持的前總統來說，我們可以想像發起類似進步時代（Progressive Era）的運動來對政府施壓，終結這種被濫用的取利行為，但他提議的解答卻是讓犯行企業更容易銷售較健康的產品來賺錢。

「如果你希望它們減少傷害，就必須創新，因為它們仍需要賺錢，尤其是對上市公司來說。」柯林頓說。這是很直白的話，獲利。我們必須優先考慮市場，即使是一個一輩子從政的人也覺得有責任滿足企業的要求。我們不能堅持企業停止減損兒童的壽命，尤其是貧窮兒童，因為我們必須確保它們已經找到較好的企業模式來取代目前的有害模式。

柯林頓重述告訴企業的雙管理論：「我們知道我們不希望讓兒童得到第二型糖尿病，我們知道我們不希望得到這種疾病，是因為它對心臟有害，因為這些孩子到了三十幾歲，可能兩腿被截肢，必須坐輪椅，他們不能喝很多汽水飲料。」不傷害兒童不但是正確的事，也是聰明的企業考量。否則的話，柯林頓說：「它們的企業模式會自我吞噬。」他曾與企業團體合作，自發地降低產品熱量，它們的做法讓兒童受益，完全無須政府干預。「最佳政府尋求讓私人部門做更多的事。」柯林頓說。而他很自豪以讓公司保有賺取合理利潤的方式來幫助兒童。「它們還能賺到錢，因為一起做了這件事。」他說。

在追求由私人部門做好事（雖然大企業仍在傷害兒童）之際，柯林頓透露如何與市場優先達成妥協。有一度他用一個句子描述這種妥協，當面對一個壞制度，知道它有缺點，希望改變它，但不想下手過重時，你會怎麼做？「怎麼做才恰到好處？」他說：「你要餵野獸吃多少？」也許柯林頓就像許多雙贏全球主義者一樣，在如何面對過去三十年來富豪統治階級的影響力這個問題上，餵給野獸吃太多了。他對私人部門領導社會變革削弱政府帶領解決問題的習慣和觀念，這個批評有什麼看法？「我想其中有一些道理。」他說。他也表示，自己盡可能在慈善工作中試著與地方政府合作，「聯絡領域中的非政府組織，並對人們的建議保持開放態度」。

不過，這種與政府合作的嘗試，與深信政府的力量和政府改善人民生活的至高權力不能混為一談。柯林頓似乎承認這一點，他談到一些行善的全球主義者，無論是在美國或海外的工作時，有時候會忽視強化民主的責任。「如果你在很大的範圍做這件事，就有義務建立政府解決人民問題的能力，並且對抗貪腐。」他說。但是有許多今日追求變革的全球主義者忽視這個概念，這讓柯林頓憂心忡忡，他說：「我試著告訴像TOMS Shoes創辦人——他捐獻鞋子，是一個好人，或是許多我認為也很了不起的年輕創業家，告訴他們只要可能的話，最正面與影響力最持久的事是，以提升地方官員解決問題能力的方法做事，包括行政當局、各類公務員及民選官員。」

柯林頓根據這個概念，建議行善者測試他們的協助是否真正改善情況：「當你做完事情後，它能不能持久運作？管理人民的政府是否更有效率、更有反應和更誠實？」但是把這個原則應用在非洲，以解決軟性飲料、果汁及兒童肥胖問題，可能會比在美國容易。美國富豪統治階層的國外朋友，在非洲未必會碰到政府太積極的問題，但是在自己的後院卻偏好雙贏的解決方案，這時候太積極的政府可能意味著高昂的成本。

柯林頓不喜歡認為他與超級富豪的關係，改變了他和讓他致富，或塑造他思考事情的方式。是的，他已經變成全球思想領袖界的霸主，一場演講的收費高達數十萬美元。據說他在這類演講前與富豪統治階層的小團體午餐，與他一起吃飯，並聽他暢談世界大勢的富豪都得支付一萬美元。但柯林頓辯稱：「當你不再能做對他們有好處的決策時，這種顧慮就會較少。」他說得好像我們無法想像卸任總統賺取數千萬美元的機會，可能影響他在位時選擇解決問題的決定。

在我們這個憤怒的年代，許多人似乎直覺地知道領導人已變成億萬富豪和百萬富翁的旅伴，並已影響這些領導人的信念。這種直覺對柯林頓妻子的競選造成傷害，協助桑德斯在不太可能的初選中崛起，然後是川普似乎不可能的勝選，在川普自己變成他指出問題的化身後，更讓一切變得更怪異。民主政治的領導人在卸任公職後，與富豪統治階層結盟是無可避免的嗎？這和今日菁英面對憤怒背後的不信任、疏遠和社會歧異問題無關嗎？

柯林頓表示，根據他最後的計算，為錢做了六百四十九場演講，並把近半數的收入用在繳稅、捐獻部分金錢給慈善機構，以及協助年長的親友支付醫療費用。（他指出，如果你直接支付錢給醫療供應商，就不必繳納贈與稅。）「如果有人認為我因而腐化，我大致上是拿有錢人的錢，然後送給窮人。」他說：「而我和羅賓漢（Robin Hood）不一樣，不必把箭對準他們。」

那股憤怒真的是莫須有嗎？

「別忘了，我們生活在極度憎恨的時期。」柯林頓說。他認為這種情緒有一部分是針對金融危機：「公眾對發生在他們身上的事感到憤怒，並未因為破產的富豪人數和坐牢人數而消除。」這種情緒有一部分是針對全球化、科技及其他變化帶來的錯置。換句話說，他和其他人做的事並沒有錯。他認為，那些人充滿怨恨和想找代罪羔羊，只是因為他們的生活很辛苦。說穿了，正如他的拉札德投資銀行家小組成員稱呼的「這些人」，只是像汗說的「被導引到恐懼政治的道路」；而且像柯林頓自己說的，今日有許多憤怒的人「不知道他們在做什麼」，只是屈從於「情緒性區隔我們和他們的心態」。

不過，柯林頓知道，對全球主義者的怨恨威脅到他們的世界一家夢想。可能的回應之一是，接受這種普世怨怒的教育並改寫夢想，扭轉羅德里克描述長期以來「讓民主來為全球經濟工作，而非反過來行事」的習慣。這不是柯林頓偏好的方法，世界一家的夢想對全球主義者是無可妥協的。柯林頓表示，挑戰在於如何想出「優先照顧美國，但不從世界其他地方逃離」的方法，他很確定那將是雙贏的方法，憤怒並未改變他的做法。

柯林頓曾是以全球化、快速變遷及市場霸權著稱時代的主要塑造者之一，而且也是那個時代的產物。他長期相信追求改革，也是朋友和批評者公認的務實主義者，深諳風向的改變。在他的從政生涯中，風向一直吹向愈來愈對市場友善。在他高中畢業的一九六四年，根據皮尤研究中心（Pew Research Center）的調查，七七％的美國人對政府抱持高度信任，此後這個數字滑落到百分之十幾。相信以政治力量改變生活的柯林頓接受這種轉變，並以自己的人生展現政治可能性。他接受企業必須達成報酬，也相信兒童的利益必須與這種報酬的需求抗衡。他在後總統時期做的實際善行與拯救的生命，或許比任何他的前任都多；同時他也接受今日行善的方式應受到某些限制。市場世界獲得這麼大的勝利，甚至連一個曾經領導文明史上最大國家機器的人現在都說，富豪統治階級進行的私人社會變革「是現代世界唯一行得通的模式」。

對質疑這個觀點的人來說，不是否認它能做的善事，正如質疑君主專制並不否認國王總是希望經濟強盛；而是說不管國王做什麼，即使他做得再好也不夠，重要的是他怎麼做：專斷、國王持續慈善的風險、國王有能力錯誤地改變他們不應改變的人生。同樣地，質疑藉由行善成功的全球主義者不是質疑他們的意圖或結果，而是說即使一切因素都納入考量，相信他們是最能有效促成有意義改變的最佳人選總是有點不對勁。質疑他們的優越，只是很單純地質疑「對世界最好的事剛好是有錢有權者認為對世界最好的事」這個前提。那只是說，你不希望局限世界在他們的支持下能如何改變的想像；那只是說，一個愈來愈充滿私人貪婪和私人提供公益的世界，是一個不信任人民、不信任他們的集體能力足以想像另一種理想社會的世界。

柯林頓自始至終都看到四周沸騰憤怒真正的意涵，他看到市場世界式的改變排擠民主的習慣。他真正憂慮看到社會有問題的年輕人，而且不像他傾向倡議運動的同輩，把他們的質疑局限在能創立哪些社會意識企業。他接受那些養尊處優的人已在我們這個全球化、數位化時代，過度推銷他們對進步的定義，他對改變的贏家未能投資更多在輸家感到遺憾。

柯林頓能看到並承認所有這些事，但卻不願大聲說出菁英的罪過；或是呼籲權力重分配和根本的體制改變；或是建議富豪統治階層可能必須交出珍視的事物，以便其他人有一點超越貧賤的機會。總有人得這麼做。

後記

「其他人不是你的小孩」

你是一個個人，不能代表眾人說話。你也許可以代表你的小孩說話，但其他人不是你的小孩。這是自由、平等與獨立個人的意思，這也是共同體制的意思，不管是好是壞。

柯林頓的柯林頓全球行動計畫告別之作後兩個月，也是川普勝選後三週，在距離總統當選人的第五大道頂層豪華公寓以北二十六個街區的一棟度假公寓大樓，一群厭惡川普的人正聚集在一起，一邊舉杯祝賀假期愉快，一邊享用北京烤鴨。一個我們姑且稱呼為妮可拉的女人在客廳裡踱步，四周是穿著優雅晚禮服和筆挺西裝的著名編輯與執行長，甚至電視醫生梅默特・奧茲（Mehmet Oz）也在場。妮可拉覺得很沮喪，宴會上每個人看起來似乎都很沮喪。每個人都在想他們能做什麼。

妮可拉覺得世界正在進行巨大而危險的轉變，違反她的生活所代表的一切。她是墨西哥人，而新當選的美國總統打算興建一道牆，阻止她的同胞進入美國。身為新聞記者的工作，讓她在新政府的眼中變成「人民公敵」。她是一個驕傲的全球主義者；曾擔任國外通訊員；在倫敦求學時，英國脫歐是一件無法想像的事；曾花費數年為一個市場世界的主要會議工作；而現在為一個新當選的總統經常譴責的國際組織工作。妮可拉為憤怒擴散的政治情勢所苦惱，她和許多宴會上的人希望採取一些行動。妮可拉表示，總得有人向那些暴民解釋全球化、貿易、開放及「一切我們相信的事物」——她是指自助餐會上的市場世界人士。妮可拉說她可以創立一項新計畫，就設在世界經濟論壇，也就是每年一度富豪統治階級在達沃斯的集會。她不是唯一有這種想法的人，在那個發生劇變的冬天，市場世界的每個地方都有人計劃著對策，準備加碼押注在讓我們落到今日下場的方法，對抗這場反對他們的叛變。

如果真的有人相信同樣的滑雪鎮會議和研究計畫、同樣的政治人物和政策、同樣的創業家和社會企業、同樣的競選捐款人、同樣的思想領袖、同樣的顧問公司和行事準則、同樣的慈善家和洗心革面的高盛主管、同樣的雙贏和藉由行善成功的計畫，以及公共問題用私人解決方法能改變世界，即使只是表面上的改變——如果有人相信市場世界的人、機構與理念的綜合體，高唱改變世界卻未能阻止這場混亂，以忽視助長民粹主義的氣焰，也是解決方法的話，就用本書溫柔地拍醒他們吧！對這個難以承受的問題——我們何去何從？無法逃避的解答是：在不曾領導我們的人領導下，走我們不曾走過的路。

夜深人靜，安德魯・卡索伊（Andrew Kassoy）坐在布魯克林區連排別墅的客廳裡，思考他備受讚賞的改變世界方法限制。他想，還有別的方法嗎？而別的方法還有他立足之地嗎？

卡索伊是市場世界改變社會方法的寵兒，他是我們的時代中許多從成功的企業生涯轉進追求更正義和公平道路的人士之一，而且採用的是他在企業生涯所用的工具與心態。他已花費十六年任職於所稱的「完全主流私募股權業者」——ＤＬＪ房地產資本夥伴（DLJ Real Estate Capital Partners）、瑞士信貸第一波士頓（Credit Suisse First Boston, CSFB），以及協助科技大亨麥可‧戴爾（Michael Dell）投資龐大個人財富的ＭＳＤ資本（MSD Capital）。那是許多人夢寐以求的生涯，但卡索伊認為那只是偶然的際遇。「我來自一個極自由派、主張社會正義、學術導向的家庭，卻偶然地走上這條生涯道路。」他說。也許卡索伊是被他的時代裡一則廣為流傳的故事所誘惑。

二〇〇一年，卡索伊獲得阿斯彭研究所授予亨利克朗研究計畫（Henry Crown Fellowship）的研究員資格。這個研究計畫是頗負盛名的精修學校，協助企業從追求商務成功轉型為追求讓世界更美好，它的使命是動員「新種類的領袖」，以「因應世界最棘手的問題」。但是卻以特定的方式定義領袖：「已經歷練的創業家，主要來自商業界，曾在人生的某個時候達到成功，並已準備應用他們的創造性才能來打造更好的社會」。研究員在兩年期間聚會四次，每次聚會長達一週。他們閱讀並討論重要文章，辯論「良好社會」的元素，並發展附帶計畫，以不影響他們賺錢機會的方式行善。卡索伊在那一年夏季參加位於亞斯本的第一次研究聚會，而那些閱讀和討論讓他眼界大開。這個經驗喚醒他對私募股權業者潛伏的不滿。「那是相當強烈的經驗，因為它促使我說『我已經在這個行業做了十年、十一年，該是好好思考人生是怎麼一回事的時候了』。」他說：「然後我回來，九一一恐怖攻擊發生了。」

在前金融家之間，很常聽到這類故事：要把你從養尊處優的生活搖醒，可能需要一些不可抗力因素（癌症、離婚、死亡），有時候需要不只其中一項。但是正如卡索伊學到的，即使是這種動搖可能還不夠。他開始思考自己還能做什麼。他說：「坦白說，我缺少勇氣去做任何真正感興趣的事。」

「勇氣」這個詞彙，暗示卡索伊當時認為可能要做的事涉及用他的特權交換另一種生活。他假想任何善行如果是真的，必定會付出代價，也許是他家族的政治遺緒。換句話說，他在一開始的直覺違逆了市場世界的訊息，特別是他大可魚與熊掌兼得，並捐出所得。這個假想讓他害怕。「我最後幾乎打消了念頭。」他說。私募股權業將繼續是他的飯票，而他還是可以幫助人，不冒風險，只要兼著做。他找到名叫綠色迴響（Echoing Green）的組織，以便捐獻種子基金給社會企業。「最後我進入董事會，因為他們正在找有錢可捐的金主。」他說。

經過其他探尋後，卡索伊發現自己來到熟悉的領域。綠色迴響是由另一家私募股權公司泛大西洋（General Atlantic）所創立，根據綠色迴響網站，泛大西洋的領導階層「預測他們在泛大西洋採用的創投模式很有效，也可以用來推動社會變革」。他們的革命將應用槓桿操作；也許主人的工具真的可以用來拆除主人的房子。泛大西洋創立於一九八七年，「以威廉・布萊克（William Blake）關於建立一個更好世界的詩命名」。

卡索伊開始兼職擔任綠色迴響同僚的顧問，他們多半是尋求把自己理念規模化的社會創業家。他開始注意到他們共同碰上一個問題。一些人創立企業以便賺大錢，但是那些抱持綠色迴響理念的人「創立一家營利企業，因為他們認為那是大規模解決感興趣問題的更好方法」。他舉為說明例子的是提供諮詢的莎拉・霍羅維茲（Sara Horowitz），霍羅維茲創立自由工作者聯盟（Freelancers Union），代表Uber司機和雜誌作家等獨立工作者，她原本想擔任中間人，協助這些工作者集體購買醫療保險，但經濟不是為像霍羅維茲這種人設定的，一家非純粹根據股東利益經營的公司會有被投資人控告的風險。一如我們所見，企業法規的主流解釋從一九七〇年代以來就把為股東賺錢視為企業的首要責任，一家把社會目標置於商業之上的公司在這種體制下沒有立足之地。

卡索伊因此開始像他說的，對「如何建立讓人以不同方式做生意的市場基礎設施」感興趣，這種興趣逐漸占據他愈來愈多時間，排擠為戴爾工作的職責。「我開始發現，自己真的每天花費一半時間，坐在我的辦公室裡會見這些人，而不做白天的工作，對我、我的雇主或合夥人似乎並不是好事。」他說。卡索伊經歷從專心追求私募股權事業的成功，到意識對其他人的責任，再到發現安全的華爾街式改變社會方法的過程，而現在他已準備好把全部時間投入進行市場世界式的改變世界法。

卡索伊仍然與史丹佛大學時代的兩位朋友保持密切關係——也在尋求解決相同問題

的傑・科恩・吉伯特（Jay Coen Gilbert）和巴特・胡拉翰（Bart Houlahan），他們創立一家鞋業公司，卡索伊也是投資人之一，並打算在幾年後出售公司。該公司自稱採用社會責任式的生產方法，不過支持這家公司的創投家希望得到報酬，而這讓社會責任式的做法面臨考驗。「該賣公司了。」卡索伊說，投資人等於是這麼說：「七年的時間到了，你們要把公司賣給出價最高的人。」他說，問題是「願意支付最高價買下公司的人是最認為有機會擺脫這些東西——社會責任做法，以便賺最多錢的買主」。

三人思考解決這個問題的構想，至少想出創造一個平行的資本主義基礎架構、與傳統架構並存的點子，在這個架構裡，企業可以較負責且較覺醒，但是仍然從資本市場籌資與遵守法律。B型企業——亦即共益企業（benefit corporation）就在這種情況下誕生了。三人創立一間非營利的B型實驗室（B Lab），根據嚴格分析企業的社會和環境作業，提供行為優良企業的認證。Kickstarter、亞瑟王麵粉（King Arthur Flour）、班傑利（Ben & Jerry）及巴西化妝品公司自然（Natura）都是B型企業。

卡索伊和他的共同創辦人希望讓世界變成更好的地方，而且他們發現一種與市場世界價值觀相符的方法。他們讓願意行善的企業更容易做，同時忽略作惡的公司。「根本理論是『讓行善更容易』。」卡索伊說：「讓辨識好企業更容易，製作一個人們能了解的品牌，然後要求企業領導人採用這個品牌，大聲說出他們的價值觀。然後漸漸地我們將創造一個經濟的新部門，最後所有人都能看到這是一個真的成功的經濟部門，然後追隨這種做法。」

卡索伊及其共同創辦人希望藉由認證覺醒企業，改變較大的商業體制。「我確實認為，而且仍然認為，這是一個改變體制的模式。」他說。但是他們以市場世界的方式，不直接挑戰體制，只是尋求培育一種不同方法的例子。他說，他們不從體制直接下手的原因是，他們「不知道如何達到彼端，特別是我想我們三人都來自私人部門，不是很了解真正的公共政策」。他說，他們三人「只有一些模糊的概念，想證明一些事，最後讓政府採用，這是一個籠統的構想」。

在十年間，他們把數百家企業轉變為B型企業。但是，現在卡索伊坐在客廳說，B型實驗室正經歷重新思考期，依據的指導是他對「帶領達到今日成就的無法帶領我們達到未來」的信念。他們究竟想要到達哪裡？達到他們一直忽略的體制改變。卡索伊表示，知道自己做得不錯的是證明一種模式，但是還達不到改變商業本身，而他們希望更上一層樓。

這段重新思考期激發許多問題，例如，是不是應該有一種「輕量版B型企業」，一套評分系統可供不符合正式B型企業標準，但想透明化評量自身作業方法的企業使用？最棘手也讓卡索伊最煩惱的問題，涉及是否要堅守市場世界的「讓行善更容易」口號，或是要尋求讓造成傷害的人付出較高的代價——這意謂改變每個人共有的商業體制，在政治和法律而非市場的競技場中戰鬥，並提高阻止壞企業的原則超過鼓勵好企業。卡索伊掙扎於是否要謹守市場世界的假設、夢想及雙贏改變理論，或是要追求另一種讓他感覺較真實，也許更加虛妄的改變。

例如，B型實驗室最大的勝利之一是，創造出一套平行的企業法則，首先在馬里蘭州實施，後來也被其他州採用，這套法律容許它們植入社會使命到工作中，而無須擔心股東訴訟等法律問題。賦予好公司這層保護很重要。不過，卡索伊仍然不確定，「在較大的體制中，一種選擇加入（opt-in）的制度到最後能否戰勝既有利益的力量」。讓Etsy更容易行善是否比讓埃克森美孚（ExxonMobil）更難作惡來得重要？能不能同時兩者兼顧？

卡索伊覺得深受改造體制的吸引，雖然他過去花費十年的時間在另一種方法上。「我不確定每個人都會這麼說，但是我相信政府監管企業應該扮演重大的角色。」他說：「我們無法改變每個人，無法改變人類的貪婪。企業的行為很惡劣，特別是有一些『剝削性企業的存在』，本身就代表把社會成本加諸在所有人身上。」「我們無法消滅所有這類事物。」他表示。

美國有數百萬家公司，在B型實驗室宣揚理念十年後，卻只有數百家B型企業。卡索伊現在比創立B型實驗室時更清楚地看到，解決不平等、貪婪和汙染這類問題，需要的不只是讓行善更容易。卡索伊不是唯一恍然大悟，想到他們的做法可能不夠的市場世界人士，這麼做不足以改變世界，甚至不足以改變一個國家。不過，這些市場世界人士往往不了解變革實際上如何運作，或是他們有時候半信半疑地感覺追求其他類型的改變需要自己欠缺的技巧。如果政府是你要改變體制的地方，身為個人的他們該怎麼做？他們可以向政府請願，可以加入運動以爭取改變法律與政策。但是卡索伊和許多市場世界人士一樣，對這種方法感到畏懼。他和許多市場世界人士有同樣的感覺，就是他們根深柢固的企業背景讓自己難以適應政治領域的運作，在政治領域中，輸贏是常態，鬥爭是片面選擇，而非雙方同意的交易。衝突可能嚇跑企業型的人。「我不是很有辦法的倡議人士。」卡索伊說：「我認識很多這種人，而且我很支持他們，但是我個人不擅長。我不能告訴你這是不是缺少勇氣，或是缺少技巧——我想優秀的倡議人士需要某種操縱技巧，但是我不擅長這種事。」倡議行動是操縱的想法很奇特，這聽起來較像不願意從體制下手的藉口，而非理由。

有時候卡索伊對他的構想充滿信心，認為足以顯示更好的資本主義應有的樣子，並把改變體制的阻止惡行工作留給別人。他說，體制改變「不是我最擅長和最有效用的事」——企業語言不自覺地凸顯出重點。那不是他具備的技巧，在他的想法裡，可以藉由比較金恩博士的努力來合理化體制內的方法。「金恩需要麥爾坎（Malcolm）。」他說：「我不認為我們現在做的事能改變資本主義本身，但我相信我們已創造出一個模式。」在不同的時候，卡索伊對自己的邏輯並不是很有把握，他不斷回到監管問題。「我是傾向大政府的人。」他表示：「我認為國家應扮演重要角色，而我不知道該如何讓它實現。」

卡索伊的矛盾心情好像是耶魯政治學家海克談論政治上的自由派心態，他們在哲學上相信政府和以公共方法解決公眾問題，但卻像吸二手菸那樣吸收右派對公共行動的輕蔑。右派人士積極地相信市場解決方法的優越，而自由派卻表現消極的態度——他們不拒絕理論上的公共解決方案，卻在實務上追求私人方法。「我永遠在和我父親辯論，」卡索伊說：「他認為地球歷史上最邪惡的一個人就是雷根，因為獨力說服社會上的所有人相信政府就是惡。」卡索伊又補充：「如果你思考柯林頓在一九九〇年代的成功，他的第三條路基本上就是大量採用那種語言，所以沒有人真的持續很長一段時間告訴我們政府是好的。」說這段話似乎讓卡索伊反省他是否不自覺地變成因為倡導私人解決公共問題，而靠攏「對政府宣戰」這個自由派鏈條的最新環節。「現在我只要想到這件事，可能就會睡不著了。」他說。

不管卡索伊私下的疑惑，B型企業已在整個市場世界受到讚揚。阿斯彭研究所不只授予卡索伊一個人亨利克朗研究員資格，而是授予B型實驗室的三位共同創辦人。福特基金會已經給予B型實驗室一筆研究經費。三個創辦人常常被讚譽為「思想領袖」，也經常如此自稱；三人中有兩人曾在TED演講。卡索伊團隊認證的B型企業是海上高峰會上最令人欽佩的企業，他們認證企業的方式在達沃斯被熱烈討論。喬治城（Georgetown）的貝克社會影響力與創新中心（Beecker Center for Social Impact & Innovation）表揚B型實驗室研究訓練人們「以商業作為行善力量」。一家稱為桂冠教育（Laureate Education）的知名B型企業吸引索羅斯和KKR投資，並任命柯林頓擔任「榮譽校長」，據《華盛頓郵報》報導，這份工作五年的酬勞高達一千八百萬美元。「你應該看看這些B型企業。」柯林頓曾說，還有一年在柯林頓全球行動計畫的主講台上，以專題表揚這些B型企業。

卡索伊不知道他和B型實驗室必須改變多少，才能追求體制本身的改革——跨入讓作惡更難的領域。首先，B型實驗室有一個積極的嚴格守則，「我們支持某些事情，而非反對所有事情」是它的口號之一。然而真正的改變需要反對某些事情，而他也知道這一點。真正的改變往往需要犧牲，而卡索伊表示：「在今天，沒有那麼多人真的願意冒這種風險。」真正的改變可能被迫做利弊交換，而且必須選擇優先要務。「我不相信只要嘗試更負責就能帶來更高的報酬。」他說：「每個人都必須做取捨。」他補充道，但是

「沒有人願意談這件事」。

有時候他看著四周許多市場世界的小計畫追求改變，卻逃避真正的改變，心想那是不是撒一點麵包屑讓自己心安的一種方式。當私募股權公司引用布萊克的詩談論改變世界時，到底有多真誠，或者只是像卡索伊描述的，希望「讓人們感覺他們的呼聲有人聽到，但是不要有血腥的革命」？

卡索伊仍然深信他和B型實驗室正在做的事，但針對像是「我們要到什麼時候才會說『好棒，這是所有企業正確的做法』？」這樣的問題，他說：「儘管我認為我們做得已經很大了，但是那需要從根本上為資本主義注入一劑強心針。」卡索伊心中一股光明、熱烈的力量似乎想這麼做，想挑戰他曾在金融業共事的那些人；想改變所有企業，讓每個人遵守相同的遊戲規則；想先阻止惡行，而非讓已經行善的人更容易行善——想在公民的同意下改變體制，而非迂迴繞過它的腐化。然而，那股力量將發現它面對極其強大和無所不在的迷思網——市場世界。如果卡索伊內在悸動的力量，如果改變本身——來自草根的真正改變，是注入一劑強心針，許多人將必須擺脫這種迷思，並記住真正的改變是什麼。

在卡索伊坐著思索他改變世界的方法那晚，他的母校史丹佛大學正在城裡的另一邊，舉辦一場如果他參加可能會更讓他睡不著覺的活動。那是一場小組研討會，討論一本取名為《民主社會中的慈善》文集，並以該文集的兩名編輯和兩名代表慈善界的人擔任主講人。活動的主持人是大衛・席格（David Siegel），這位據報導一年賺進五億美元的慈善家，他出借避險基金Two Sigma的辦公室作為活動場地，雖然這本文集對慈善家有許多批評。

參加研討會的人有些是來聽大慈善受到應得的懲罰，先在避險基金寬敞的廚房聚集，一邊吃著長度只有一根手指的小墨西哥餅，一邊啜飲葡萄酒，然後討論會開始，共同編輯文章並撰寫其中一篇文章的芝加哥大學義大利政治哲學家柯岱莉發現，坐在與她相隔兩個位子的一位慈善家，正是她學術寫作中挑戰一切的代表。對方是前花旗集團董事長暨執行長桑福德・魏爾（Sanford Weill），現在是活躍的捐款人，曾捐款給各式各樣的慈善計畫。魏爾是卡索伊的反面：一個體制的產物，對體制很少疑惑，以無比堅定的信念相信像他這樣的菁英私人救世者的重要性。

魏爾在打造花旗集團時就不是大政府的崇信者，希望免於政府監管，如今在解決公共問題上也不相信政府能有所作為。當年和現在他都認為，問題最好交給像自己這樣的人來處理。那晚魏爾反覆說到，像他這樣的富人應該挺身解決公共問題，因為政府太分裂、太無能，無法承擔這項任務，甚至想到他個人是政府經常缺乏資源的原因之一。畢竟魏爾曾被《時代》（*Times*）雜誌評為「金融危機二十五大罪魁」之一，因為他無情地推動「為所有顧客提供所有服務」的願景，並且「不斷遊說」最後成功地廢除格拉斯－史帝格（Glass-Steagall）這項可以追溯到大蕭條時期限制投資人涉險的法案。他提倡大到不能倒的銀行，而且得遂所願，並因此協助釀成數十年來僅見的嚴重金融危機，讓政府花費數百億美元為花旗紓困。現在魏爾埋怨政府沒有錢，所以必須捐款協助解決問題。當魏爾第三或第四次提到這件事時，柯岱莉已經惱怒到無法不還以顏色說：「政府就是我們。」

魏爾不為所動，而且似乎絕不動搖。但柯岱莉對菁英嘗試改變世界真正是怎麼一回事的看法，可能正是卡索伊和其他對市場世界人士心存懷疑的人需要的補藥，讓他們更清楚看到自己的處境，或許改變他們的方法。更重要的是，它讓我們所有人醒悟到可以藉助他們的協助來追求更好的世界。

研討會次日早上，柯岱莉在蘇豪大飯店（SoHo Grand Hotel）一間挑高房間內，坐在一個無人DJ台前的高背沙發上。她啜飲著紙杯中盛裝的咖啡，以審慎又條理分明的句子說話，嘗試解釋一些市場世界的自我合理化。

以市場世界有責任和權利解決公共問題，而且帶頭發展解決公共問題的私人解決方案觀點為例，對柯岱莉來說，這就像讓被告掌管法院體系。她說，菁英拒絕詢問的問題是：「為什麼世界上會有這麼多必須協助的人？你們應該捫心自問：是否有任何造成這種情況的行為？你們是否透過你的行為造成任何傷害？如果有，現在不管你多麼有效率地協助一些人似乎也不足以補償。」

柯岱莉談論的，包括主動造成傷害的人和被動允許傷害的人。她認為，主動傷害者是「較單純的情況」。她說：「如果你主張反對遺產稅，如果你直接試著逃避繳稅，如果你支持、直接又自願從低標準和不安全勞動法規的制度中獲利，就是直接促成可以預見且避免傷害人的結構。」就是「直接共謀」。

至於不是經營高盛或普渡製藥的人，他們過著優渥的生活，並試著透過市場讓世界變得稍微好一點，柯岱莉說他們是較難的情況。經濟學家可能會說，像卡索伊這種人對世界提供邊際貢獻應該是好事。柯岱莉駁斥這種分析，認為這類努力看到的不是單一的道德行為，而是雙重的道德行為。除了協助的行為外，還有平行的接受行為。

這些市場世界人士用他們無數的私人計畫所做的，不只是為世界增添善行，他們在過去就是體制——一套機構、法律和常規的受益者，而且持續受益，這個體制阻止許多人充分實現他們的人生，而且過去數十年來，在美國被排拒在外的人不減反增。柯岱莉表示，這些菁英就像一幅畫的主人，後來發現這幅畫是偷來的，雖然偷竊發生在買畫之前，她說：「不過照理說，如果你知道失竊的畫原本的主人是誰，就有義務把畫還給那個人，也許你還要道歉，承認擁有一件不屬於你的東西，承認擁有的東西是不正義的果實。」

如同卡索伊的例子，選擇一種解決問題的方法，就是選擇不以另一種方法解決它。如果卡索伊追求實現讓企業更難以作惡的想法，親自投入政治、法律及體制本身，成功可能意謂他未來將喪失機會，甚至讓他付出舊生活賺來的錢，那不是一個簡單的決定。

但柯岱莉告訴我們，這是一個選擇。做一點善事的同時，對更大的體制毫無作為，就是在維繫這種體制，你是在享受不正義的果實。你可能正在進行一項監獄教化計畫，但卻選擇不以資助讓人們生活更穩定，也許讓一些人免於落入囚牢的改善薪資和勞動法律為優先目標；你可能正在贊助一項豁免法學院學生貸款的計畫，但卻選擇制訂一項讓你支付更多稅金來免除他們債務的法律為優先目標；你的管理顧問公司可能正在撰寫一篇釋放價值數兆美元的女性潛能報告，但卻選擇不建議客戶停止遊說阻擋協助女性平權社會計畫，而這種社會計畫已經在其他社會裡，證明能讓女性達成顧問公司在報告中幻想的平等地位。

經濟學的理由支配我們的時代，而我們可能忍不住專注於上述多種情況的前半段——你可以看到和觸及到的邊際貢獻，而忽視涉及所謂複雜性的較模糊事情。但柯岱莉是挑戰菁英看他們以自己之名做的事、他們拒絕抗拒的東西，把它們視為道德行動，而不只是他們積極提倡的計畫。

她的主張並非如果你不阻止世界上發生的每件壞事就是你的錯，而是民主社會的公民對社會上可預見且持續容許的事要負集體責任；他們對失靈體制的受害者有特殊的責任；而且這種責任大部分落在那些從同一個專制體制得到豐碩獲利的人身上。「如果你是倡導或支持正確政策的菁英，或者假設你不是直接的共犯，」她說：「我認為，你可能有責任或義務必須返還給那些遭到共同體制不公平剝奪的人失去的東西。」

柯岱莉表示，贏家要對那些體制的狀態以及它對其他人的生活造成的影響負責，出於兩個理由：「因為沒有社會，你就沒有價值；也因為如果沒有政治制度保護我們的權利，我們都會受制於其他人。」

讓我們分別檢視這兩個理由：她說沒有社會，你就沒有價值，因為如果沒有我們視為理所當然的文明基礎架構，可能就不會有避險基金經理人或小提琴家，也沒有科技創業家。「你的生活，你的才能，你做的事，如果沒有共同體制就不可能發生。」柯岱莉說。如果街頭不安全或股市不受監管，要發揮個人才能將更困難；如果銀行沒有被迫提供存款保證，賺錢將毫無意義；即使你的孩子就讀私立學校，他們的老師可能有一部分是公立學校訓練出來，社會連結學校的道路網也是公帑建造的。另一個事實則是，沒有建立共同體制的政治體系，任何人可能支配任何人，想要保護寶貴事物的每個人將永遠有遭受他人掠奪的危險。柯岱莉表示，生活在沒有公平適用於所有人的法制和共同體制的社會，就是生活在「仰賴他人的專斷意志，就像某種形式的奴役」。

想想一個人尋求藉由解決壞體制下的問題來「改變世界」，但卻對體制大致上保持緘默；想想管理一家影響力投資基金的人以協助窮人為目標，但卻不願意在思想上或董事會的意見中連結貧窮與金融家商業作為的關係；想想這個例子的一百種變形。對柯岱莉來說，這樣的人讓自己置身於善心奴隸主人的困難道德處境。

「對我來說，就好像是一個奴隸主人拒絕人有自由的權利，不過卻以『我是仁慈的主人』來合理化。」她說：「所以我實際上支持奴隸制度，但是等我擁有奴隸後，我真的對他們很好，讓他們真的過得很好。」

柯岱莉說，我們可能會回答：「如果是在奴隸社會裡，當然，當一個仁慈的主人好過當不仁慈的主人，這是理所當然的。」但是當我們回想奴隸制度時，大多數人會同意，當時合理的因應行動是拒絕買奴隸，拒絕參與奴隸制度，拒絕跟隨這個制度。只有在思考現在時，事情才變得複雜。阻礙一半國人成長與進步三十年的政治和經濟體制變成可以體諒，變成必須迴避的東西；問題據說是太複雜了。一些人擔心他們的立場將來有一天會變成不合理，所以選擇接受現狀，尋求與不正義的加害者合作，甚至聘任那些人當顧問，讓那些人擔任他們尋求正義計畫的董事。

有時候接受現狀，偽裝成無能或無知。沒錯，像提施這樣的人可能會說，理論上體制應該改變，但是那非常困難。「結構性改變和體制性改變」是好事，柯蒂說；她遭遇的問題是：「你要找誰來實現？」創造另外自願遵守較好行為準則的資本主義很容易，卡索伊說；改變所有企業必須遵守的法律需要他宣稱自己缺少的倡議才能，以及政治各階層有高貴情操的主事者——能安於無法獲得像市場世界般豐厚報酬的職位。

柯岱莉駁斥這種體制的宿命論，認為這種關於體制改變的無能情緒是「荒謬的」。她說，它的荒謬是因為市場世界的公民「透過自認為創業家、自認為變革的代理人來過他們的生活」。但是這種一頭熱地要世界順從他們意志的態度，證明是相當反覆無常的。「當談到用讓他們感覺很好的方式做改變時——當談到創立一家企業、遊說特定事項、透過慈善協助一些人，他們可以當作代理人時，」柯岱莉說：「他們就很有力量與意願推動變革。」不過，她繼續說：「但是當談到繳更多稅、嘗試倡導更多公平的體制、實際嘗試停止體制性不正義，或嘗試倡議消除不平等和促進重分配時，他們就變得麻木癱瘓，無能為力。」

她說：「這很荒謬，因為這是代理人（agency）的概念，但它在哲學上說不通，在實務上也說不通。」首先，爭取公司法的改變未必會比創造資本主義的平行架構更難；尋求更有效地對全球營運的富豪統治階級課稅，未必會比每年舉辦盛大的會議號召他們回饋一些東西給社會困難。柯岱莉提醒我們，市場世界人士只是過於自謙，他們經常做出重大、複雜、精心策劃的事；他們有能力解決複雜的問題。他們自稱沒有能力在政治和體制層面上貢獻解決對策可能只是託詞。此外，讓市場世界在近幾十年來得以欣欣向榮的體制並非自然發生的現象，而是由人設計打造的。市場世界已展現有意願和能力進入政治競技場——以「改變體制」，只要是為了爭取降稅、更自由的貿易、廢除像格拉斯—史帝格法案的法律、免除債務、限縮監管，以及許多讓市場世界公民在今日環境如魚得水的許多政策，但是對於逆轉市場世界所造成的一些事物，他們卻認為太難、太政治、太龐大到無法應付。

雖然柯岱莉的批評聽起來可能很嚴苛，她仍給予卡索伊和市場世界的其他人一條出路。她代表他們承認一些人私下擔心可能成真的事：他們是需要社會寬恕的債務人，而非需要社會追隨的拯救者。她提供市場世界最崇拜的東西：一個解決方案，就是回歸政治作為我們塑造世界的地方，雖然這個解決方案可能違反他們的本能，甚至違反他們的利益。

如果柯岱莉是對的，市場世界的假設就是錯的。在她的計算模式下，做你能做的善事已經失去光環，接受現狀和你做什麼一樣重要。企業人士自稱「領袖」，並自任為社會最棘手問題的解決者，是令人不安的手法，用以抹除他們在造成社會問題上扮演的角色。從柯岱莉的角度來看，從社會改革可能損失最多的人卻帶頭推動改革確實是奇怪的現象。而市場世界的私人改變世界法儘管做了許多善事，對柯岱莉來說，卻是被自己的「自我陶醉」所傷。「在我看來，似乎每個人都想要自己改變世界。」她說：「他們從自己的角度想，用自己的方法做，但是你的四周有其他人，所以你對他們有責任——從他們的角度，也包括從你的角度，必須支持能保障更好生活的體制。

當社會透過共同的民主體制協助人群時，是代表所有人做這件事，而且是在平等的前提下。這些代表自由與平等公民的體制做出集體的選擇，選擇協助誰和如何協助。接受協助的人不只是這筆交易的對象，也是它的從屬——有代理人的公民。當協助轉移到私人領域時，不管我們被告知它多有效率，協助的前提是不平等的關係：施予者和接受者、協助者和被協助者、捐款者和受贈者。

當一個社會以政治與體制方法解決問題時，呈現的是整體感，是代表每個公民說話，是在透過它做的事情表達信念。柯岱莉說，這種為他人說話的權利在由一個強大的私人公民執行時，就失去正當性。「你是一個個人，」她說：「不能代表眾人說話，你也許可以代表你的小孩說話，但其他人不是你的小孩。」

她說：「這是自由、平等與獨立個人的意思，這也是共同體制的意思，不管是好是壞。」我們的政治體制——我們的法律、法院、民選官員、機構、權利、警察、憲法、監管規範、稅收、共有的基礎架構；數百萬個支撐我們文明和共有的小部件——柯岱莉說，只有它們能「代表每個人發言與行動」。她承認，「它們經常不發言與行動」，但並不表示市場世界經常說和做的就是正確的。柯岱莉說：「我們的職責是讓它們說和做，而不應認為我們能自行執行改變，削弱並摧毀這些體制，讓我們開始努力創造讓這些體制變得更好的環境。」

謝詞

二〇一五年夏天，我焦慮地站在科羅拉多州亞斯本的講台上，心想：如果你告訴滿屋子有錢有權的人，說他們不是自己想像的世界拯救者，會發生什麼事。

四年前，我曾獲選為阿斯彭研究所亨利克朗研究計畫的研究員。你可以從一些文件回顧，該計畫嘗試尋找「新類型的領袖」，以「解決世界上最棘手的問題」。我是一個奇怪的選擇，研究計畫表示所尋找的領袖「全都是已認證的企業家，大多數來自企業世界」。我當時不是，也從來不是企業家，而且寫作如果是企業的話，我也不是好作家。但是我沒有拒絕亞斯本的習慣，而且這個計畫聽起來很有趣——在兩年期間與約二十名同學上四次每次為期一週的課程，閱讀重要的文章並加以辯論，且私下討論我們的生活和辛苦，同時思考著如何「改變世界」。

剛開始，我的研究計畫經驗局限在這個小團體。我與同學一起交換彼此的掙扎，最後成為其中一位同學的婚禮司儀。隨著我融入阿斯彭研究所的世界，一些較難啟齒的快樂逐漸浮現，我開始認識有私人飛機的朋友，有時候會和他們一起搭機；我在有鹿角壁飾、俯瞰咆哮叉谷（Roaring Fork Valley）的豪宅與超級富豪廝混；我帶著母親參加亞斯本思想節，同住一個旅館房間，為了誰要穿那件虎紋浴袍、誰穿豹紋浴袍而大笑不止。

即使在回憶這些美好的體驗和關係時，我發現阿斯彭研究所仍然缺少了什麼。這些有錢有權的人在這裡聚集，談論回饋社會，但從這種聚會中得到最多好處的人似乎是提供協助者，而非被協助者。我開始想了解這些最幸運的人不只想做善事，而且實際上宣告擁有「改變世界」的主權，這究竟是怎麼一回事。

很奇特的是，我們在阿斯彭研究所裡有關民主與「良好社會」的討論是發生在柯克（Koch）大樓裡，該大樓是以做出許多為了「改變世界」而傷害民主和社會大眾的家族命名。籌辦研究計畫成員聚會的主辦人為我們安排由高盛贊助的午餐會是很掃興的事，因為該公司的善行在會中不斷受到吹捧，而在金融危機扮演的角色卻未被檢討。阿斯彭研究所聚集來自強大機構的人，如臉書、避險基金橋水和百事可樂，而且不要求他們讓公司減少壟斷、貪婪或傷害兒童，反而呼籲他們策劃「改變世界」的活動。

我開始覺得像是偶然參與花言巧語的大謊言，也像是膽怯的共犯及怯懦的受益者。我們究竟是誰的領袖？誰給我們權利按照自己的意思解決世界的問題？我們選擇的標準把哪些利益與盲點帶進問題的解決中？我們為什麼來到亞斯本？是為了改變體制，還是來被它改變？向有權力者說實話——像我們在座談會中讀到的作者那樣？或是協助讓不正義、令人難以忍受的體制更容易再延續久一些？我們提議要解決的棘手問題能否以我們默默堅持的方法解決——只需要菁英支付最少代價，只需要最少的權力重分配？

在計畫第五年時，有人要求我對夏季聚會的幾百位研究員同僚發表演講。這並非不尋常，研究計畫的口號之一是彼此學習勝於邀請外來的演講者，每次聚會都有數十位同僚以不同方式演講。隨著進入夏季和聚會接近，過去幾年來的複雜感覺也在我的心裡翻攪，我的愧疚感和不適如影隨形，直到最後在遲疑中決定發表成為本書種子的那場演講。

那一天，我在講台上說：「我想說的是，我們可能並非一直以來自認的領袖。」我描述自己所稱的亞斯本共識：「我們時代的贏家必須接受做更多善行的挑戰，但是絕不要告訴他們少做惡事。」

公開演講通常不會讓我害怕，不過那天我確實感到心慌。我不知道當你告訴一群自認為朋友的人說他們生活在謊言裡會發生什麼事，但我就是那樣發表了演講。讓我久久無法停止驚訝的是，聽眾站起來歡呼鼓掌。不過，在我演講後不久，前美國國務卿馬德琳・歐布萊特（Madeleine Albright）上台委婉地駁斥我的演說。「去她的。」另一個女人對我小聲說，但是她的丈夫開始在背後批評我。一個億萬富豪走過來，謝謝我說出她這輩子一直無法說出的心聲。阿斯彭研究所領導階層裡的一些人開始慌張地詢問，是誰讓這種荒腔走板的事發生。那晚在酒吧裡，有些人向我敬酒，另一些人冷冷瞪著我，還有一個私募股權業的男人說我是「混蛋」。

更晚一些，《紐約時報》專欄作家大衛・布魯克斯（David Brooks）在壁爐旁問我能否報導我的演講，我原本不打算讓演講內容對外散播，但還是同意了。人們開始要求看演講內容，我把它張貼在網路上，因而引發許多騷動和討論。我原本沒有計畫撰寫一本關於這個主題的書籍，是這個主題選擇了我，因此我接著花費兩年的時間，與對菁英推動的改變世界方法感覺疑惑的人討論和寫作。

我告訴你這些事，是要讓你知道本書的緣起，以便表達第一個要感謝的對象——阿斯彭研究所，它接納我，並為我揭開菁英領導社會改變的帷幕。我說這些，是因為幕後故事能清楚解釋我該感謝的其他人：了解一個問題最好的方法是成為問題的一部分。

本書是一個批評家的作品，也是它所挑戰問題的內部人士／外部人士的作品。我發現本書探究的所有問題、迷思、自利的正當化，幾乎都是問題的一部分，不管是因為天真、憤世嫉俗、合理化、無知，或是為了謀生。我選擇不以個人角度撰寫這些事，是因為不希望本書以自己為主題。但是讓我趁著寫謝詞時也做一番說明，我曾在麥肯錫擔任分析師；我在ＴＥＤ演講過不只一次，而是兩次；我的收入有一大部分來自演講；還有在我看清楚菁英「改變世界」只是猜字謎遊戲前，也參加了宣稱「改變世界」的會議。我嘗試過著誠實和道德的生活，但卻無法與我批評的東西區隔，本書批評的是一個我絕對無法否認自己也是其中一部分的體制。

在我撰寫本書時，有很長一段時間在一種奇怪的感覺中掙扎著，糾結於指控一個我有許多朋友在內的群體的作為和信念。當我偶然看到詩人切斯瓦夫・米沃什（Czeslaw Milosz）的舊句子時，立刻有一種熟悉的感覺。一九五三年，米沃什出版《被禁錮的心靈》（*The Captive Mind*）一書，寫到他對這麼多波蘭同胞思想家屈服於——在一個又一個合理化和藉口下——史達林主義的虛偽和壓迫感到沮喪。他描述自己的著作是「與正在一點一點地屈服於新信心（New Faith）神奇影響朋友的一場辯論」。這帶給我很大的幫助，因為我的著作主要內容之一也是與朋友的辯論。它是一封以愛和關心寫的信，寫給我看到正屈服於一種新的新信心的人，而且我知道其中有許多人是誠實的。當然，它也是一封給社會大眾的信，呼籲他們向竊占改變世界為己任的人收回這項工作。

由於它是與我朋友的辯論，一部分被寫到的人是我在建立新聞記者與訪問對象關係前就認識的：辛頓、柯蒂、夏荷、卡索伊、提施。我很感謝他們願意與我角力這些問題，雖然他們很清楚我的觀點。我也一樣感謝所有原本不認識卻還是回覆我電子郵件和電話的對象，分享他們的故事與對改變的看法。在很少數例子裡，我為了保護隱私而更改他們的名字。

我很感激兩位教授。在閱讀皮凱提的大作《二十一世紀資本論》時，看到一個讓我撰寫本書的目的突然豁然開朗的句子。「這種極端的不平等能不能長久存續，」皮凱提寫道：「不僅取決於壓迫體制的有效性，還可能主要取決於體制正當化的有效性。」就在那一天，我決定讓本書深入探究體制的正當化。而在哈佛教導我的麥可・桑德爾（Michael Sandel）可能是第一個教導我金錢已超越貨幣到變成我們的文化，征服我們的想像與滲透到與錢無關的領域這個觀念的人。

我想向那些慷慨付出時間閱讀本書章節，甚至整本手稿的人表達謝忱：理查・薛文（Richard Sherwin）、尼可拉斯・尼葛洛龐帝（Nicholas Negroponte）、雷默、魯克米尼・吉利達拉達斯（Rukmini Giridharadas）、湯姆・弗格生（Tom Ferguson）、柯恩和凱西・傑拉爾德（Casey Gerald）。也謝謝查克拉・坎內帕里（Zackary Canepari）出借樹林中的小屋。還有就是我堅持不懈的妻子普莉亞・帕克（Priya Parker）。她是第一個知道寫作進行情況的人，因為多年來她始終堅持聽到每日收穫進度。我睿智和永遠支持我的雙親希亞姆（Shyam）和南迪尼（Nandini），還有人數太多不及列出名字的人，都以他們充滿熱情的方式提供協助：建議、支持並在寫作無可避免地變得艱困時，轉移我的注意力——以及提供迅速的簡訊回饋意見。還有，再次幸運地有老練的編輯暨聰明又開朗的朋友沃林達・孔迪亞克（Vrinda Condillac）幫忙，花費近兩週的時間坐在我旁邊，逐段修改手稿。

我神奇的經紀人林恩・奈斯比（Lynn Nesbit）是值得擁有傳奇地位的罕見人物，沒有人比他更懂得如何把本書引進世界，並且處理一路上遭遇的阻礙；沒有人比他更能讓作家感到放心，沒有人像他那樣，如果還有少數幾個人，善於把眼光放遠，用電話閒聊而不只是打字傳達意念，沒有人比他更善於聊天。

奈斯比帶我找到Alfred A. Knopf，雖然那好像是命中注定的事。我在大約十年前先認識本書的編輯強納森・席格（Jonathan Segal），當時我正在撰寫關於印度的書。最後他沒有取得那本書的版權，但卻透過對提案的評語從根本上塑造了它。我們在《贏家全拿》再度相遇，席格對書籍很精明、認真、熱情，而且很難討好。當他在電腦上編輯文字時，我感覺像是觀看大師進行外科手術，起初目光聚焦在剪下，然後看到他刪除非刪不可的文字，轉貼、插入和接合後而變得流暢的段落。如果沒有他的眼、手及信心，本書無法存在。我也很感謝該出版社勇氣十足的領導者索尼・梅塔（Sonny Mehta）對書籍的支持，以及傑西卡・普賽爾（Jessica Purcell）、保羅・博加茲（Paul Bogaards）、山姆・阿柏（Sam Aber）、茱莉亞・林哥（Julia Ringo）、金・桑頓・因傑尼托（Kim Thornton Ingenito）與團隊的其他成員。

我把本書獻給我的孩子奧瑞恩（Orion）和佐拉（Zora），也獻給你們的孩子，他們值得生活在即將來臨的新時代。

注釋

這是一本報導文學，整體來說，我寫的人和較長的引述文字來自親身訪問，一些例外則會在正文中加以說明。同樣地，我詳細描述的情景源於身歷其境，或是嘗試重建身歷其境者的證言。大量取材的內容會盡可能在正文中引述來源。因此，以下的清單將列出我在正文中為了避免妨礙敘述和拖累閱讀，而未加引述的主要資料來源。掛一漏萬在所難免，一些書中的小引句可以從網際網路或不待贅言的來源輕易找到，所以沒有在正文中多做說明。

前言　故障的國家機器

有關美國科學家在世界生物醫學研究上領先的討論，參見“Globalization and Changing Trends of Biomedical Research Output,” by Marisa L. Conte, Jing Liu, Santiago Schnell, and M. Bishr Omary (*JCI Insight*, June 2017)。有關「一般美國人健康的改善仍比其他富裕國家的人

緩慢」的討論，參見“U.S. Health in International Perspective: Shorter Lives, Poorer Health,” by the Institute of Medicine and the National Research Council (Washington, DC: National Academies Press, 2013)。有關美國人預期壽命下降，參見“Mortality in the United States,” by Jiaquan Xu et al. (National Center for Health Statistics data brief no. 267, December 2016)。有關十二年級學生平均閱讀能力水準下降，參見“The Condition of Education 2017,” by Joel McFarland et al. (National Center for Education Statistics, 2017)。有關肥胖和相關疾病的案例，參見“Early Release of Selected Estimates Based on Data from the 2015 National Health Interview Survey,” by B. W. Ward, T. C. Clarke, C. N. Nugent, and J. S. Schiller (National Center for Health Statistics, May 2016)；和http://stateofobesity.org上的各項資料來源。有關年輕人創業減少的討論，參見“Endangered Species: Young U.S. Entrepreneurs,” by Ruth Simon and Caelainn Barr (*Wall Street Journal*, January 2, 2015)。有關Google圖書（Google Books），參見“Torching the Modern-Day Library of Alexandria,” by James Somers (*Atlantic*, April 2017)。有關美國人識字率的討論，參見“The U.S. Illiteracy Rate Hasn’t Changed in 10 Years” (*Huffington Post*, September 6, 2013)；和來自國家教育統計中心（National Center for Education Statistics）的資料。文學閱讀的相關來源，參見“The Long, Steady Decline of Literary Reading,” by Christopher Ingraham (*Washington Post*, September 7, 2016)。有關信任政府的討論，參見“Public Trust in Government Remains

Near Historic Lows as Partisan Attitudes Shift" (Pew Research Center, May 3, 2017)。

有關「改變的果實」分配不平均的討論，參見"Distributional National Accounts: Methods and Estimates for the United States," by Thomas Piketty, Emmanuel Saez, and Gabriel Zucman (National Bureau of Economic Research Working Paper No. 22945, December 2016)。有關社會流動性改變的真正情況和「出人頭地的機會」，參見"The Fading American Dream: Trends in Absolute Mobility Since 1940," by Raj Chetty et al. (National Bureau of Economic Research Working Paper No. 22910, December 2016)。富人與窮人預期壽命差距的相關討論，參見"The Association Between Income and Life Expectancy in the United States, 2001-2014," by Raj Chetty et al. (*Journal of the American Medical Association*, April 26, 2016)。有關億萬富豪相對於其他人和最富有一〇%者的財富增加比率，參見"How Business Titans, Pop Stars and Royals Hide Their Wealth," by Scott Shane, Spencer Woodman, and Michael Forsythe (*New York Times*, November 7, 2017)。

第一章　這個世界是如何改變的？

皮凱提等人的更多資料是來自前面引述的相同論文"Distributional National Accounts"。有關柯林頓在喬治城大學時代的討論，參見*On the Make: The Rise of Bill Clinton*, by Meredith

L. Oakley (New York: Regnery, 1994)。討論新自由主義引述哈維的文字是來自他的著作*A Brief History of Neoliberalism* (Oxford: Oxford University Press, 2007)。有關蒙克對「責任」轉變中的意義，參見*The Age of Responsibility: Luck, Choice, and the Welfare State* (Cambridge, MA: Harvard University Press, 2017)。有關海德特與蒂皮特的談話，參見廣播節目和播客*On Being*的“Capitalism and Moral Evolution: A Civil Provoca?tion,” (June 2, 2016)。

第二章　雙贏

有關非洲開發銀行挑戰所謂禿鷹基金的來源，參見其網站www.afdb.org/en/topics-and-sectors/initiatives-partnerships/african-legal-support-facility/vulture-funds-in-the-sovereign-debt-context (accessed September 2017)。想知道更多經濟政策研究所對薪資停滯和生產力提高的研究，參見“Understanding the Historic Divergence Between Productivity and a Typical Worker's Pay,” by Josh Bivens and Lawrence Mishel (EPI Briefing Paper No. 406, September 2015)。第一段史密斯的引述來自《國富論》（*The Wealth of Nations*）第一部，第二章；第二段來自《道德情感論》第四篇，第一章。波特關於企業解決問題的權力引述自他的文章“Creating Shared Value,” coauthored with Mark R. Kramer (*Harvard Business Review*, January-February 2011)。夏畢若的文字和文氏圖，來自他的協作基金網站：www.collaborativefund.com/about

(accessed September 2017)。

第三章　戴著令人不安貝雷帽的反叛王

米勒的引述來自名為「Tastemakers」的系列訪問，由紐約服飾店Otte出版（網路上已無法找到）。博伊德對科技大亨的批評，出自她的文章"It's Not Cyberspace Anymore" (*Points* blog on Medium, February 2016)。

有關對抗Airbnb歧視的運動，參見"Airbnb Has a Discrimination Problem. Ask Anyone Who's Tried to #Airbnbwhileblack," by Aja Romano (*Vox*, May 6, 2016)。Airbnb回應指控的報導標題為"Airbnb's Work to Fight Discrimination and Build Inclusion," by Laura W. Murphy (September 8, 2016): http://blog.atairbnb.com/wp-content/uploads/2016/09/REPORT_Airbnbs-Work-to-Fight-Discrim ination-and-Build-Inclusion.pdf?3ciobe (accessed September 2017)。加州公平就業與住房部對Airbnb的指控刊登於www.dfeh.ca.gov/wp-content/uploads/sites/32/2017/06/04-19-17-Airbnb-DFEH-Agreement-Signed-DFEH-1-1.pdf (accessed September 2017)。Airbnb回應加州公平就業與住房部的指控也刊登於上述網頁。

有關陳法官對Uber的判決，參見"Order Denying Defendant Uber Technologies, Inc.'s Motion for Summary Judgment" in *O'Connor v. Uber*, Case No. C-13-3826 EMC, United States

District Court for the Northern District of California, Docket No. 211。查伯利雅法官對Lyft的判決，參見他的“Order Denying Cross-motions for Summary Judgment” in *Cotter v. Lyft*, Case No. 13-cv-04065-VC, United States District Court for the Northern District of California, Dockets No. 69 and 74。

有關蓋茲對科技對平權的信心，參見他的著作*The Road Ahead* (New York: Viking, 1995)。祖克柏和陳對網際網路力量的信念，請參見他們的“Letter to Our Daughter” (Zuckerberg’s Facebook page, December 2015)。

漢森對矽谷倫理的批評，出自他的文章“Reconsider” (*Signal v. Noise* blog on Medium, November 5, 2015)。切格洛夫斯基的指證歷歷被引述在“California Capitalism Is Starting to Look a Lot Like Polish Communism,” published on *Quartz* (September 24, 2015)，或可參見它的原始出處：http://idlewords.com /talks/what_happens_next_will_amaze_you.htm。霍布斯的引述，出自他的著作《利維坦》（*Leviathan*）第一部，第十三章。

第四章　批評家和思想領袖

柯蒂的研究論文可在她的Google 學術搜尋（Google Scholar）網頁找到：https://scholar.google.com/citations?user=ikdjewoAAAAJ。她研究男性與獨立與相互依賴的認知論

文是“Men as Cultural Ideals: How Culture Shapes Gender Stereotypes” (Harvard Business School Working Paper 10-097, 2010)。佐里的文章是“Learning to Bounce Back” (*New York Times*, November 2, 2012)。

有關就業安全的統計數字：終身制的資料來自“Higher Education at a Crossroads,” a report by the American Association of University Professors (March-April 2016): www.aaup.org/sites/default/files/2015-16 EconomicStatusReport.pdf (accessed September 2017)。新聞編輯室的資料來自“Newsonomics: The Halving of America's Daily Newsrooms,” by Ken Doctor (*Nieman Lab*, July 28, 2015)。

格蘭特的引述，出自他的著作*Originals: How Non-Conformists Move the World* (New York: Viking, 2016)。布朗的引述來自她在TEDx-Houston的演講“The Power of Vulnerability” (June 2010)。漢妮絲的引述來自在一九六九年的文章“The Personal Is Political”可在她的網站找到：www.carolhanisch.org/CHwritings/PIP.html (accessed September 2017)。葛拉威爾有關付費演講的道德困惑可以在他網站的「揭露聲明」（Disclosure Statement）中找到：http://gladwell.com/disclosure-statement (accessed September 2017)。馬奇對弗格森的批評，出自“The Real Problem with Niall Ferguson's Letter to the 1%” (*Esquire*, August 2012)。穆孔達的見解最早見於他的文章“The Price of Wall Street's Power” (*Harvard Business Review*, June 2014)。

想了解更多「可辨識受害者效應」，請參見"Helping a Victim or Helping the Victim: Altruism and Identifiability," by Deborah Small and George Loewenstein (*Journal of Risk and Uncertainty*, January 2003)。海德特對「要求太多」的批評，出自前面提到的On Being訪問。

第五章　縱火犯是最好的救火員

開放社會基金會的二〇一六年預算可在線上找到：www.opensocietyfoundations.org/sites/default/files/open-society-foundations-2016-budget-overview-2016-01-21.pdf。蘭姆達斯對技術官僚接管非營利世界的批評，出自她的文章"Philanthrocapitalism Is Not Social Change Philanthropy" (*Stanford Social Innovation Review*, December 2011)。給世界的巴哈伊信徒的信，出自二〇一〇年世界正義院的年度Ridván Message，可在下列網頁找到：http://universalhouseofjustice.bahai.org/ridvan-messages/20100421_001。

第六章　慷慨與正義

沃克的引述如果沒有另外說明，都出自我對他的訪問。想看雜誌報導沃克和他了不起的人生，也可參見"What Money Can Buy," by Larissa MacFarquhar (*New Yorker*, January

4, 2016)。已故歷史學家霍爾對美國慈善起源的記敘來自他著作中的一章“A Historical Overview of Philanthropy, Voluntary Associations, and Non-profit Organizations in the United States, 1600 to 2000”，書名為*The Nonprofit Sector: A Research Handbook*, 2nd ed. (New Haven, CT: Yale University Press, 2006)。李維的引述來自正文中提及他的著作《民主社會中的慈善》。沃克的信“Toward a New Gospel of Wealth”，可在福特基金會網站上找到：www.fordfoundation.org/ideas/equals-change-blog/posts /toward-a-new-gospel-of-wealth (accessed September 2017)。

薩克勒家族、普渡製藥和鴉片類藥物氾濫的章節與本書大部分的內容不同，完全是根據其他人的報導做的歷史綜合。正文中已說明引述的刊物，但是我想在此表達對《紐約時報》的布魯斯・韋伯（Bruce Weber）和貝瑞・麥爾（Barry Meier）、《財星》的凱薩琳・伊班（Katherine Eban）等人的報導，以及大衛・阿姆斯壯（David Armstrong）在STAT長期卓越研究的感謝。布朗利有關普渡製藥的引述，出自他國會證詞的一部分，標題為“Ensuring That Death and Serious Injury Are More Than a Business Cost: OxyContin and Defective Products” (Senate Judiciary Committee, July 31, 2007)。

第七章　現代世界的運作

弗格森有關全球主義者的引述，出自他的文章"Theresa May's Abbanomics and Brexit's New Class War" (*Boston Globe*, October lo, 2016)。桑默斯的引述，出自他的專欄"Voters Deserve Responsible Nationalism Not Reflex Globalism" (*Financial Times*, July 9, 2016)。海德特的分析，出自"When and Why Nationalism Beats Globalism" (*American Interest*, July 10, 2016)。

我為本書訪問柯林頓兩次，一次是在二〇一六年九月透過電子郵件，第二次則是在二〇一七年五月，我親自在他位於紐約的基金會辦公室訪談九十分鐘。

霍瓦斯和包威爾有關慈善對民主「有貢獻」或「破壞」的分析，出自《民主社會中的慈善》一書中他們撰寫的章節。

後記　「其他人不是你的小孩」

關於柯岱莉的大量引述來自我對她的訪問。想要進一步了解她的思想，請參見她在《民主社會中的慈善》裡發表的章節，她也是本書的共同編輯。

創新觀點33

贏家全拿：史上最划算的交易，以慈善奪取世界的假面菁英

2020年7月初版　　定價：新臺幣420元

著　　者　Anand Giridharadas
譯　　者　吳國卿
叢書主編　王盈婷
校　　對　蘇淑君
　　　　　陳佩伶
內文排版　林婕瀅
封面設計　兒日

出 版 者　聯經出版事業股份有限公司
地　　址　新北市汐止區大同路一段369號1樓
叢書主編電話　(02)86925588轉5316
台北聯經書房　台北市新生南路三段94號
電　　話　(02)23620308
台中分公司　台中市北區崇德路一段198號
暨門市電話　(04)22312023
台中電子信箱　e-mail：linking2@ms42.hinet.net
郵政劃撥帳戶第0100559-3號
郵撥電話　(02)23620308
印 刷 者　文聯彩色製版印刷有限公司
總 經 銷　聯合發行股份有限公司
發 行 所　新北市新店區寶橋路235巷6弄6號2樓
電　　話　(02)29178022

副總編輯　陳逸華
總 經 理　陳芝宇
社　　長　羅國俊
發 行 人　林載爵

行政院新聞局出版事業登記證局版臺業字第0130號

本書如有缺頁，破損，倒裝請寄回台北聯經書房更換。　ISBN 978-957-08-5555-5 (平裝)
聯經網址：www.linkingbooks.com.tw
電子信箱：linking@udngroup.com

國家圖書館出版品預行編目資料

贏家全拿：史上最划算的交易，以慈善奪取世界的假面菁英
/Anand Giridharadas著．吳國卿譯．初版．新北市．聯經．2020年7月．352面．
14.8×21公分（創新觀點33）
譯自：Winners take all: the elite charade of changing the world
ISBN 978-957-08-5555-5（平裝）

1.社會變遷　2.領袖　3.美國

541.4　　109008252